KB267491

천국의 세계

상식으로 꼭 알아야 할

천국의 세계

구사노 다쿠미 지음 | 박은희 옮김 | 서영철 그림

삼양미디어

　사후세계에 관해 한 번도 생각해보지 않은 사람은 없을 겁니다. 이 책은 사후세계가 어떤 곳인지에 대해 간단하고 알기 쉽게 소개합니다.

　누구나 한 번쯤은 '사람은 죽으면 어떻게 되는 걸까' 라는 의문을 가지게 됩니다. 정말 사람은 죽으면 어떻게 되는 걸까요? 육체는 재가 되거나, 썩어서 흙이 된 후, 분자나 원자의 작은 단계로 완전하게 분해돼서 세계의 일부가 될 것입니다. 그러나 마음이나 정신, 혼 등은 어떻게 되는 걸까요?

　마음이나 정신, 그리고 혼은 뇌가 있어야 존재하기 때문에 뇌가 소멸되면 이 모든 것들이 함께 소멸된다는 사고방식도 물론 있습니다. 그러나 과학적으로 명백하게 확인되지 않는 한 인류가 사후세계에 대해 흥미를 잃는 일은 없을 겁니다. 더구나 사후세계를 경험했다는 사람들도 적지 않게 나타나고 있어서 사후세계를 완전히 무시하기도 쉽지 않습니다. 그러나 그들이 말하는 사후세계 역시 어디까지나 개인적인 경험 속의 사후세계일 뿐, 사후세계 전체를 설명할 수는 없습니다.

　사후세계의 모습은 시대와 문화에 따라 천차만별입니다.
　이 책에 소개된 세계 여러 나라의 사후세계에 대한 이야기를 들어보면 현실과 거리가 멀어 보이는 사후세계가 그 시대와 문화의 영향을 받는다는 것을 알 수 있습니다. 오히려 이러한 사실 때문에 사후세계를 완전히 가상의 것이라 생각하

는 사람도 있을 수 있습니다. 그러나 시대와 문화에 따라 사후세계의 모습이 달라지기 때문에 사람들은 계속해서 사후세계를 믿을 수 있는 것입니다. 왜냐하면 사후세계는 현실세계의 반영으로 이뤄지는 인과의 공간이기 때문입니다. 수많은 신화와 구전되는 이야기는 창조와 더불어 종말을 이야기합니다. 그리고 부활을 이야기합니다. 이 과정이 수레바퀴처럼 돌고 돌면서 역사를 그려내고, 종극에는 인간이 궁극적으로 추구해야 할 삶의 진리를 남기게 됩니다. 세계의 신화와 종교, 문화 속에 존재하는 사후세계에 대한 이야기를 읽는 이유가 여기에 있다 하겠습니다.

이 책을 통해 인류의 역사 속에 존재했던 다양한 사후세계를 만나볼 수 있을 것입니다. 사후세계가 시대와 문화에 따라 달라진다고 앞서 말했듯이 이 책에서 펼쳐지는 사후세계는 각 지역과 민족, 종교와 문화에 따라 사후세계의 위치와 모양이 다르고, 그곳에서 행해지는 상과 벌이 다르며, 통과제의를 치룬 후 누리는 삶이 다릅니다. 최선과 최고, 선한 의지, 새롭게 거듭날 수 있는 방법 또한 다양합니다. 백여 종류의 천국과 지옥 이야기를 읽기 권하는 이유가 여기에 있습니다.

이 책을 읽는 독자들이 책 속에서 끊임없이 자극을 주고받으며 사후세계에 대한 견해를 넓힐 수 있기를 바랍니다.

구사노 다쿠미(草野巧)

머리말

Part 01

신화와 고대 경전에서 찾은 천국과 지옥

Part 03

불교 경전을 통해 보는 천국과 지옥

Part 04

이 외의 신화와 고대 경전에서 찾은 천국과 지옥

신화와 고대 경전에서 찾은
천국과 지옥

001. 사후세계는 왜?

사후세계에 대해 생각해야 할 이유는 명확하다. 인간은 사후세계를 믿음으로써 절망적이고 비극적인 죽음을 이겨낼 수 있기 때문이다.

죽음을 받아들이기 위해 필요했던 문화

인류의 역사를 살펴보면 언제 어디서나 사후세계에 대한 믿음을 볼 수 있다. 이는 원시시대부터 오늘날에 이르기까지 모든 계층과 모든 민족에게 이어지는 공통적인 신앙 속에 사후세계가 있어왔기 때문이다.

이 신앙이 끊이지 않는 이유 중 한 가지는 죽음을 절대로 피할 수 없는 숙명이라고 의식하고 있는 유일한 생물이 인간이기 때문이다. 죽음을 이성적으로 인지하고 있는 인간에게 죽음은 절망적이고 비극적인 상황으로 느껴진다.

가령 사람이 죽어서 무(無)가 된다면 도대체 왜 살아야 하는가 하는 철학적인 고민에 빠질 수도 있다. 사후세계에 관한 신앙은 이러한 고민을 문화적인 차원에서 해결해준다. 예를 들어 원시사회의 애니미즘은 인간을 비롯한 모든 사물에게 영혼이 있으며 영혼은 육체가 죽은 후에도 계속 살아있다는 믿

드라켄스버그 동굴 벽화(위)

남아프리카 드라켄스버그의 동굴에서 발견한 벽화로 사냥하는 부시맨들의 모습이 묘사되어 있다. 그중 이 그림은 영계를 여행하는 부시맨들이 아닐까하는 추측을 낳고 있다.

새 형상의 인간 그림(아래)

프랑스 베제르 계곡에서 발견된 라스코 동굴 벽화. 소, 새머리를 한 인간과 새를 매단 장대를 묘사한 그림으로 보아 이 벽화는 일련의 주술 행위나 종교 의식이었을 것으로 짐작된다.

칸트
1724년~1804년. 서구 근세를 대표하는 독일의 철학자로 〈순수이성비판〉, 〈실천이성비판〉 등의 저서가 있으며 현대에도 큰 영향을 미치고 있다.

음을 전제로 한다. 따라서 원시사회의 사람들은 영혼이 사는 세계, 즉 사후세계가 있다는 믿음으로 죽음의 공포를 극복했다.

사후세계에 관한 믿음이 고대나 중세처럼 오래전 시대에만 국한된 것은 아니다. 18세기의 철학자 칸트 또한 '영혼은 불사(不死)여야만 한다.'고 말한 적이 있다. 그는 인간만이 이성에 의해 주체적으로 행동하기 때문에 존엄성을 지닌다고 생각했다. 칸트가 생각하는 이성은 어떻게든 완성을 추구하려는 본성을 지닌다. 그러나 단 한 번뿐인 인생을 통해 완성을 달성할 수는 없다. 때문에 그는 완성에 이르기 위해서 인간의 영혼은 불사여야만 한다고 생각했다.

사후세계를 과학적인 차원에서 증명하는 것은 어려운 일이다. 또한 과학 기술이 이처럼 발달한 시대에 사후세계는 비과학적이고 미신에 가까운 것으로 여겨질 수도 있다. 그러나 반대로 생각해보면 과학의 시대라 불리는 오늘날에도 사후세계에 관한 논의가 계속되고 있으며 여전히 사후세계에 대한 해답이 없다는 점을 생각해 보면 사후세계에 관한 고찰은 여전히 중요하다는 결론을 내릴 수 있다.

애니미즘 : 영적 존재에 대한 신앙으로 인간 외에도 동물, 식물, 자연현상에도 영혼이 있다고 믿는다.

002. 사후세계는 어디에?

> 가장 원초적인 신앙은 사후세계가 이 세상과 꼭 닮아 있으며, 생전에 살았던
> 장소에서 그다지 멀지 않은 곳에 있다고 말한다.

생전의 세계와 꼭 닮은 사후세계

태곳적부터 오늘날까지 사후세계에 대한 믿음이 이어지고 있는 만큼 사후세계의 이미지는 시대, 문화, 사회에 따라 천차만별이다.

가장 원시적인 형태의 민족신화에서도 사후세계는 제각기 다른 모습으로, 제각기 다른 이야기를 갖고 있다. 그러나 공통적으로 가지고 있는 특징도 있다. 원초적인 사후세계상의 기본이라고 해도 좋을 그 모습에 대해 처음으로 여기에 소개하고자 한다.

우선 원시사회의 민족들은 사후세계가 이 세계와 꼭 닮았으며, 사자들은 그곳에서 이승과 똑같은 생활을 한다고 생각했다. 그들은 사자들이 생전에 그랬듯이 사냥을 하거나, 나무열매를 따거나, 음식을 먹거나 음료를 마신다고 믿었다. 때문에 예전부터 살아있는 자는 죽은 자를 위해 다양한 도구와 음식, 음료 등을 공양 해야 했다.

◉ 원시사회의 사후세계

원시사회의 사후세계는 이승과 닮아있다.

원시의 사후세계는 생활공간 가까이에 있거나, 멀지만 현실의 장소인 경우가 많았다.

◉ 사자(死者)의 영혼의 변화

사후세계는 이승과 닮았기 때문에 생전에 살았던 장소와도 가깝다는 의견도 공통적이다. 흔히 무덤이나 자택, 혹은 무덤의 연장선상인 지하세계가 바로 그러한 예이다. 사후세계가 근접하기 어려울 정도로 멀리 있다고 생각하는 경우에도 그곳을 높은 산, 깊은 계곡, 바다의 섬처럼 이승에 존재하는 어딘가에 있을 것으로 여겼다. 이렇듯 사후세계는 이승의 연장선에 놓여 있는 경우가 많다.

신을 부르는 무구, 무령
일반적으로 '무당방울'이라고 부르는 무령은 손에 들고 흔드는 것으로 악귀를 쫓고, 신을 부를 때 사용하는 무구이다. 죽은 영혼들을 달랠 때나 수명과 복을 기원할 때 사용한다.

어떤 의미에서 사자의 영혼은 살아있는 자에게 성가신 존재이기도 했다. 원시사회의 사람들은 사자들이 자신이 죽었다는 이유만으로 살아있는 자를 원망하고, 질투하여 재앙을 몰고 온다고 생각했기 때문이다. 원한을 품고 죽은 경우는 더더욱 그러했다. 만약 살아있는 자가 사자를 받들고 공물을 올리거나, 깍듯이 예의를 갖추면 사자의 영혼은 사령(死靈) 단계에서 살아생전의 모습을 잃고 조령(祖靈)으로 변한다. 조령은 한 종족의 집단 수호신과 같은 존재로 살아있는 자가 선조에 대한 예의를 게을리하면 기근과 같은 벌을 내린다고 믿었다.

사령(死靈) : 사자의 영혼으로 사후에 충분한 기간이 지나지 않았기 때문에 아직 죽음의 때를 벗지 못한 상태이다.
조령(祖靈) : 조상의 영혼으로 사자의 영혼은 일단 사령이 되고, 일정기간 공양을 받으면 살아생전의 모습을 잃고 최종적으로 조령이 된다.

003. 사후세계에 관한 다양한 해석

사후세계는 각 시대와 나라에 따라 다양한 방식으로 해석되었다. 대표적으로 비관적이거나 낙관적인 사후세계, 천국과 지옥으로 나뉜 사후세계, 또 영혼의 성장을 위한 사후세계 등이 있다.

다양하게 발전한 사후세계의 특징

미개 사회에서 보이는 사후세계의 이미지는 가장 원초적인 형태의 사후세계라 해도 좋다. 이 이미지에서 출발하여 다양한 지역과 역사에 따라 사후세계가 발전했기 때문이다. 물론 사후세계를 완성시킨 데에는 신화와 종교가 큰 역할을 했다. 그런데 완성된 사후세계를 살펴보면 사후세계를 구분하는 몇 가지 기준이 두드러진다. 그중 가장 단순한 것은 비관적이거나 낙관적인 형태의 사후세계다. 비관적인 해석은 사후세계를 어둡고 외로운 장소라고 생각하는 것이며, 낙관적인 해석은 사후세계를 밝고 즐거운 장소라고 생각하는 것이다.

예를 들면 고대 메소포타미아의 명계, 그리스신화의 하데스, 고대 유대인의 쉐올 등은 사후세계를 비관적으로 푼 경우이고, 고대 이집트의 명계, 고대 켈트의 명계 등은 낙관적으로 사후세계를 해석하는 경우에 해당한다.

비관적인 사후세계

어둡고 음울한 사후세계
- 고대 메소포타미아의 명계
- 그리스신화의 명계 하데스
- 고대 유대인의 명계 쉐올

낙관적인 사후세계

밝고 활기찬 사후세계
- 고대 이집트의 명계
- 켈트 신화 속의 명계 등

천국 · 지옥형 사후세계

윤리를 기준으로 정해지는 천국과 지옥

불교
- 생전의 행동을 윤리적 척도로 나누어 천도와 지옥도 등 갈 곳이 정해진다.
- 신을 내세우지 않는다.
- 부처의 가르침은 때와 장소에 상관없이 한결같다고 믿는다.

크리스트교, 이슬람교
- 윤리적으로 천국과 지옥행이 결정된다.
- 유일신을 섬긴다.
- 신의 계시는 인류 역사 속에서 구현된다고 믿는다.

죽음의 형태를 중시하는 천국과 지옥

비명에 죽으면 천국에 갈 수 있다.
- 북미신화 속의 천국 발할라
- 시베리아 오스탸크족의 명계 등

천국과 지옥이 있다는 것도 전형적인 사후세계의 모습 중 하나인데 여기에는 두 가지 형태가 있다. 첫 번째는 어떻게 죽느냐에 따라 어디로 갈지가 정해지는 경우로, 예를 들어 북미신화나 시베리아의 오스탸크족은 비명에 죽은 자가 천국에 간다고 믿었다. 두 번째는 윤리적인 기준에 의해 갈 곳이 정해지는 경우로, 불교나 크리스트교처럼 조직적인 종교에서 나타나는 특징이다. 다만 크리스트교의 사상은 인생이 한 번뿐이며 사후에도 인격은 유지된다고 여긴 것에 반해, 불교는 인생이 몇 번이고 반복되며 모든 생명체로 다시 태어날 수 있다고 여긴다는 차이점이 있다.

또 하나는 고대 그리스의 철학자 피타고라스와 플라톤이 말한 영혼을 육성하는 사후세계이다. 그들은 영혼이 육체라는 감옥(뇌옥, 牢獄)에 갇혀있기 때문에 진리를 얻어서 영혼을 해방시키고 완성시켜야 한다고 믿었다. 이 사후세계는 생전에 진리(지식) 탐구를 했느냐, 하지 않았느냐에 따라 죽은 후에 갈 곳이 정해진다.

플라톤
기원전 427년～기원전 347년. 〈소크라테스의 변명〉, 〈국가〉 등의 저서로 유명한 고대 그리스의 철학자이다. 소크라테스의 제자이며, 아리스토텔레스의 스승이다.

피타고라스 : 기원전 582년～기원전 496년. 피타고라스의 정리로 유명한 고대 그리스의 철학자이자 종교학자이다.

004. 고대 메소포타미아의 명계, 불귀의 나라

수메르신화 속의 여왕, 에레쉬키갈이 지배하는 '돌아갈 수 없는 나라'는 어둡고 쓸쓸한 지하 명계였다.

세계에서 가장 오래된 문명인이 믿었던 명계

수메르인과 아카드인이 살았던 고대 메소포타미아에는 이미 기원전 3500년경에 문명이 구축되어 있었다. 당시 사람들은 사후세계가 어둡고 음울한 지하에 있다고 믿었으며 수메르인은 이곳을 쿠르(KURNUGI), 아카드인은 이곳을 일시투라타리라고 불렀다. 즉 두 번 다시 돌아갈 수 없는 나라, 불귀(不歸)의 나라였다. 또한 북부의 아시리아(고대 오리엔트 최초의 세계 제국 아시리아 제국이 구축된 메소포타미아 북부지역)에서는 같은 명계를 아랄루라고 불렀다.

메소포타미아 신화에 등장하는 담수(淡水)의 화신 아프수(Apsu, 태초의 원시신으로 담수 덩어리 형체였다고 함)는 대지 아래에 있고 불귀의 나라는 이 아프수보다도 더 아래에 있다. 따라서 아프수의 흐름은 지상과 명계를 사이에 둔 삼도천(三途川, 사람이 죽어서 저승으로 가는 도중에 있는 큰 강)이기도 했다. 당시 사람들은 이 아프수를 후부르 강이라고도 불렀다.

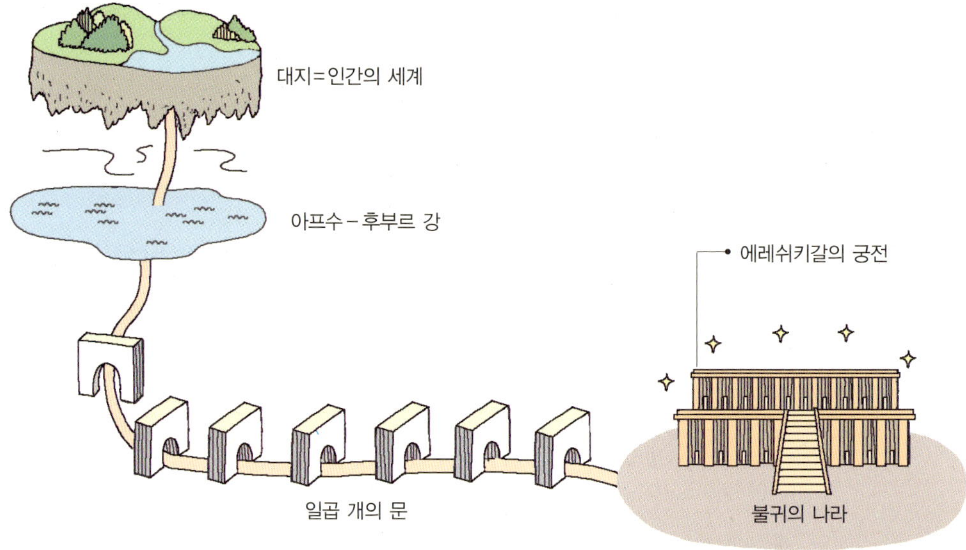

불귀의 나라로 가기 위해서는 아프수의 흐름인 후부르 강을 건너고, 문지기가 지키고 있는 일곱 개의 문을 통과해야 한다. 그곳에 여왕 에레쉬키갈의 궁전이 있는 불귀의 나라가 있다.

'길가메시 서사시(Epic of Gilgamesh)'에 의하면 불귀의 나라로 가기 위해서는 일곱 개의 문을 통과해야 하며 무서운 문지기가 각각의 문을 지키고 있다. 그중 첫 번째 문은 간지르라고 하며 그 문을 지키는 문지기는 네티였다.

일곱 개의 문 안쪽이 불귀의 나라이며 그곳에는 명계의 사신과 신들이 살고 있다. 이 명계를 지배하는 신은 여왕 에레쉬키갈과 그의 남편 네르갈이며, 그들은 청금석(Lapis Lazuli, 라피스 라줄리)처럼 빛나는 궁전에서 산다. 서기 베이릿 셀리와 여왕의 시중을 드는 정령 남타르, 악령 가르라들도 이 궁전에서 살고 있다.

아프수를 건너 명계에 도착한 사자들은 서기인 베이릿 셀리의 기록을 바탕으로 심판을 받은 후 명계에 사는 것을 허락받게 된다. 명계는 빛이 없는 어둠의 세계이며 죽은 자들은 먼지와 흙을 먹고 살아야 하기 때문에 명계에 사는 사자들의 생활은 전반적으로 비참하다. 그러나 생전의 생활이 어땠는가에 따라 명계의 생활이 달라지기도 한다. 예를 들면 자식의 수가 적었던 자는 빵과 물을 먹을 수 있었지만 그 이상의 음식은 즐길 수 없었다. 아이 다섯 명을 두었던 자는 서기가 누릴 수 있는 정도의 풍족한 생활이 가능했고, 일곱 명을 가진 자는 신들과 함께 음악을 감상할 수도 있었다고 한다.

수메르인과 아카드인(위)
메소포타미아(현재의 이라크)의 남부지역에 세계에서 가장 오래된 도시 문명을 구축한 사람들로 후에 이 땅에 바빌로니아 제국이 세워진다.

우르의 전승 기념판(아래)
청동석을 바탕으로 조개와 홍옥을 모자이크로 박아 만든 기념판은 수메르 왕족들의 무덤에서 발굴되었다. 고대에서는 신전 건축에 청금석을 주로 사용해 천계(天界)의 성스러운 힘을 나타냈다.

005. 고대 메소포타미아의
낙원 '딜룸'

에덴동산의 원형은 '길가메시 서사시'에 언급된 세계의 끝에 있는 낙원, 딜룸(dilumn)이었다.

행운의 불사신이 사는 낙원

고대 메소포타미아의 신화에 따르면 지하에 있는 '불귀의 나라'와는 별도로 세계의 끝, 그 바깥쪽에 불사신이 사는 낙원 딜룸이 있다. 딜룸은 성서에 등장하는 에덴동산의 원형이라고 할 수 있으며 '맑고 빛나는 토지'라는 뜻을 가지고 있다.

'길가메시 서사시'에서 우르크의 왕 길가메시는 죽지 않고 영원히 사는 불사의 비결을 찾기 위해 지상으로 내려와 우트나피쉬팀(Utnapishtim)을 찾는다. 우트나피쉬팀은 신들이 일으킨 대홍수에서 살아남아 불사의 존재가 된 남자이다. 그가 있는 곳에 가기 위해서는 세계의 끝에 있는 마시산의 길고 긴 지하도를 통과해야만 한다. 고생 끝에 마시산의 입구에 도착한 길가메시는 지하도의 입구를 지키고 서 있는 전갈인간을 만난다. 이곳을 통과한 인간은 아무도 없었지만 전갈인간은 그가 절반은 신이라는 것을 알아보고 길을 내준다.

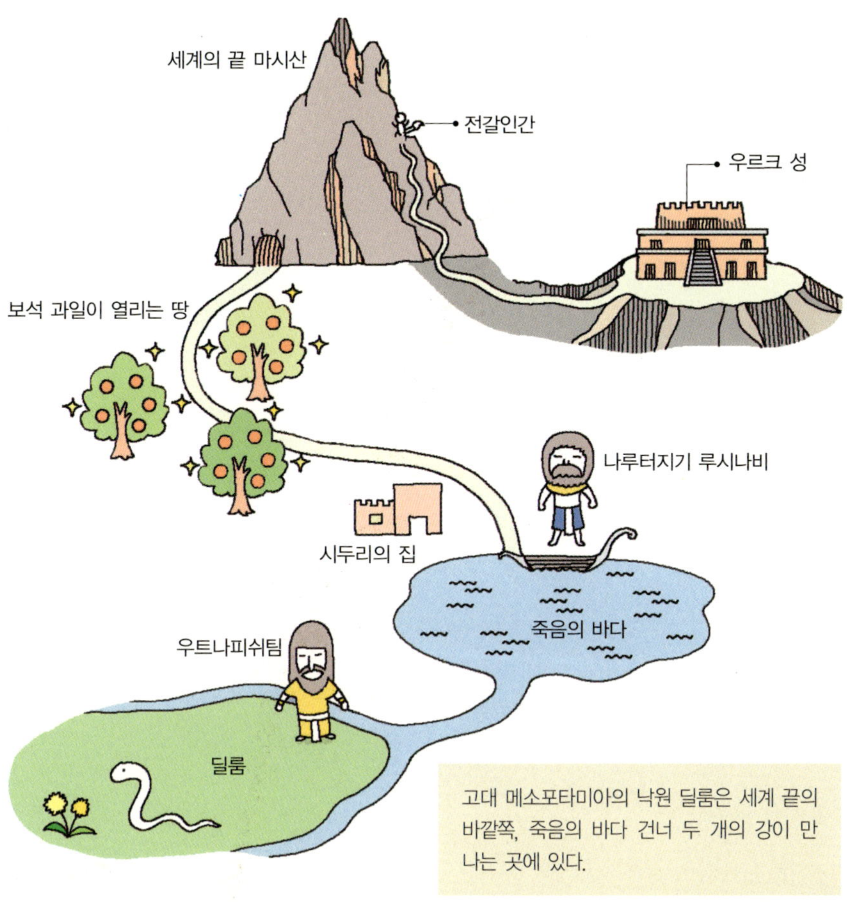

고대 메소포타미아의 낙원 딜룸은 세계 끝의 바깥쪽, 죽음의 바다 건너 두 개의 강이 만나는 곳에 있다.

실제로 존재한 고대 문명 딜룸

고대 메소포타미아의 낙원 딜룸은 실제로 존재한 곳으로 페르시아만의 바레인이 그곳이다. 딜룸은 기원전 3000년~기원전 2000년경 메소포타미아와 인도(인더스문명) 사이에서 활발히 교역이 이루어져, 그 중계기지로서 번영했다. 길가메시가 원했던 불로불사의 약이 중요한 교역품이었던 진주였다는 의견이 있다. 고대에 진주는 특별한 마력을 가진 약으로 여겨졌기 때문이다.

루브르 박물관에 있는 길가메시 부조

길가메시는 수메르시대의 왕으로 반신반인(半神半人)에 키가 3m가 넘는 엄청난 힘을 지닌 영웅이었다. 이 조각은 사르곤 2세의 궁전에
서 발견되었으나 길가메시와 관련된 고고학적 자료가 발견되지 않아 실존 인물이었는지는 확인할 수 없다.

지하도의 건너편에는 보석 과일이 열리는 땅이 있다. 그곳에 살고 있던 여신 시두리는 길가메시에게 딜룸으로 가는 길을 알려주고, 삼도천의 나루터지기인 루시나비를 만나면 그에게 도움을 청하라고 가르쳐준다. 길가메시는 죽음의 바다에 도착하여 루시나비를 만난다. 루시나비는 길가메시의 부탁을 들어주어 배를 태워주기로 한다.

보통 1개월 반이 걸리는 항해를 길가메시는 고작 3일 만에 마치고, 두 번째 강이 합쳐지는 장소에 도착한다. 이렇게 죽음의 바다를 건너 도착한 명계, 그곳이 딜룸이었으며 우트나피쉬팀이 그의 부인과 함께 살고 있었다. 그러나 결론적으로 길가메시는 불사의 비결을 얻지 못한다. 우트나피쉬팀은 인간에게 죽음은 잠과 같은 것이라며 6일 낮 7일 밤을 깨어있어야 영생을 얻을 수 있다고 방법을 가르쳐주지만 실패하고, 우트나피쉬팀이 준 불로초마저 뱀한테 빼앗기고 만다. 지칠 대로 지친 길가메시는 우르크로 돌아갈 수밖에 없었다.

길가메시 서사시 : 세계에서 가장 오래된 문학작품이라고도 불리는 서사시로, 구약성서의 대홍수 이야기에 비교되는 이야기가 있으며, 신의 경고를 듣고 우트나피쉬팀의 부부만이 살아남았다고 한다.
우르크 : 고대 수메르의 대표적 도시 국가. 길가메시는 그곳의 왕으로 기원전 2600년경에 존재했다고 한다.

006. 고대 이집트의 명계

> 사자의 영혼은 태양신 라의 천국 '페트'와 명계신 오시리스의 천국 '세게트 이아르(세게트 헤테페트)'를 가기 위해 지하의 명계 두아트를 무사히 지나가야 했다.

라 신과 오시리스 신의 두 가지 천국

고대 이집트인은 현세의 삶을 행복하다고 느꼈으며, 죽은 후에도 천국에서 부활하여 현세에서처럼 행복하게 살 수 있다고 믿었다. 그들은 부활하려면 육체가 필요하다고 생각했기 때문에 죽은 사람을 위해 미라를 만들었다.

이집트의 천국은 두 가지가 있다. 태양신 '라'의 신앙이 번창했던 고왕국시대(기원전 3000년~기원전 2000년경)에는 누트(nut, 이집트 신화에 나오는 하늘의 여신으로 하늘로 상징되는 존재) 위에 라의 천국이 있다고 믿었다. 이 천국은 처음에는 파라오만이 갈 수 있다고 여겼지만 고왕국시대가 끝날 무렵에는 귀족도 갈 수 있는 곳으로 여겨졌다.

명계신 오시리스의 신앙이 번창했던 중왕국시대(기원전 2130년~기원전 1570년경)에는 천국이 서쪽에 있다고 믿었으며 이곳을 세게트 이아르, 혹은 세게트 헤테페트(평화의 들판)라고 불렀다.

사후에 천국으로 부활한다. ➡ 이생에 있었을 때와 똑같이 생활한다.

천국의 종류

고왕국시대	중왕국시대

라의 천국

천국에 갈 수 있는 건 파라오뿐이었으나 나중에는 귀족들도 갈 수 있게 되었다.

오시리스의 천국

대부분의 민간인도 조건하에 천국에 갈 수 있게 되었다.
- 조건 : 명계 두아트에서 오시리스의 심판을 받는다.

◉ 라의 천국과 오시리스의 천국

태양신 라(위)

매의 머리에 태양을 둘러싼 코브라 모양의 왕관을 쓰고 있는 벽화의 주인공이 파라오를 보호하고 왕권을 상징하는 태양신 라이다. 고대 이집트의 헬리오폴리스에서 일어난 태양 신앙의 최고신으로 인간의 몸에 매의 머리를 가졌다.

저승의 왕, 오시리스(아래)

고대 이집트의 농경신으로 동생 세트에게 살해당했으나, 부인 이시스의 마술로 부활한 후에 명계의 신이 되었다. 강인한 생명력을 상징하는 오시리스는 가끔 두 개의 깃털이 달린 장식을 쓰고 벽화에 등장하기도 한다.

오시리스 신앙은 민간인도 천국에 갈 수 있다고 믿었기 때문에 더욱 융성할 수 있었다. 다만 오시리스의 천국으로 가기 위해서는 사후에 오시리스의 심판을 받아야만 했다. 이 외에도 서쪽에 아멘티라는 낙원이 있다는 사상도 있었다.

또 고대 이집트인들은 서쪽 어딘가 혹은 원초의 물(눈) 아래에 두아트라는 명계가 있다고 믿었다. 두아트는 천국에 가기 위해서 반드시 통과해야 하는 위험한 명계다. 죽은 자는 자신의 카(생명력)와 바(영혼)를 라의 태양의 배에 태운 후에 낮에는 천계의 나일 강을 서쪽으로 건너고, 밤에는 두아트를 흐르는 나일 강을 따라 내려간다. 두아트에 도사리고 있는 장해물을 무사히 넘기기 위해서는 다양한 주문과 부적이 필요하기 때문에 사자들은 주문을 적은 '사자의 서'와 부적을 지녀야 했다. 고대 이집트의 사람들은 이렇게 무사히 두아트를 통과한 자만이 라의 천국과 오시리스의 천국에 갈 수 있다고 믿었다.

카 : 인간이 죽은 후의 정신의 한 형태이며 태어날 때부터 인간에게 주어진 인격과 같은 것이다.
바 : 인간이 죽은 후의 영혼을 일컫는 말로, 고대 이집트에서는 인간의 머리를 가진 새의 형태로 그려졌다.

007. 고대 이집트의 지하 명계 '두아트'

천국에서 새로 태어나기 위해 사자들의 영혼은 주문이 적힌 '사자(死者)의 서(書)'와 다양한 부적을 가지고 위험한 명계 두아트를 여행한다.

천국에 가기 위해 통과해야 하는 위험한 두아트

두아트는 고대 이집트에서 사자가 천국으로 가기 위해서 반드시 통과해야 하는 명계다. 사자는 카(생명력)와 바(영혼)를 라의 배에 싣고 두아트로 들어가며 배에는 라와 사자 외에도 키잡이와 감시를 하는 신들도 함께 타고 있다.

고대 이집트인들은 초기에 두아트가 서쪽의 어딘가에 있거나 원초의 물 아래에 있다고 여겼지만 오시리스 신앙이 널리 전파됐을 무렵에는 고대도시 아비도스 근처에 있다고 여겼다. 태양이 저무는 서쪽의 산들 사이로 갈라진 틈이 두아트의 입구라고 생각했으며 이 산을 '마누의 산'이라고 불렀다.

두아트는 그 산으로부터 북쪽으로 이어진다. 전체의 형상이 원형을 이루고 있는 두아트에는, 남북을 잇는 계곡이 흐르고 있다. 또 두아트의 중심부에는 지상에 있는 것과 같은 나일 강이 흐르고 있으며 라의 배는 이 강을 통해 항해한다.

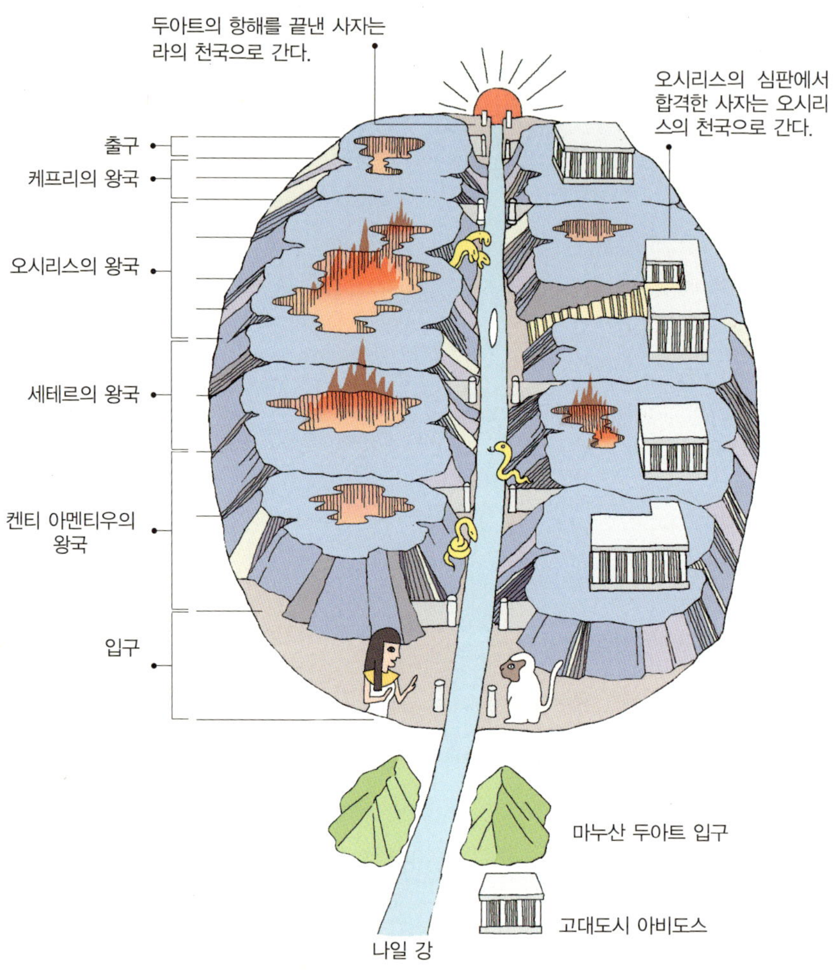

고대 이집트의 '사자의 서'

고대 이집트인들은 사자가 천국으로 갈 수 있도록 피라미드 안, 현실(玄室)의 벽과 관의 바닥, 외벽 등에 주술을 위한 경문(히에로글리프)을 적어두었다. 이것이 이른바 '사자의 서'로 기원전 16세기경부터는 파피루스에 써서 무덤에 부장(애장품을 함께 매장하는 일)하게 되었다. 기원전 15세기의 제18왕조시대에 당시 서기관이었던 아니가 아내와 자신을 위해 쓴 '사자의 서'가 유명하다.

　두아트의 세계는 12개의 주로 나뉘어 있는데, 이것은 밤 12시간에 대응한다. 입구에 있는 제1주는 일몰 직후처럼 약간 밝은 곳으로 라의 배가 이곳으로 들어서면 강 서쪽에

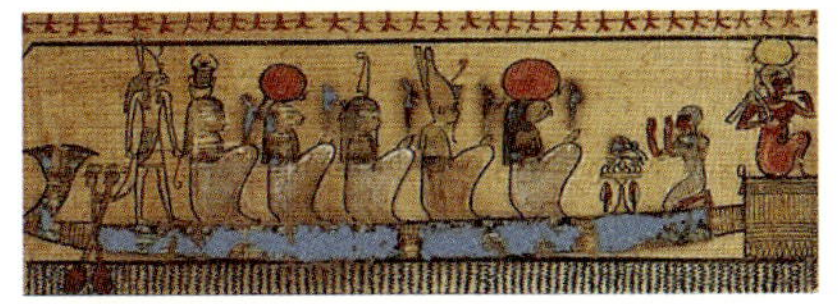

태양의 배
라의 배에는 라와 사자들 외에도 몇 명의 신과 여신이 함께 승선해서 키잡이 노릇을 하고, 감시를 했다.

서 원숭이 아홉 마리와 열두 명의 여신이 나타나 사자를 맞이한다. 제2주와 3주는 사신 켄티 아멘티우의 왕국이며 제4주와 5주는 사신 세테르, 제6주에서 9주까지는 오시리스의 왕국이다.

　오시리스의 신자는 이곳에서 배에서 내려 사후의 심판을 받는다. 이 심판에 합격하면 천국 세게트 이아르로 갈 수 있게 된다. 라의 신자는 여행을 계속하여 케프리 신이 지배하는 제10주와 11주로 향한다. 두아트의 출구인 제12주는 아침이 밝아오기 직전처럼 밝은 곳으로 이곳에서 라는 완전히 젊음을 되찾고 다시 새롭게 하루의 여행을 떠나게 된다. 그리고 라와 함께 무사히 두아트를 통과한 사자들은 라의 천국으로 갈 수 있게 된다.

　그러나 두아트에는 다양한 괴물과 악령이 살고 있으며, 그들은 강 안쪽에 숨어 사자들의 영혼과 심장을 노리고 있다. 사자들은 각 주의 문을 통과하기 위해서, 그리고 악령과 괴물로부터 영혼과 심장을 지키기 위해 주문을 외워야만 한다. 그래서 사자들은 고대 이집트의 주문이 적힌 '사자의 서'와 다양한 부적을 지니고 있다.

아비도스 : 이집트 중부의 고대 도시로 동생 세트에게 살해당한 오시리스 신이 부활한 곳이며 성지였다.

008. 고대 이집트의 낙원,
세게트 이아르

오시리스 신의 천국인 세게트 이아르는 밀과 보리가 풍부한 이생과 꼭 닮은 이상향이다.

밀과 보리가 풍성한 천국

세게트 이아르 혹은 세게트 헤테페트라고도 하는 이곳은 고대 이집트의 명계신인 오시리스가 관장하는 천국이다.

원래 세게트 헤테페트는 명계 전체가 아니라 그 일부분이었다. 그리고 그 안에 세게트 이아르를 포함하고 있을 만큼 규모가 컸다. 테베 근교에 위치한 세게트 헤테페트는 헬리오폴리스의 주변을 걸쳐 나일강을 따라 가로지르는 명계로 총 14개의 지역으로 나뉜다. 이 14개의 지역 중 첫 번째는 과자와 맥주가 풍부한 땅이며 두 번째가 세게트 이아르였다. 또한 다섯 번째는 쇠약한 영혼이 머무는 땅, 일곱 번째는 불꽃의 땅, 여덟 번째는 격류가 흐르는 땅이다. 이렇게 각 지역을 보면 세게트 헤테페트 전체가 천국은 아니었다는 것을 알 수 있다.

하지만 오시리스 신앙이 융성하면서 세게트 헤테페트는 세게트 이아르 자

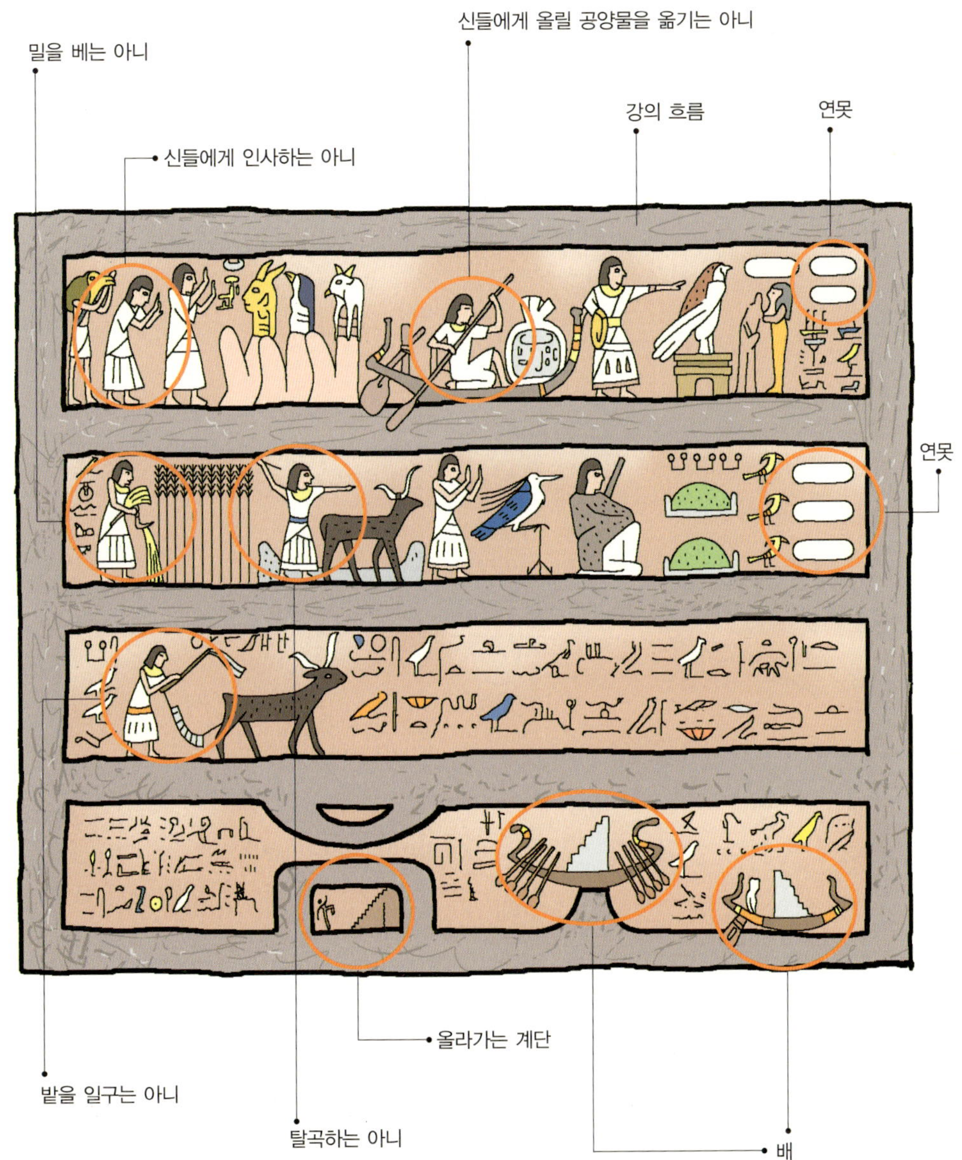
밀을 베는 아니
신들에게 인사하는 아니
신들에게 올릴 공양물을 옮기는 아니
강의 흐름
연못
연못
밭을 일구는 아니
탈곡하는 아니
올라가는 계단
배

체라고 여겨지게 된다. 세게트 이아르는 밀과 보리가 풍성하게 자라는 이상
향으로 맑은 물이 흐르고, 연못이 있고, 불사조도 살고 있는 평온한 땅으로
여겨졌다.

농경이 중심이었던 당시의 생활에 비추어보았을 때 천국은 먹을 것이 가
장 풍부한 이생의 생활과 비슷했다. 고대 이집트인들은 이생의 생활이 충분
히 행복했기 때문에 죽은 후에도 이생과 같은 생활이 유지되기를 바랐던 모
양이다. 실제로 '아니의 파피루스'에는 천국에 도착한 사자가 신들에게 인
사를 하는 모습이나, 수확한 밀을 말리는 모습, 밀을 털어내는 모습, 소를 사
용해 밭을 일구는 모습 등이 묘사되어 있다.

당시 사람들의 대부분은
죽은 후에도 생전처럼 농업
을 계속하길 바랐지만 왕후
나 귀족, 부자 등은 노동 자
체를 좋아하지 않았다. 그
래서 그런 사람들이 죽으면
우샤브티라는 인형을 함께
매장했다. 이 인형은 사자
의 노예로, 세게트 이아르
에 도착하면 사자를 대신해
일을 하고 사자를 돌보게
된다.

세게트 이아르
테베 서쪽 지역의 묘를 관리하던 센네젬(Sennedjem)의 묘에서 발
견된 벽화. 반원형으로 이루어진 묘실 한쪽 벽을 장식하는 이 그림
은 '사자의 서'에 묘사된 것과 같은 세게트 이아르에서 센네젬과 그
의 아내가 곡식을 수확하고 있는 모습을 나타내고 있다.

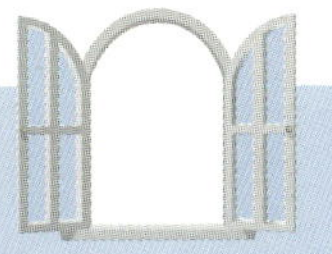

009. 고대 이집트의 사후 심판 오시리스 법정

> '진리의 저울' 양쪽에 사자의 심장과 여신 마아트의 날개 깃털을 각각 올린 후 양쪽의 무게가 균형을 이루면 천국으로 가는 문이 열린다.

천국행을 결정하는 '진리의 저울'

오시리스 신앙은 고대 이집트의 중왕국시대에 융성했다. 그래서 당시에는 사후에 오시리스의 심판에 합격해야 세게트 이아르로 갈 수 있다는 생각이 지배적이었다. 명계 두아트의 제6~9주가 오시리스의 왕국이고 그곳에 오시리스의 법정이 있다.

오시리스의 심판은 커다란 홀에서 이루어진다. 홀에는 왕좌에 앉아있는 오시리스 외에도 그의 부인 이시스와 누이 네프티스, 그리고 사자의 심장을 보관한 카노푸스 병을 지키는 홀스의 아들 네 명이 있다. 벽 쪽에는 재판의 심판관을 역임하는 42인의 신들이 있다.

사자는 심판을 받기 위해 입구의 문지방에 입을 맞추고 안으로 들어간다. 심판은 사자가 신들 앞에서 자신은 생전에 절대 나쁜 짓을 하지 않았다고 호소하는 '부정의 고백'부터 시작된다.

그러고 나서 홀의 중앙에 있는 천칭 형태의 '진리의 저울'로 심장의 무게를 재는 일이 거행된다. 저울 곁에는 사자와 토트 신, 아누비스 신, 그리고 괴물 아메미트가 있다. 저울의 한쪽 접시 위에는 진리의 상징인 여신 마아트의 날개 깃털이 있다. 아누비스 신은 사자의 심장을 반대편 접시 위에 올려놓고 계량을 시행한다.

마아트 여신
정의, 진리, 선, 공정의 여신. 마아트의 날개는 진리의 상징으로 여겼다. 머리 위에 깃털 하나를 꽂은 여신이 마아트이며, 두아트에서는 죽은 자의 잘잘못을 가려내는 일을 한다.

심장은 사자의 지혜가 담겨 있는 곳이기 때문에 사자의 심장과 진리의 날개 깃털이 수평을 이루어야만 천국으로 갈 수 있다. 저울이 심장 쪽으로 기울면 곁에 있던 괴물 아메미트가 곧바로 사자의 심장을 먹어버린다. 이렇게 되면 사자는 사후세계에서 또다시 죽음을 맞고 명계에서 영혼마저 소멸된다. 결백을 증명한 사자는 호루스의 안내에 따라 오시리스 앞에 서서 천국으로 갈 권리를 받게 된다.

그러나 고대 이집트인들은 오시리스가 심장을 계량한 결과만으로 사자의 영혼을 소멸시킬 것인지 천국으로 보낼 것인지를 결정한다고는 생각하지 않았다. 다양한 주문과 부적을 사용하여 오시리스의 호의를 얻으면 천국에 갈 수 있는 확률이 높아질 것이라 믿었다.

토트 신 : 따오기의 머리를 한 지혜의 신으로 문명에 관한 사항은 모두 토트 신이 결정했다.
아누비스 신 : 자칼의 머리를 가진 고대 이집트 명계의 신으로 미라를 만드는 전문가였다.

◎ 사자의 심판

사자의 심장과 여신 마아트의 날개 깃털이 수평을 이루는 것이 천국행의 조건이었다. 만약 저울이 수평을 이루지 못하고 심장 쪽으로 기울 경우 괴물 아메미트가 사자의 심장을 먹어버린다.

휴네퍼의 사자의 서
귀족들의 골짜기에 있는 카키의 무덤에서 발견된 사자의 서. 현재까지 190여 개가
넘게 발견된 사자의 서는 사후세계 안내서로 장례식 때 신관이 이를 낭독한 후 함께
매장했다. 사자의 서에는 평화의 땅에 사는 장면, 승천하는 장면, 태양신과 함께 하늘을
여행하는 장면, 저승에서 오시리스의 계율에 따라 심판을 받는 장면 등이 그려져 있다.

010. 조로아스터교에서 말하는 사후 심판

세계의 중심에 있는 엘브르즈 산과 천국을 연결하는 친와트 다리는 악한 영혼이 다리를 건너가려고 하면 봉처럼 가늘게 변해 악인들을 지옥으로 떨어뜨린다.

엘브르즈 산과 친와트 다리의 심판

조로아스터교는 기원전 15세기 혹은 기원전 7세기경부터 그 후 7세기경까지 이란의 국교였다. 그들은 사자의 영혼이 천국과 지옥으로 가기 전에 사후의 심판을 받아야 한다고 믿었다. 이 심판은 엄밀하게 도덕적 가치를 기준으로 이루어지기 때문에 도덕적 심판에 의해 사자의 행로가 정해지는 신앙으로는 세계에서 가장 오래된 것이다.

조로아스터교에 의하면 인간의 혼은 사후 3일간 시신 주변을 헤매면서 생전에 자신이 행한 선악을 곰곰이 따져본다. 선한 영혼은 이 3일 동안 행복을 느끼고, 악한 영혼은 불안함에 괴로워한다. 그리고 4일째 아침, 선한 영혼은 눈부시게 아름다운 여성의 안내를 받아 향기로운 남풍을 타고 엘브르즈 산의 정상으로 가게 된다. 악으로 더럽혀진 영혼은 마녀같이 생긴 여자의 안내를 받아 악취가 나는 북풍을 타고 역시 엘브르즈 산 정상으로 가게 된다. 이

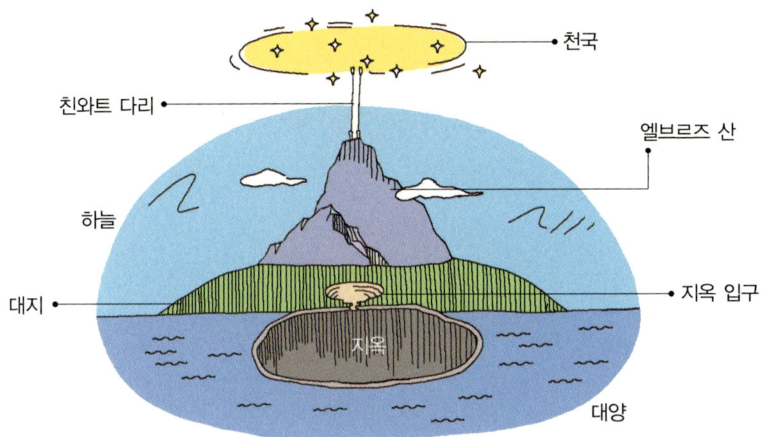

고대 페르시아의 우주론에는 우주의 큰 바다에 떠있는 대지 중심에 하늘까지 닿아있는 엘브르즈 산이 있다. 엘브르즈 산의 가장자리에는 지옥으로 가는 입구가 있으며 지하에 있는 지옥으로 연결된다.

◉ 사후 심판까지의 과정

때 영혼을 데리러 온 여자는 사자 자신의 양심이다.

엘브르즈 산에서는 미트라, 스라오샤, 라슈누 이 세 명의 신이 생전의 선행과 악행을 저울로 계량한다. 조로아스터교에서는 구체적으로 인간의 행위를 '생각', '말', '행동'으로 나누고 이 세 가지에 대해 엄격하게 심사한다. 이집트의 오시리스 법정에서는 주문과 부적이 심판의 결과를 좌우하기도 하지만 조로아스터교에서는 그런 일이 없다.

심판의 결과, 선과 악이 정확하게 균형을 이룬 자는 천국과 지옥의 중간지대인 하밍스타간으로 가게 된다. 어느 쪽으로든 저울이 한쪽으로 기운 자는 심판 후에 엘브르즈 산과 천계를 잇는 친와트 다리로 가야 한다. 친와트 다리는 사자에게 심판의 결과를 알리는 역할을 한다.

선신 아후라 마즈다
조로아스터교의 최고신으로 '영지(마즈다)의 주인(아후라)'이라는 의미를 갖고 있다. 아후라 마즈다는 한 손에 원반을 쥐고 있으며 허리 아래는 좌우에 날개가 달려있는 모습으로 표현된다.

천국으로 갈 영혼이 다리를 건너려고 하면 다리는 폭이 넓어져 선한 영혼이 쉽게 건널 수 있게 변한다. 하지만 지옥으로 가게 될 영혼이 다리를 건너려고 하면 다리의 폭은 가는 봉처럼 좁아져버린다. 이렇게 해서 선한 영혼은 손쉽게 천국에 들어갈 수 있지만 악한 영혼은 다리 아래로 떨어져서 지옥의 깊은 곳으로 사라진다.

조로아스터교 : 성자 조로아스터에 의해 시작된 고대 페르시아의 종교로 조로아스터는 기원전 14세기 전후의 사람이라고도, 기원전 7세기경 사람이라고도 전해진다. 다신교가 주류를 이루던 시기에 최고신 아후라 마즈다를 유일신으로 하여 교리를 성립한 조로아스터교는 선악을 분명히 나누고, 그에 따라 사후세계를 내정했다.

011. 조로아스터교에서 말하는 명계

사자들은 생전에 행한 '생각', '말', '행동'으로 천국과 중간계, 지옥 중 하나로 가게 된다.

최후 심판을 받기 전에 가는 천국과 지옥

조로아스터교는 사후 심판의 결과에 의해 사자의 영혼이 천국, 지옥, 중간계 중 어딘가로 가게 된다고 믿었다.

하밍스타간(Hamingstagan)이라는 중간계는 생전에 행한 선행과 악행이 정확히 균형을 이룬 영혼이 사는 세계다. 이곳에는 보상도, 벌도 없으며 괴로운 것이라고는 현실 세계에도 있음직한 더위와 추위뿐이다.

선한 영혼이 사는 천국은 천계에 있으며 4층 구조로 되어 있다. 조로아스터교에서는 인간의 행위를 '생각', '말', '행동'으로 분류하는데 그것이 그대로 천국의 구조가 된다. 즉, 최하층은 성신계(星辰界)에 있는 선사계(善思界)이며 올바른 생각을 가진 영혼이 산다. 다음은 월계(月界)에 있는 선어계(善語界)로 좋은 언어를 구사한 영혼이 산다. 그 위는 태양계(太陽界)에 있는 선행계(善行界)이며 좋은 행동을 하는 영혼이 산다. 완전한 천국은 그 위에 있다.

● 조로아스터교의 4층 구조로 이뤄진 천국과 지옥

가로 데만
선행계(태양계)
선어계(월계)
선사계(성신계)
천국
올바른 믿음을 가진 무리가 산다.
올바른 행위를 한 자들이 산다.
올바른 언어를 사용한 자가 산다.
올바른 생각을 가진 자가 산다.
중간계(하밍스타간)
생전의 선과 악이 균능한 자가 산다.
악사계
악어계
악행계
도르죠 데만
지옥
부정한 생각을 가진 자가 산다.
부정한 언어를 사용한 자가 산다.
부정한 행위를 한 자가 산다.
악인이 산다.

● 조로아스터교의 천국과 지옥의 특징

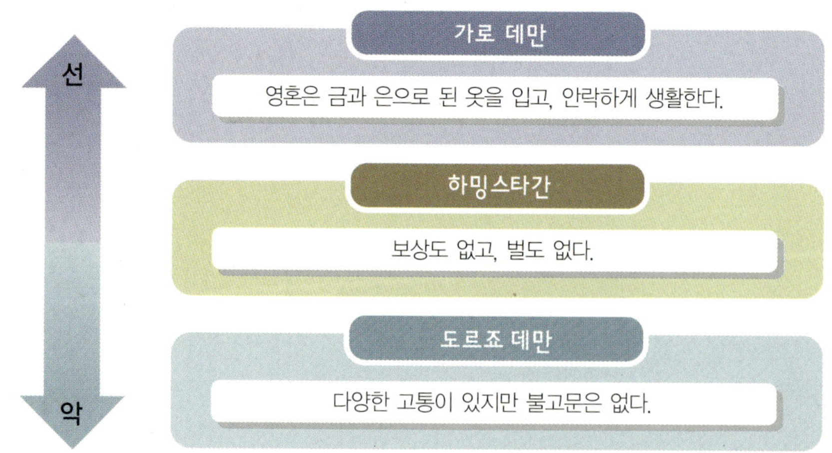
선
악
가로 데만
영혼은 금과 은으로 된 옷을 입고, 안락하게 생활한다.
하밍스타간
보상도 없고, 벌도 없다.
도르죠 데만
다양한 고통이 있지만 불고문은 없다.

그곳은 선신 아후라 마즈다가 사는 곳인 가로 데만이다. 이곳에는 조로아스터교의 요구(선한 생각과 말, 행동을 행하며 의롭게 살아야 함)를 완벽하게 만족시킨 영혼의 무리가 산다. 여기에 사는 영혼은 금은으로 된 옷을 입고, 매우 안락한 생활을 한다.

대지 아래에 위치한 지옥 또한 천국과 마찬가지로 4층 구조로 되어 있다. 악사계(惡思界), 악어계(惡語界), 악행계(惡行界)를 지나면 최하층에 있는 최악의 지옥, 도르죠 데만이 있다. 이곳은 악신 아흐리만의 거주지이며 불고문(고통)이 없는 것이 특징이다. 조로아스터교에 의하면 불은 죄를 정화시키는 성질을 가지고 있는데 이 지옥은 정화를 위한 곳이 아니기 때문에 벌레나 괴물에게 물리거나, 재나 먼지를 먹어야 하는 고문이 주를 이룬다.

그러나 조로아스터교에서 천국, 지옥, 중간계는 영혼이 영원히 사는 곳이 아니다. 어디까지나 아후라 마즈다가 예정해 놓은 종말에 이르기 전에 일시적으로 머무는 장소일 뿐이다. 사자의 영혼은 세상에 종말이 오면 다시 심판을 받고 진정한 의미의 천국과 지옥으로 가게 된다.

가로 데만 : 성인이 마지막 심판을 기다리는 천국
도르죠 데만 : 동방세계의 지옥. 지옥의 최하층으로 최종적으로 영혼의 구제가 이루어진다.
악신 아흐리만 : 조로아스터교에서 악의 세력을 대표하는 절대 악신으로 주신 아후라 마즈다와 적대관계이다. 안라 만유라고도 한다.

012. 조로아스터교에서 말하는 영원의 천국

조로아스터가 탄생하고 3000년이 지난 후에 이 세상은 종말을 맞이하고, 그 후에 모든 것이 새롭게 태어나 선이 지배하는 영원한 천국이 실현된다.

최후에는 소멸하는 사후세계

조로아스터교의 명계는 조로아스터가 예견한 종말을 맞이하여 최후의 심판을 받기 전까지 머무는 일시적인 거처일뿐 영원히 존재하지 않는다. 최후의 심판 후에는 명계를 포함한 모든 것이 완전히 바뀌기 때문이다.

조로아스터교에 의하면 세계는 선과 악의 투쟁 중에 있으며 그 투쟁의 역사는 1만 2천 년 동안이나 지속된다. 그러나 조로아스터가 탄생한 지 3000년이 지나면 세계는 종말을 맞이하며 파탄난 세계를 구하기 위해 구세주 사오슈얀트가 도래한다. 그는 4일 동안 세계를 완전히 뒤바꿔버리며 세상의 모든 악을 근원적으로 정화시킨다. 그리하여 선과 악의 오랜 투쟁은 끝이 나고 최종적으로 선이 승리를 거둔다. 일설에 의하면 조로아스터가 기원전 7세기경의 사람이기 때문에 이미 최후의 3000년 중 이미 2700년이 지났다고 한다.

영원한 천국에 이르기까지의 역사

세계의 시작

근원적인 선과 악의 투쟁 과정

조로아스터의 탄생

1만 2천 년

3천 년

구세주 사오슈얀트의 도래

세계의 개조

천국

지옥

용암이 이승과 저승을 먹어 삼켜서 대지를 평편하게 만들고 모든 것을 정화시킨다.

악이 없는 신세계, 천국의 완성

영원의 천국

세계는 이상향으로 복원되고 모든 생명이 새롭게 태어나며, 선이 세계를 지배한다.

최후의 날에 선이 승리하면 모든 사자들은 죽은 곳과 같은 장소에서 완전한 육체로 부활한다. 뼈는 땅에서, 피는 물에서, 털은 식물에서, 생명은 바람에서 부활한다. 이렇게 다시 생명을 얻은 사람들은 최후의 심판장에 모여 심판을 받은 후에 선인은 천국으로, 죄인은 지옥으로 가게 되는데, 그곳에서 그들이 보상이나 죄를 받는 것은 고작 3일뿐이다.

4일째가 되면 세계는 완전히 뒤바뀐다. 펄펄 끓는 용암이 흘러내려 대지를 덮어버리고, 선인도 죄인도 삼켜버린다. 그리고 모든 것이 용암에 의해 정화된다. 이 용암은 지옥에도 흘러들어 고통으로 가득찬 모든 것을 불태운다.

이렇게 선이 완전한 승리를 손에 넣은 후, 세계는 완벽하게 이상적인 모습으로 복원된다. 모든 생명이 새롭게 탄생하고 오로지 선이 지배하는 시대가 도래하는 것이다. 이때 새롭게 태어난 인간은 모두 완벽하게 선량하며 죽지도 않는다. 세계는 천국 그 자체이기 때문에 더 이상 지옥이나 중간계 등의 세계는 존재하지 않는다.

예언자 자라투스트라
데바(Daeva), 미트라(Mithra)를 숭배하던 페르시아 원시 종교는 예언자 자라투스트라(그리스식 발음이 조로아스터임)가 등장한 이후로 아후라 마즈다를 숭배하는 유일신 신앙으로 정립된다.

구세주 사오슈안트 : 세상의 종말에 나타나 사악한 것을 전부 없애고 모든 것을 새롭게 다시 태어나게 하는 구세주이다.

013. 그리스신화와 명계 하데스

> 하데스의 나라는 대양(오케아노스)이 끝나는 머나먼 서쪽 지하에 있는 어둡고 쓸쓸한 곳으로 아무런 즐거움도 없는 감옥 같은 명계다.

명계의 왕 하데스의 왕국

그리스신화에서 명계, 사자의 나라는 곧 하데스의 나라를 의미한다. 하데스는 그리스신화에 등장하는 명계의 왕으로 '하데스' 라는 이름만으로 명계를 지칭하기도 한다. 즉, 하데스가 명계인 것이다.

하데스의 나라는 머나먼 서쪽 지하에 있다. 호메로스의 〈오디세이아〉를 보면 영웅 오디세우스가 대지를 둘러싼 오케아노스가 끝나는 곳, 1년 내내 태양빛이 닿지 않는 그곳까지 가서 망령을 불러들이는 장면이 있다. 안내자 헤르메스 신은 망령들을 데리고 명계로 내려간다. 그는 망령들과 함께 오케아노스의 흐름

호메로스
기원전 8세기경의 고대 그리스의 전설적인 시인이다. 대표작으로 〈일리어드〉, 〈오디세이아〉 등이 있다.

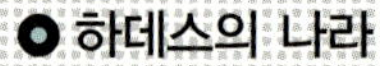

◉ 하데스의 나라

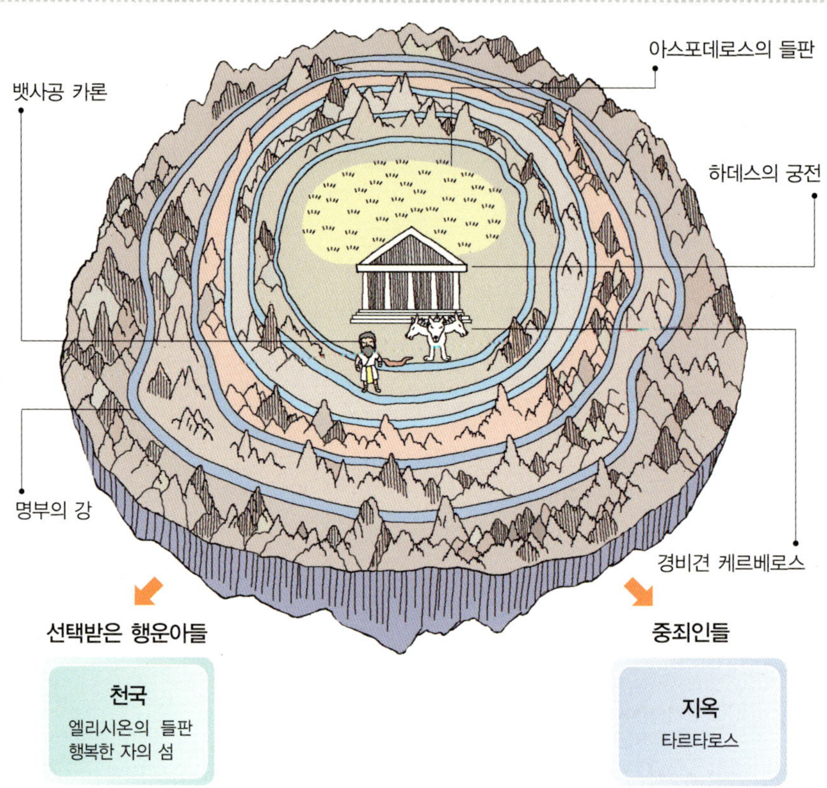

천국
엘리시온의 들판
행복한 자의 섬

지옥
타르타로스

◉ 그리스신화 속 명계의 신들

역할	신 이름
명계의 왕	하데스
왕비	페르세포네
명계 제3의 지배자 여신	헤카테
	미노스
심판관	라다만티스
	아이아코스
저승으로 끌고가는 죽음의 여신	케레스
인간 영혼을 저승으로 데려오는 저승사자	타나토스
불화의 여신	에리스

을 따라 레프카다(그리스의 섬) 옆을 지나고 태양으로 들어가는 문을 통과하여, 꿈의 고향을 지나 하데스의 나라 아스포데로스의 들판에 당도한다.

이것 외에도 헤라클레스, 테세우스, 오르페우스 등 영웅들의 전설에는 라코니아 지방 남단의 타이나론 동굴을 통해 하데스의 나라로 들어갔다는 구절들이 있다.

하데스의 나라에는 명부를 흐르는 다섯 개의 강이 하데스의 궁전을 둘러싸고 있다. 아케론 강(비통의 강), 스틱스 강(증오), 플레게톤 강(불의 강), 레테 강(망각의 강), 코키토스 강(통곡의 강)이 그것이다. 이 중 스틱스 강이나 아케론 강의 뱃사공은 카론이며 그는 망자를 명부로 실어나르는 역할을 한다.

명부의 강을 건너면 머리가 세 개 달린 케르베로스가 하데스 궁전의 문을 지키고 있다. 하데스의 궁전은 지옥은 아니지만 감옥과 같은 곳이다. 대다수의 망령들은 궁전 바깥의 아스포데로스 들판에 살고 있다. 들판 전체는 매우 캄캄하며 하얗고 푸른 그림자처럼 생긴 망령들이 떠돌아다닌다. 망령들은 아무런 즐거움도 느낄 수 없다.

궁전에는 하데스와 왕비 페르세포네 이외에 세 명의 심판관 미노스, 라다만티스, 아이아코스가 산다. 이들에게 선택받은 행운아는 천국인 엘리시온의 들판과 행복의 섬으로 갈 수 있지만 중죄인들은 지옥인 타르타로스로 보내진다.

케르베로스(Kerberos)

머리가 세 개, 뱀 모양의 꼬리를 가진 케르베로스는 그리스신화에서 지옥의 문을 지키는 개로 산 사람은 하데스의 궁전으로 들어오지 못하게 한다. 반대로 죽은 자는 하데스의 명계에서 빠져나가지 못하게 한다. 오르페우스는 리라 연주로 이 케르베로스를 잠재우고, 산 자의 몸으로 하데스의 명계로 들어간다.

오케아노스 : 신화시대의 그리스에서는 원반형의 대지를 바다가 둘러싸고 있다고 믿었다. 오케아노스는 그 해양의 흐름을 말하며, 강의 흐름이나 지하수의 흐름도 오케아노스의 일부였다.

014. 그리스신화 속의 지옥 타르타로스

그리스신화 속에서 중죄인들은 대지 깊은 곳에 있는 최악의 지옥, 타르타로스에 떨어져 영원히 고통을 견뎌야 한다.

대지의 가장 깊은 곳에 있는 최악의 지옥

그리스신화에서는 올림푸스 신들을 모독하는 것과 같은 중죄를 지으면 타르타로스라는 최악의 지옥에 떨어지게 된다.

타르타로스는 하데스의 나라에서도 가장 깊은 곳에 위치해 있다. 헤시오도스의 〈신통기(神統記)〉에 따르면 타르타로스는 대지의 가장 깊은 곳에 있으며 땅에서 타르타로스까지의 거리는 하늘에서 땅까지의 거리와 맞먹는다고 한다. 대지에서 철심을 떨어뜨리면 9일 밤낮을 계속해서 떨어지다가 10일째에 겨우 닿는 곳이 타르타로스이다. 이 타르타로스 주변은 청동으로 만든 담으로 둘러싸여 있으며, 밤의 어둠이 삼중으로 겹쳐져 있다.

청동으로 만든 담에는 또한 청동으로 만든 거대한 문이 있는데 그곳에는 백 개의 손을 가진 거인 헤카톤케이르 세 명이 지키고 서 있어서 잡히면 누구도 도망가지 못한다. 내부에는 무시무시하고 거대한 구멍이 뚫려 있어서

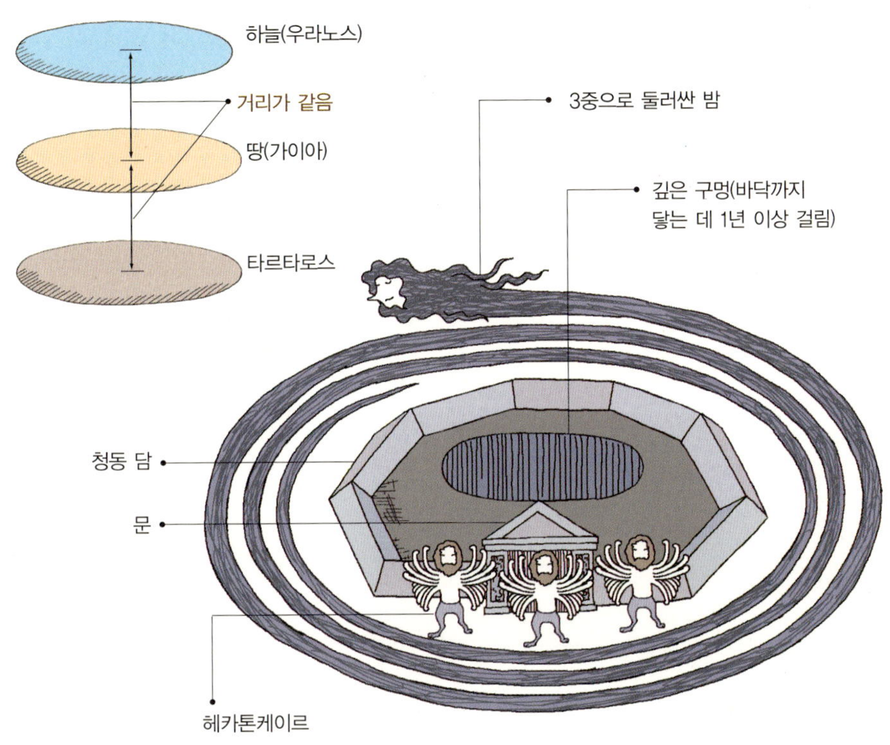

◎ 타르타로스에서 치르는 죄와 형벌

거주자	죄	형벌
탄타로스	신들의 지혜를 시험함.	과실수 아래의 연못 안에 서 있으면서 물도 마시지 못하고, 과일도 먹지 못하는 벌
시시포스	하데스를 속임.	밀어 올릴 때마다 굴러 떨어지는 돌덩이를 비탈 위로 밀어 올리는 벌
익시온	여신 헤라를 유혹	수레바퀴에 묶여서 영원히 도는 벌
50인의 다나이스	50인의 남편을 살해	바닥이 없는 국자로 계속해서 물을 뜨는 벌

한번 들어가면 1년이 걸려도 그 바닥에 닿지 못할 정도다.

로마시대의 시인 베르길리우스는 광대한 타르타로스가 삼중의 벽에 둘러싸여 있으며, 그곳을 플레게톤 강이 에워싸고 있다고 묘사했다.

타르타로스는 크게 두 가지 기능을 하는 곳으로 알려져 있다. 그리스신화의 가장 초기 즉, 가이아와 우라노스의 시대에는 타르타로스가 일종의 감옥이었다. 신들과의 싸움에서 승리를 거머쥔 제우스가 이전 시대의 절대자였던 크로노스와 티탄족의 신들, 그리고 많은 수의 거인 기가스를 이 타르타로스에 던져 넣었다. 이때까지 타르타로스는 죄인을 수감하는 단순한 장소였다.

티치아노 베첼리오의 시시포스
16세기의 베네치아 미술을 대표하는 화가 티치아노 베첼리오(Tiziano Vecellio, 약 1490년~1576년)의 작품으로 형벌을 받고 있는 시시포스를 볼 수 있다.

신의 시대가 가고 영웅의 시대가 오자, 타르타로스는 죄인에게 형벌을 주는 지옥이 되었다. 아가멤논의 조상인 탄타로스, 하데스를 속인 시시포스, 헤라를 유혹한 익시온, 다나오스의 딸인 50명의 다나이스, 쌍둥이 거인 오토스와 에피알테스 등이 타르타로스 안에서 영원히 벌을 받고 있다고 전해진다.

올림푸스 신들 : 최고신 제우스를 필두로 한 그리스신화 속의 가장 주요한 12신들
아가멤논 : 고대 그리스의 영웅으로 미케네의 왕이며 트로이 전쟁에서는 그리스 군의 총대장을 맡았다.

015. 그리스신화 속의 낙원, 엘리시온의 들판

> 오케아노스의 끝에는 선택받은 영혼만이 갈 수 있는 천국이 있다. 호메로스는 이를 '엘리시온의 들판' 이라 불렀고, 헤시오도스는 '행복한 자의 섬' 이라고 불렀다.

오케아노스의 끝에 있는 이상향

그리스신화에서는 특별히 위대한 인물이나 영웅은 죽은 후에 엘리시온의 들판이나 행복한 자의 섬(마카론 네소이)이라는 일종의 천국으로 가게 된다. 엘리시온의 들판과 행복한 자의 섬은 서로 다르지만 무척 닮았다.

호메로스의 〈오디세이아〉에는 바다의 신 프로테우스가 제우스의 사위인 스파르타 왕 메넬라오스에게 그가 훗날 엘리시온의 들판으로 갈 거라고 예언하고 그 장소에 대해 설명하는 부분이 나온다.

〈오디세이아〉에 따르면 엘리시온의 들판은 세계를 둘러싸고 있는 오케아노스 끝 어딘가에 있는 안락한 나라로 눈도 비도 오지 않고, 매서운 겨울도 폭풍우도 없이 온화한 곳이다. 또한 일 년 내내 오케아노스로부터 서풍(제피로스)이 불어오며 이 바람은 이곳에 사는 인간에게 생기를 불어넣어 준다. 크레타의 왕 미노스의 동생인 금발의 라다만티스가 이곳을 다스리고 있다.

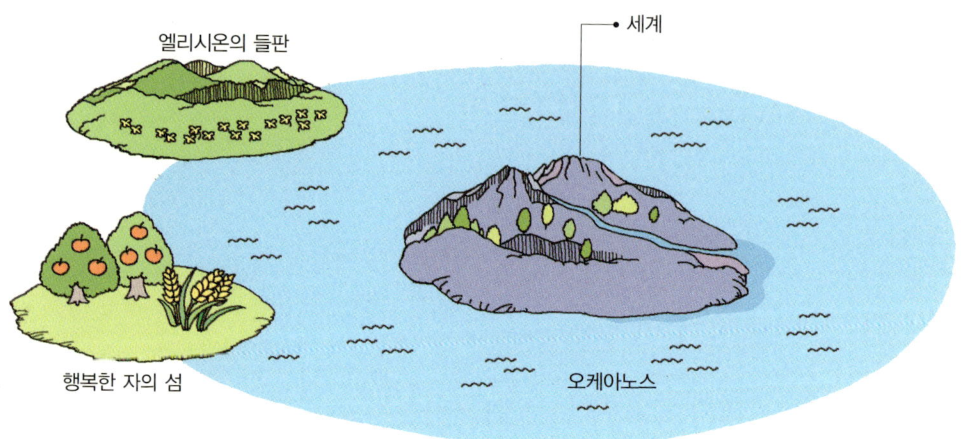

그런데 〈오디세이아〉의 뒷부분을 보면 아킬레우스를 포함한 그리스신화
의 유명한 영웅들이 모두 일반적인 명계인 아스포데로스의 들판으로 간다고
적혀 있다. 엘리시온의 들판으로 가는 것은 그 정도로 어려운 일이라는 것을
알 수 있다.

행복한 자의 섬에 관해서는 헤시오도스의 〈일과 날〉을 보면 알 수 있다.
이 섬은 세상에서 떨어진 대지의 끝, 오케아노스의 부근에 있는 상당히 비
옥한 땅으로, 1년에 세 번이나 열매가 열리는 풍요로운 곳이다. 제우스의 아
버지 크로노스가 지배하고 있으며 트로이에서 싸우다 죽은 영웅들 중 일부
가 이곳에 살고 있다고 한다. 크로노스는 원래 제우스에 의해 타르타로스에
갇혔지만 그 후에 결박을 풀고 행복한 자의 섬을 지배하게 된 신이다.

메넬라오스 : 미케네의 왕이자 아가멤논의 동생으로 그의 부인 헬레네가 트로이의 왕자 파리스에게 유괴당한 것이 트
로이 전쟁의 원인이 되었다.
아킬레우스 : 트로이 전쟁의 그리스 군 최대의 영웅이다.

지하세계를 새긴 그리스 도자기(일부)

저승을 다스리는 하데스와 그의 아내 페르세포네를 중심으로 헤라클레스의 아내 메가라와 그의 아들들, 오르페우스와 오르픽스, 헤르메스와 케르베로스를 잡아가는 헤라클레스가 묘사되어 있다. 도자기 양 모서리에서는 지옥의 고통을 겪고 있는 시시포스와 지옥의 왕 틴타로스도 보인다.

016. 피타고라스파가 말한 명계

육체라는 감옥에 갇혀있던 인간의 영혼은 철학에 의해 정화되어야만 죽은 후에 천계로 돌아갈 수 있다.

동방에서 온 윤회(輪回)사상

고대 그리스의 사후세계관은 기원전 6, 7세기경이 되자 바빌로니아와 페르시아 등의 사상에 영향을 받아 크게 변화했다.

기원전 6세기에 활약한 피타고라스는 현재 '피타고라스의 정의'로 가장 유명하지만 그가 생전에 가장 관심을 가졌던 주제는 영혼의 운명이었다. 피타고라스는 인간의 영혼이 본래는 신들처럼 죽지 않고 영생한다고 생각했다.

그의 말에 따르면 우주의 바깥쪽에는 세계를 창조한 근원 물질이라고 할 만한 에테르로 가득 차 있는데 그것이 천계로 빨려 들어간 결과, 완벽한 조화를 갖춘 별들의 질서가 생겨났다. 그러므로 이 천계가 바로 영혼의 고향인 셈이다. 그러나 무지한 영혼은 시간이 흐른 후 더렵혀지고 말았고, 그 죄로 지구에 떨어져서 육체라는 무덤에 갇혀버리게 된 것이다.

이런 생각을 바탕으로 피타고라스파 학자들은 윤회사상을 발전시켰다.

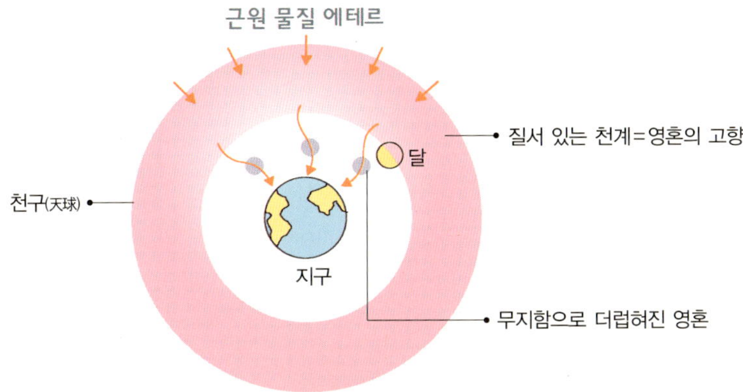

영혼은 본래 신적이고 불사이며, 질서 있는 천계에 살아야 하지만 무지함으로 더럽혀진 탓에 지상으로 떨어져 육체라는 무덤에 갇혀버렸다.

철학에 의해 정화된 영혼은 죽음과 동시에 질서정연한 천계로 돌아갈 수 있지만 정화에 실패한 영혼은 인간이나 동물로 다시 태어난다. 실패를 거듭하면 윤회도 계속된다.

즉, 영혼의 입장에서 보자면 지구에서 살고 있는 우리의 상태는 사실 죽은 상태나 다름없다. 때문에 이 상태에서 벗어나서 다시 신적인 본질을 회복하고 부활해야 하며 이를 인생의 목적으로 삼아야 한다. 그러기 위해서 필요한 것이 지혜(Sophia)이며, 철학(Philosophy)이다.

피타고라스는 철학에 의해 정화된 영혼만이 죽음과 동시에 영혼의 고향인 천계로 돌아갈 수 있다고 주장했다. 그러나 철학을 하지 않고 충분히 정화되지 못한 채 산 영혼은 천계로 돌아가지 못하고 다시 인간이나 동물, 물고기 능으로 환생한다. 다시 육체에 갇혀 살게 되는 것이다. 게다가 계속해서 영혼을 정화하지 못하면 비참한 윤회를 영원히 되풀이하게 될 가능성도 있다.

초기 피타고라스파 사람들이 완전한 채식주의자였던 이유도 이 때문이다. 동물과 물고기를 잡아먹는 것은 자신의 조상을 잡아먹는 것일 수도 있었기 때문이다.

피타고라스
로마 바티칸 궁의 서명실 벽에 그린 그림 중 하나인 '아테네학당, School of Athens'. 왼쪽 아래 무릎을 꿇고 앉아 책에 열심히 기록하고 있는 이가 이집트 사상의 영향을 받아 서양 철학에 윤회를 화두로 던진 피타고라스(Pythagoras)이다.

에테르 : 고대부터 이 세상의 물질은 불, 공기, 물, 흙의 4원소로 이루어진다고 생각했으나, 에테르는 이것들과는 다른 근원 물질로 천체를 구성하는 제5원소로 여겨졌다.

017. 플라톤이 말하는 윤회전생

> 플라톤은 인간의 영혼이 영원히 살며, 천 년 주기와 만 년 주기로 윤회를 반복한다고 믿었다.

만 년과 천 년 주기로 윤회하는 영혼

기원전 4세기경의 그리스 철학자 플라톤은 인간의 영혼이 불멸한다고 생각했고 그 결과 영혼이 경험하는 복잡한 윤회에 대한 기록을 남겼다. 플라톤은 만 년 주기의 윤회와 천 년 주기의 윤회가 있다고 했다.

천 년 주기는 통상적인 의미의 윤회다. 이에 따르면 사후의 영혼은 우선 명계의 목장에서 재판을 받고, 그 결과에 따라 행로를 달리한다. 올바른 삶을 산 자들은 하늘에 있는 구멍을 통과해서 천국으로, 부정한 자들은 땅의 구멍을 통해 지옥으로 떨어지는 것이다. 그리고 각각 천국과 지옥에서 천 년 동안 상벌기간을 보낸 후 다시 하늘이나 땅의 통로를 통해 명계의 목장으로 돌아오는데 너무 심한 악행을 저지른 영혼은 다시 천 년의 벌을 받은 후에 최악의 지옥 타르타로스로 던져진다. 반면에 이 과정을 무사히 통과한 영혼은 대지를 뚫고 비추는 빛을 따라 날아올라 필연의 여신 아난케가 천구

사후에 심판을 받는 장소

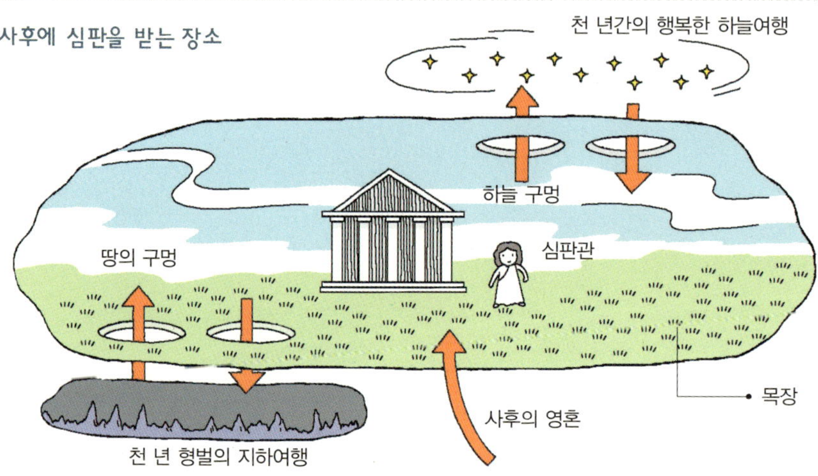

❶ 사후에 영혼은 다른 영혼과 함께 심판관이 있는 목장으로 간다.
❷ 심판관의 명령에 따라 하늘의 구멍, 땅의 구멍으로 보내진다.
❸ 각각의 하늘여행과 지하여행에서 천 년 동안 상과 벌을 받는다.
❹ 돌아온 자들은 '환생의 장소'로 이동한다.
❺ 너무 악질인 영혼은 목장으로 돌아가지 못하고 타르타로스로 간다.

환생의 장소

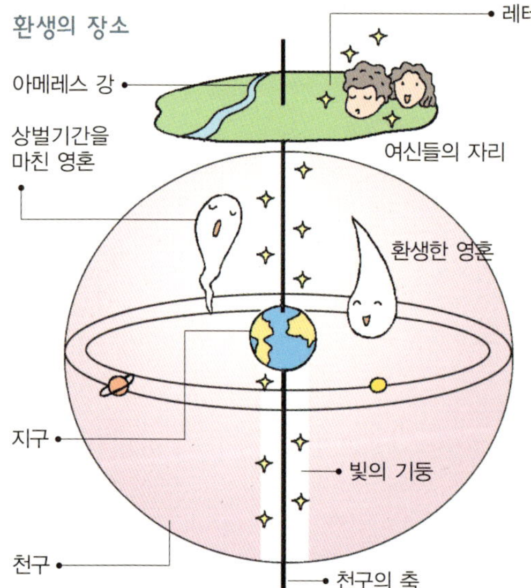

❻ 상벌기간을 마친 영혼은 천구의 축을 따라 여신들이 있는 곳으로 올라간다.
❼ 영혼은 운명의 여신이 있는 곳에서 다음 인생을 선택한다.
❽ 레테의 들판에서 아메레스의 강물을 마신다.
❾ 한밤중에 천둥소리와 함께 새로운 인생을 맞이한다.

의 축을 돌리고 있는 장소에 도착한다. 영혼들은 운명의 여신들(모이라이)이 모여 있는 곳으로 가서 다음 인생(동물이 되는 경우도 있음)을 선택한다. 그리고 레테의 들판에서 아메레스 강물(걱정 없이 마음을 편하게 함)을 마시고 모든 것을 잊은 채 다음 생을 위해 각지로 날아간다.

플라톤에 의하면 이런 천 년 주기의 윤회는 천구 안에서 이뤄지는 일반적인 윤회로 10회를 반복한 후 만 년이 되는 날에 단 한 번의 특별한 기회가 주어진다고 한다. 이때 영혼은 천구 바깥에 위치한 신들이 사는 세계까지 날아가 신들과 함께 세계의 진실을 보게 된다. 이와 같은 경험을 한 영혼은 만 년간 신들이 사는 세계에 머무를 수 있다.

그러나 신들을 따라 날아다니는 것은 매우 어려운 일이어서 많은 영혼이 도중에 탈락하고 천구의 바깥까지 도달하지 못한다. 이런 영혼은 안타깝게도 다시금 만 년의 윤회를 경험해야 한다. 다시 윤회를 시작해야 하는 영혼은 첫 생에서는 모두 인간으로 태어나지만 어떤 인간으로 다시 태어날지는 천계의 진실을 어느 정도 보았는지에 따라 달라진다.

운명의 여신들(모이라이)
단수형은 모이라다. 세 자매 클로토, 라케시스, 아트로포스가 있다. 라케시스는 인간에게 운명을 분배하고, 클로토는 운명의 도안을 짜며, 아트로포스는 운명의 실을 잘라낸다. 로마신화에서는 '파르카' 라 한다. 루벤스(Peter paul Rubens)의 작품이다.

아난케 : 필연, 필요, 숙명의 여신으로 운명의 여신 모이라이의 어머니라고 여겼다.

018. 플라톤이 말하는 명계

진정한 천국, 통상적인 천국, 인간이 사는 대지, 하데스, 타르타로스…….
플라톤은 이것들이 겹겹이 쌓여있는 곳이 명계라고 했다.

복잡한 윤회의 무대가 되는 천국과 지옥

만 년 주기와 천 년 주기의 복잡한 윤회 구조를 생각한 고대 그리스의 철학자 플라톤은 천국과 지옥이 여러 층으로 이루어졌다고 설명했다.

플라톤에 의하면 우리가 살고 있는 지구상의 대지는 진정한 대지가 아니다. 실은 우리가 하늘이라고 여기는 것이야말로 진정한 대지이며, 그 위에는 지상과 다른 멋진 세계가 펼쳐져 있다는 것이다. 물론 그곳에도 인간과 동물이 살고 있다. 우리가 두 발을 딛고 있는 대지는 진정한 대지 쪽으로 입을 벌리고 있는 커다란 웅덩이의 바닥이며 이 구덩이는 공기로 가득 차 있다. 하지만 진정한 대지에 사는 사람들이 내려다보면 공기로 가득 찬 구덩이는 바다처럼 보일 뿐이다.

진정한 대지에는 이런 구덩이가 여러 개 있으며, 그 아래에는 특별한 사람들이 사는 대지도 있다. 이 여러 개의 구덩이 중에 유난히 깊은 구덩이가

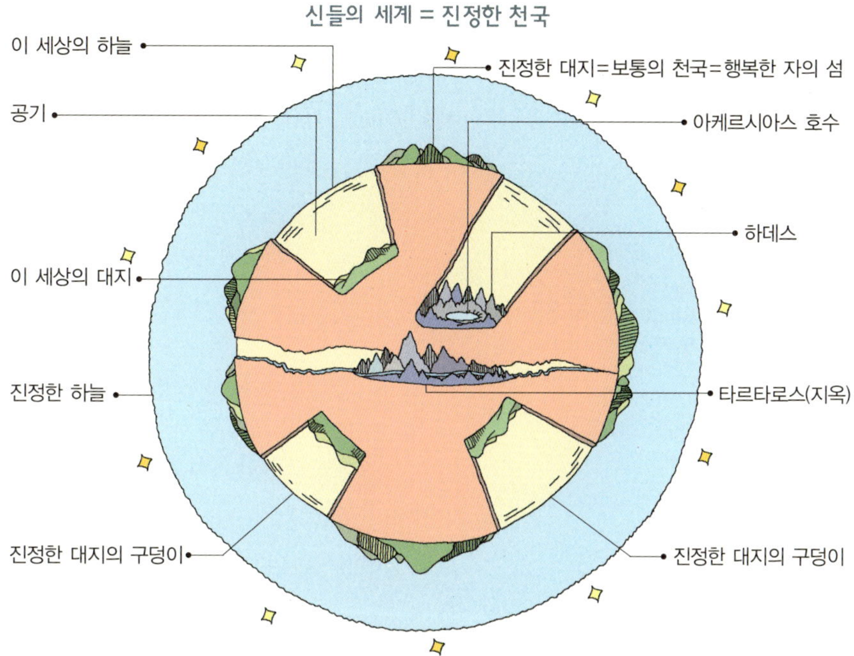

◉ 플라톤이 말한 윤회전생의 시계

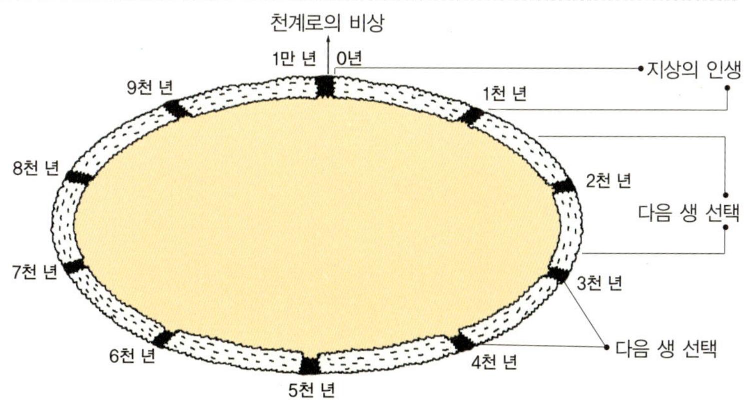

플라톤은 상벌기간이 천 년이라고 했는데, 윤회 주기도 천 년이기 때문에 실제 상벌기간은 천 년에서 지상의 인생을 뺀 기간인 셈이다.

엘리시온 들판 앞으로 흐르는 레테의 강
명부로 향하는 슬픈 자들의 행렬 뒤로 레테의 강이 보이고, 그 너머 저편에는 낙원의 평화로운 일상이 펼쳐진다. 존 스탠호프 작품

있는데 그 바닥에 하데스(명부)가 있다. 그곳에는 다양한 명부의 강물이 흘러 들어 오는 아케르시아스 호수가 있으며 호수 근처에는 명계의 재판장도 있다. 또 진정한 대지에는 반대편까지 꿰뚫을 듯한 거대한 균열이 있으며 그 중앙 즉, 가장 깊은 곳에 최악의 지옥 타르타로스가 있다. 이 지옥에도 명부의 강물은 흘러들어온다.

플라톤은 인간의 영혼이 천 년 단위로 윤회하고 죽은 후에 천국과 지옥으로 가는데, 이 경우 가게 되는 지옥이 하데스의 일부이고, 천국은 진정한 대지를 뜻한다고 말했다.

고대 그리스에는 전통적으로 행복한 자의 섬과 엘리시온의 들판에 대한 믿음이 있었는데 여기서 플라톤이 말한 진정한 대지가 바로 그곳이다. 또한 진정한 대지에 사는 사람들 중에서도 철학을 통해 충분히 자신을 정화한 사람들은 훨씬 좋은 장소, 즉 천계 밖에 있는 진정한 천국으로 갈 수 있다. 플라톤은 1만 년에 단 한 번 영혼들에게 신들의 세계로 날아갈 수 있는 기회가 주어진다고 했다. 신들의 세계야말로 플라톤에게 진정한 천국이었던 것이다.

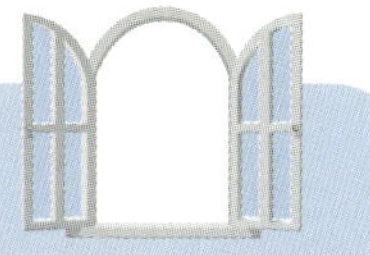

019. 베르길리우스가 말한 명계

고대 로마의 지식인들은 고대 그리스의 전통을 이어받아 신화와 철학을 결합시켰고 그 결과 자신들만의 명계관을 만들어냈다.

그리스의 전통을 이어받은 고대 로마의 명계

고대 로마인은 사자의 나라가 지하에 있을 것이라고 막연하게 믿고 있었다. 그러다 기원전 1세기경에 지식계층 사이에서 고대 그리스의 신화와 철학이 결합한 명계관이 형성되어 좀 더 구체적인 명계관을 갖게 되었다. 특히 베르길리우스(기원전 70년~기원전 19년)의 서사시 〈아이네이스〉에서 영웅 아이네아스의 모험담을 통해 명계를 자세하게 묘사하고 있다.

영웅 아이네아스는 이탈리아의 쿠마이에 사는 무녀 시빌레의 안내를 받아 아베르누스 호수의 동굴을 통해 명계로 내려간다. 명부의 입구 근처에는 복수의 여신 에리니에스, 불화의 여신 에리스들이 살고 있으며, 그 끝에는 아케론 강, 코키토스 강, 스틱스 강이 교차하고 있다. 그리고 지상에 제대로 묻히지 못한 망령들과 강을 건너지 못한 망령들이 강의 주변을 배회하고 있다.

명계로 내려온 사자는 뱃사공 카론의 배를 타고 스틱스 강을 건너, 경비견

◉ 〈아이네이스〉에 묘사된 명계의 지도

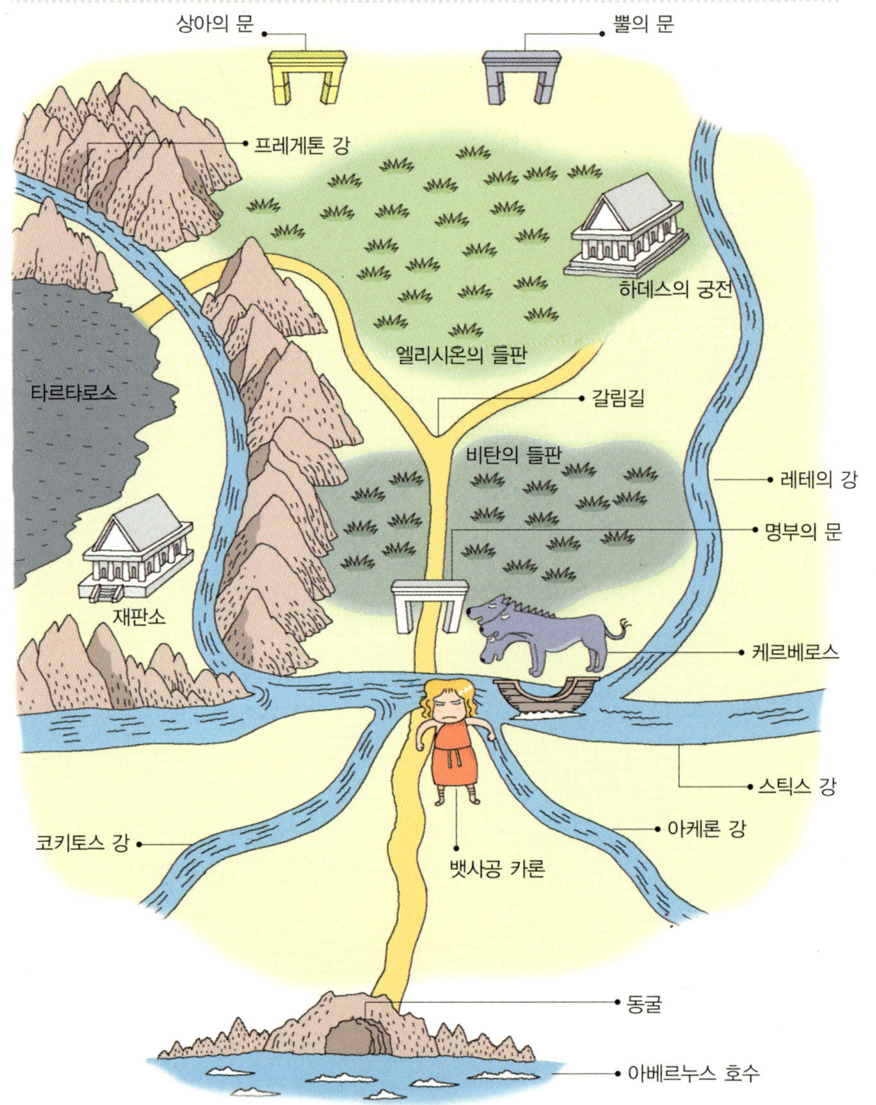

시빌레의 안내로 아베르누스 호수의 동굴에서 명계로 내려간 아이네아스는 명계에서의 모험을 끝낸 후 '상아의 문'을 지나 지상으로 돌아간다. '상아의 문'과 '뿔의 문'은 명계의 신이 잠잘 때 꾸는 꿈을 내보내는 문으로 거짓 꿈은 상아의 문을, 진실의 꿈은 뿔의 문을 통과한다고 전해진다.

케르베로스가 지키고 있는 명부의 문에 들어서게 된다. 여기를 통과하면 태어나자마자 죽은 자, 억울하게 누명을 쓰고 죽은 자, 자살한 자, 애욕으로 몸을 망친 자들이 사는 '비탄의 들판'이 나타난다. 그 다음으로 무공을 세운 전사들의 망령이 사는 장소가 등장한다.

이곳을 지나면 갈림길이 나온다. 오른쪽 길은 낙원 엘리시온의 들판으로 이어지고, 왼쪽 길은 골짜기 밑바닥에 있는 지옥 타르타로스로 이어진다. 여기에서 아이네아스는 오른쪽 길로 향하여 엘리시온의 들판에 있는 많은 망령들을 만난다. 엘리시온 들판에 사는 망령들은 집이 따로 없이 숲이나 호수, 목장에서 생활을 한다.

베르길리우스
국가 서사시라고 불리는 〈아이네이스〉를 쓴 베르길리우스(푸블리우스 베르길리우스 마로, Publius Vergilius Maro, 기원전 70년~기원전 19년)는 당시 전유럽에서도 손꼽히는 뛰어난 시인으로 고대 그리스 철학에도 정통했다. 미완으로 남겨진 〈아이네이스〉에서 명계를 생생하게 묘사한 베르길리우스를 단테는 〈신곡〉에서 자신을 지옥으로 안내하는 인물로 등장시키기도 했다.

플라톤의 윤회설처럼 그곳에서 생활하는 기간은 천 년이며, 천 년이 지나면 그들은 낙원을 흐르고 있는 레테의 강물을 마시고 모든 기억을 망각한 채 지상에서 다시 태어나게 된다. 다만, 정말 소수의 순수한 영혼만은 가치 없는 육체를 버리고, 윤회전생에서 벗어나 천계로 돌아갈 수 있다.

아이네이스 : 고대 로마의 시인 베르길리우스의 작품으로 트로이 왕족인 아이네아스가 멸망한 트로이에서 탈출하여 다양한 모험을 한 후에 이탈리아에서 로마의 전신(前身)이 되는 신 국가를 건설하기까지의 이야기를 그린 서사시이다.
시빌레 : 고대 그리스와 로마에서 존경받았던 전설적인 무녀이며 여성 예언자이다.

020. 미트라교에서 말하는 명계

고대 페르시아에서 숭배했던 미트라 신과 바빌로니아의 점성술이 결합된 미트라교에서는 영혼이 본래 성신계에 머무른다고 믿었다.

성신계를 통과하는 영혼의 여행

미트라교는 고대 로마에서 크리스트교가 4세기에 공인종교가 되기 전, 약 2세기 동안 크게 번성했던 종교다. 미트라교는 페르시아의 기원이 되는 빛의 정령 미트라를 믿는 신앙과 바빌로니아의 점성술이 결합된 종교로 천체의 별들을 중요시하는 것이 특징이다. 그리고 인간의 영혼에 관해서도 그 본래의 거처가 성신계에 있다고 믿었다.

미트라교에 따르면 영혼이 거주했던 최초의 장소는 신들이 사는 천상계 즉, 최고의 천계인 항성천(恒星天)이다. 그러다 영혼이 물질에 갇히면서 지상으로 떨어지게 되는데, 이때 영혼은 천구를 통과하면서 각 별의 성질을 몸에 지니게 된다. 이 과정을 통해 영혼은 비로소 육체의 생명을 얻게 되는 것이다. 반대로 사후의 영혼은 하늘에서 각 별의 성질을 벗어버리고 숭고한 존재가 되어 제8천에 들어가 그곳에서 영원의 빛에 감싸인 채 신들과 함께 생활

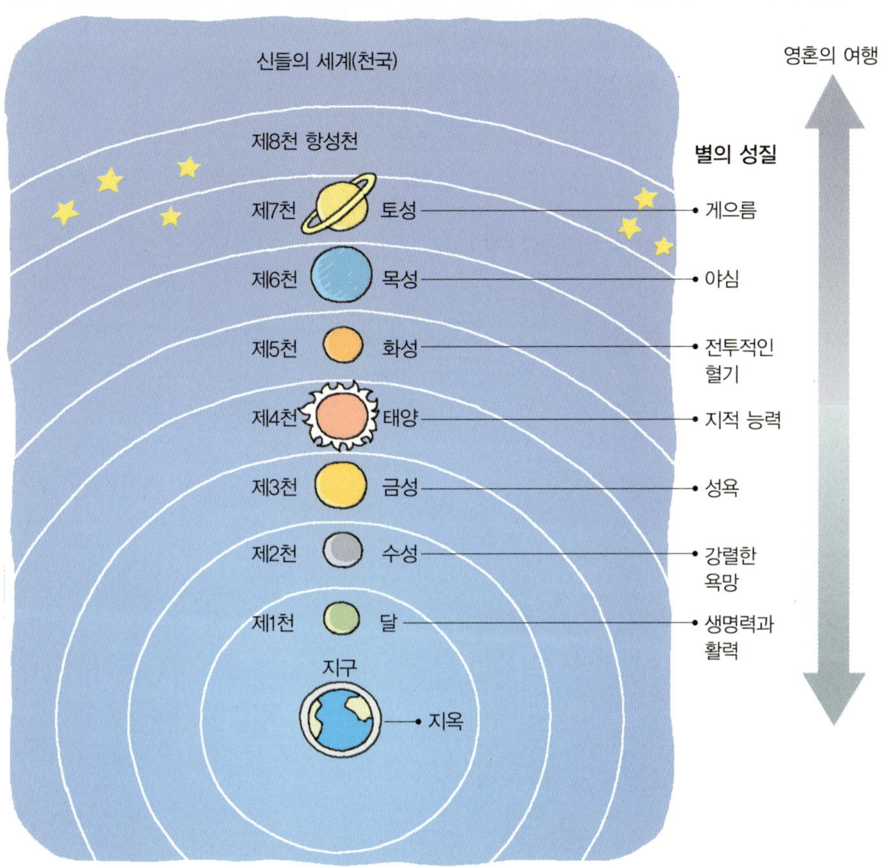

하게 된다. 물론 이곳은 영혼의 천국이다.

그러나 모든 영혼이 천국으로 가는 것은 아니다. 지상에서 인간이 죽으면 죽은 영혼의 소유권을 놓고 하늘에 소속된 선령과 지옥의 아흐리만에 소속된 악령이 싸운다. 결국 영혼을 두고 재판이 벌어지는데 이 영혼의 재판을 받은 올바른 영혼만이 천계로 갈 수 있다.

천국으로 가는 길에는 각 천마다 하나씩 총 여덟 개의 문이 있는데 혹성천의 일곱 개의 문은 각각의 별(혹성)을 상징하는 금속으로 되어 있다. 이 일곱 개의 문을 7단 사다리로 표현하기도 한다. 그리고 선신 아후라 마즈다의 천사가 여덟 개의 문을 지키고 있기 때문에 암호를 알고 있는 미트라 밀의(密儀, 종교적 비밀의식)의 신자만 그곳을 통과할 수 있다. 미트라교의 신 미트라는 원래 고대 아리아인(이란, 인도인)의 신 미트라이며, 조로아스터교와 인도신화의 신앙이 됐을 뿐 아니라 불교의 미륵보살에도 영향을 주었다.

미트라교
고대 페르시아의 조로아스터교에서 파생한 종교로 그리스, 로마로 전파되어 성행하였다. 태양의 신, 정의의 신, 전쟁의 신이라 불리는 미트라를 섬기는 다신교로 황제를 제물로 바치는 의식을 행했다.

점성술 : 천체의 위치와 움직임에 기초한 점술 학문으로 바빌로니아 점성술은 기원전 3세기경 그리스에 전해졌다.

021. 북유럽신화 속의 천국
발할라

<blockquote>
고대 북유럽의 왕후와 전사들은 전쟁에서 죽은 뒤, 에인헤랴르가 되어 주신
(主神) 오딘의 천국인 발할라에 사는 것을 이상으로 삼았다.
</blockquote>

전사한 용사들의 영혼이 가는 천국

북유럽신화의 천국은 아스가르드에 있는 발할라 궁전이다. 아스가르드는
북유럽신화의 신들이 사는 곳이며 전쟁에서 죽은 용사들만이 갈 수 있다. 사
후에 발할라로 가게 된 용사들을 에인헤랴르라고 하는데, 고대 북유럽에 전
쟁을 직업으로 한 왕후와 전사들은 누구나 에인헤랴르를 꿈꿨다.

북유럽신화에 의하면 신들은 종말 즈음에 거인족과 최후의 전쟁을 벌이는
것을 숙명으로 여겼다고 한다. 그때 전쟁에 나가 싸우는 전사가 에인헤랴르
였다. 때문에 주신(主神) 오딘은 전사를 보충하기 위해 지상에서 전쟁이 일어
나면 발키리아(발퀴리)라는 여신들을 파견해서 전사자의 절반을 자신의 병사
로 만들었고 이를 통해 에인헤랴르의 수를 늘려 군대를 키웠다. 전사자의 남
은 절반은 여신 프리야(Freja)가 확보해서 폴크방이라는 궁전으로 데리고 갔
다. 이 폴크방도 발할라 같은 천국으로 추정된다.

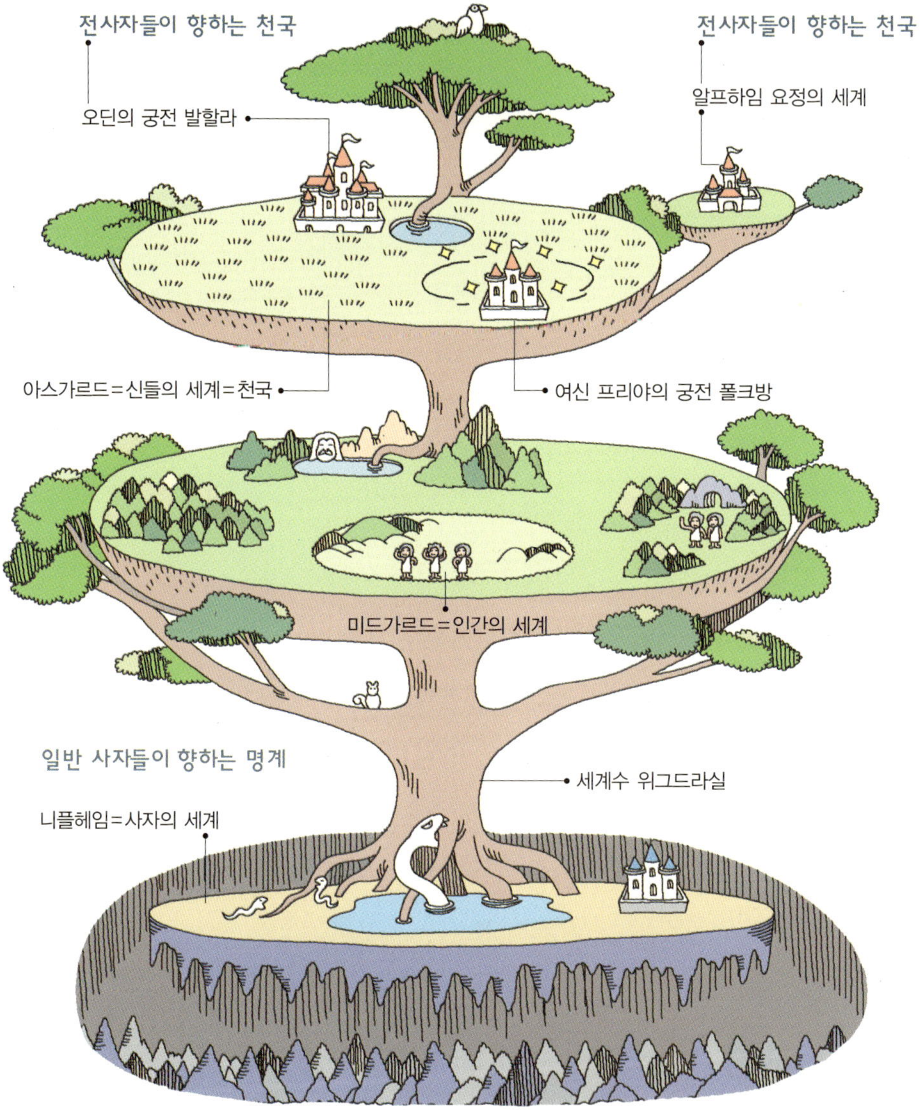

북유럽신화에 전부 아홉 개의 세계가 있다는 설도 있는데, 전체의 위치관계는 확실치 않다. 아스가르드가 미드가르드의 한가운데에 있다고 말하기도 한다.

천계의 발할라 궁전은 아스가르드에 있는 궁전 중에서 가장 아름다우며 상당히 장엄하다. 궁전에는 540개의 문이 있으며 이 문은 전쟁 시에 에인헤랴르 800명이 문 하나로 출격할 수 있을 만큼 규모가 컸다.

이 궁전으로 인도된 에인헤랴르들은 최후의 전쟁을 위해 눈을 뜨자마자 전투훈련을 받았다. 이 훈련은 아침식사 전까지 계속된다. 그 후에는 발할라로 돌아와 발키리아의 환대를 받으며 신들과 허물없이 술자리를 함께했다. 발할라의 지붕에는 끊임없이 꿀술(密酒)을 만들어내는 헤이드른이라는 암산양이 있어 용사들은 언제나 이 꿀술과 맥주를 마셨다. 또한 날마다 죽여서 요리를 해도 저녁이 되면 되살아나는 세프림니르(Saehrimnir)라는 산돼지가 있어서 요리사 안드림니르(Andhrimnir)는 매일같이 큰 냄비에 이 산돼지를 요리했다. 따라서 발할라의 에인헤랴르들은 먹고 마시는 데에 곤란할 일이 없었다.

오딘

세상을 창조한 오딘은 하늘에 자신의 왕국 아스가르드를 건설하고, 발할라 궁전에서 전사들과 세상의 마지막 전투(라그나로크)에 대비하고 있다. 오딘은 다리 여덟 개가 달린 말을 타고 두 마리의 까마귀와 늑대를 데리고 다닌다. 오딘은 북유럽신화의 최고신으로 마술과 시인의 신이기도 하다.

발키리아 : 오딘을 모시는 천녀로 훌륭한 영웅에게 죽음의 운명을 내리는 일을 한다.
프리야 : 북유럽신화에서 애욕, 마법, 진투의 여신으로 불리는 프리야는 여성의 미덕과 악덕을 모두 겸비하고 있다.

022. 북유럽신화 속의 명부, 헬/니플헤임

고대 북유럽에서는 전쟁터에서 맞이하는 죽음이 아닌 다른 죽음은 불명예스러우 일이며, 불명예스럽게 죽은 사자들은 지하의 명계 헬로 보내진다고 믿었다.

'짚 위에서 죽은' 자들의 일반적 명계

크리스트교가 번성하기 전, 북유럽 사람들은 병이나 노환으로 죽은 사람이나 아무 저항도 하지 않고 살해당한 사람은 니플헤임(안개의 세계)에 있는 명부 헬(Hell)로 보내진다고 믿었다. 전사가 아닌 경우의 죽음은 불명예스러운 것으로 '짚 위의 죽음'이라고 불렀다. 헬은 죽음의 여신 헬이 지배하는 명부로, 간혹 니플헤임 전체가 헬이라고 여겨지는 경우도 있었다. 주의할 것은 북유럽신화에서 말하는 헬은 영어의 헬 즉, 지옥과는 그 의미가 다르다는 것이다. 북유럽신화에서의 헬은 어디까지나 사자들이 향하는 일반적인 명부를 의미한다. 북유럽신화의 '헬'에는 '숨기는 것'이라는 의미가 담겨 있다.

북유럽신화에서는 세계를 3층 구조로 나눈다. 니플헤임은 그중 가장 아래층으로 대지 아래에 존재하는 세계다. 니플헤임의 중앙에는 펄펄 끓는 흐베르겔미르라는 샘이 있는데 그곳에서부터 스보르, 군스라, 피요룸, 핀부르스

헬의 궁전 엘류드니르
거대한 뱀 니즈호그(Nidhoggr)
명부 헬
흐베르겔미르의 샘
경비견 가르무
파수꾼 모드구드
니플헤임
황금다리
교르 강
어둡고 깊은 계곡

르, 스리즈, 후리즈, 슈르그, 유르그, 비즈, 교르 강이 흐른다. 그중 명계 헬과 가장 가까이에서 흐르는 교르 강에는 황금다리가 놓여 있으며 다리 건너편에는 모드구드라는 여인이 입구를 지키고 서 있다. 사자들은 모두 이 황금다리를 건너서 헬로 향한다.

북유럽신화의 주신 오딘의 아들인 헤르모드가 명계를 방문한 이야기를 보면 헬을 방문하는 방법을 알 수 있다. 헬은 슬레이프니르(다리가 여덟 개 달린 말로 오딘이 가진 말 중 최고의 말)를 타고 어두워서 아무것도 보이지 않는 깊은 계곡을 9일 밤낮 동안 달려야 겨우 입구인 교르 강의 다리에 당도할 수 있다.

명부 헬은 그 다리보다 더욱 아래쪽에 있다. 높은 담장으로 둘러싸여 있으며 가름이라는 개가 커다란 문을 지키고 있다. 그곳에 여신 헬이 사는 엘류드니르라는 거대한 궁전이 있다. 헬의 더욱 아래쪽 있는 니플헤임이라는 명계는 악한 인간이 죽은 후에 가게 되는 곳이다.

슬레이프니르(Sleipnir)를 타고 있는 오딘
오딘의 애마인 슬레이프니르는 여덟 개의 다리를 가진 세상에서 가장 빠른 말로, 하늘은 물론 저승세계까지도 단숨에 날아갈 수 있다는 신마(神馬)다.

여신 헬 : 북유럽신화의 말썽꾸러기 신으로 유명한 로키의 딸로 니플헤임으로 추방당해 사자의 나라에서 여왕이 됐다.
헤르모드 : 오딘의 아들로 빛의 신 발드르가 죽었을 때 발드르를 부활시키기 위해 여신 헬과 교섭하였고 다리가 여덟 개 달린 말 슬레이프니르를 타고 사자의 나라로 향했다는 이야기가 있다.

023. 켈트신화 속의 명계

고대 켈트인들은 사람이 죽으면 지하와 바다 너머에 있는 낙원에서 다시 부활한다고 믿었다. 그리고 신들과 요정들이 사는 낙원에서 행복하게 산다고 믿었다.

늙음도, 죽음도, 고통도 없는 행복한 명계

그리스, 로마를 제외한 유럽 전지역에 분포하고 있었던 고대의 켈트인들은 영혼이 불멸한다고 믿었다. 사후에 영혼으로 다시 태어나 내세에서 행복하게 산다고 믿었던 것이다. 그래서 켈트인들은 사후세계가 이 세상과 멀리 떨어진 영혼의 세계가 아니라 현실세계와 확실히 구분 지을 수 없이 애매하게 이어진 곳에 있다고 생각했다. 일종의 명계와 비슷한 개념으로 이해한 모양이다.

켈트인들은 넓은 유럽 지역에 퍼져 살았기 때문에 각 지역마다 명계의 양상이 달랐다. 특히 이름과 소재지가 천차만별이다.

아일랜드에서는 명계를 시, 웨일스에서는 안눈이라고 했으며, 이 두 곳에서는 명계가 지하에 있다고 믿었다. 브리튼인들은 바다의 반대편에 있는 아바론이라는 섬(사과의 섬)을 명계라고 믿었고 게일인은 오래된 구전에 등장하

◉ 고대 켈트인과 명계의 이미지

고대 켈트인들은 사후세계가 지하와 바다 저편에 있는 행복한 명계라고 생각했다.

◉ 명계의 명칭과 위치

명계의 특징

- 노쇠하지 않는다.
- 먹을 것, 술이 풍부하다.
- 재생의 가마가 있다.
- 시간 개념이 없다.

명계의 명칭과 소재지

신앙자	명칭	소재지
아일랜드인	시	지하
웨일스인	안눈(Annwn)	지하
브리튼인	아바론	바다 위의 성
게일인	틸나노그	바다 위의 성

는 틸나노그라는 마법의 섬을 명계라고 믿었다.

그러나 이들 모두가 공통적으로 명계는 평화롭고 행복한 장소라고 생각했다. 그곳에는 언제나 아름다운 여자들과 젊은 남자들이 뛰어놀며, 나이를 먹지도 않고 병으로 쇠약해지지도 않았다. 먹을 것도 술도 풍부했으며 신이나 요정, 정령, 소인처럼 상상 속의 인물들도 살았다.

켈트신화 속의 명계에는 무엇이든 만들어낼 수 있는 특별한 물건인 가마가 있었다. 이 가마는 재생의 기능이 있어서 사자를 넣으면 사자가 다시 살아난다. 이들의 명계에는 시간이 없다는 특징도 있다. 때문에 살아있는 인간이 이곳에 머무르는 경우, 자신은 짧은 시간 이곳에 머물렀다고 생각하지만 인간세계에서는 이미 수백 년이 지나있기도 한다. 그래서 명계를 다녀온 이가 고향으로 돌아오면 갑자기 나이가 들거나, 죽어서 재가 되어버리는 경우가 있었다.

이들의 사후세계에는 현세에서 저지른 죄에 대한 징벌은 없으며 기본적으로 누구나 행복하게 살 수 있었다. 그러나 생전에 항상 노력하여 정신적으로 성장을 이룬 자는 최고의 행복을 맛보고, 생전에 별다른 노력도 하지 않고 그럭저럭 적당한 행복에 만족하며 살아온 자는 그저 그런 정도의 행복을 맛본다는 차이는 있었다.

켈트인 : 기원전 1500년 이전에 중앙아시아에서 도래한 사람들로 고대 로마인들은 가리아인이라고 불렀다.
브리튼인(영국인) : 켈트인의 한 파로 브리튼, 웨일스, 콘월(Cornwall) 등에 살았던 사람들이다.
게일인 : 아일랜드 , 스코틀랜드, 만 섬에 살았던 북방 켈트 민족

024. 멜든의 항해

항해 도중에 폭풍을 만나서 명계의 바다에 빠져 헤매던 전사 멜든은 계속해서 불가사의한 섬과 바다의 성을 만난다.

불가사의와 행복이 뒤섞인 켈트의 명계

고대 켈트인들은 명계에서 살면 나이를 먹거나, 약해지지 않으므로 행복할 것이라고 생각했다. 그래서 켈트인들은 항상 명계를 동경했다. 이런 켈트인들의 명계는 고대 아일랜드 사람들이 쓴 다양한 모험담과 항해담에 잘 나타나 있다. 이 중 8, 9세기경에 쓰인 〈멜든의 항해〉를 예로 켈트인들의 명계가 어떤 곳이었는지 자세히 살펴보자.

이야기에 따르면 아일랜드의 전사 멜든은 아버지의 원수를 갚기 위해 동료들과 함께 적이 있는 섬으로 떠난다. 그러나 도중에 폭풍을 만나 배가 표류하게 되고 그동안 아홉 개의 파도를 넘나들면서 명계를 떠돈다. 여기서 말하는 '아홉 번째 파도'는 현세와 명계의 경계선이었다.

멜든은 명계의 바다를 떠돌면서 계속해서 불가사의한 섬들과 바다를 만난다. 멜든이 처음 상륙하려고 했던 섬에는 거대한 개미떼가 있었다. 개미의

◎ 멜든 일행이 방문한 주요 섬

거대한 개미 섬	망아지 정도 크기의 개미떼가 있는 섬
연어 섬	바다에서 맛있는 연어가 계속해서 날아드는 궁전이 있는 섬
사과나무 섬	꺾은 나뭇가지에서도 열매가 열리는 사과나무가 있는 섬
고양이 섬	섬에 사는 고양이한테 걸려들면 재가 되는 섬
물레방아 섬	원한을 가진 자를 가루로 만들어 버리는 거대한 물레방아가 있는 섬
비탄의 섬	상륙하면 섬사람들과 함께 계속해서 울게 되는 섬
울타리가 네 개 있는 섬	금, 은, 동, 수정으로 만들어진 네 개의 울타리 안에 왕, 여왕, 전사, 처녀가 있는 섬
마법의 샘이 있는 섬	우유, 맥주, 포도주가 솟는 샘이 있는 섬
수정의 바다	해저까지 들여다보이는 수정 같은 바다가 있는 섬
구름의 바다	아름다운 나라와 괴물이 살고있는 구름과 같은 바다가 있다.
분수의 섬	섬의 한쪽 해안가에서 물이 솟아올라 반대쪽의 해안가로 흘러드는 섬
철 다리 위의 섬	하나의 철재로 된 다리 위에 있는 들어갈 수 없는 섬
여인 섬	손님을 환영하는 아름다운 처녀들이 살고 있는 섬
최면 과일의 섬	먹으면 기분이 좋아져서 잠들어 버리는 과일이 있는 섬
웃음의 섬	상륙한 자는 섬사람들과 함께 영원히 웃음을 멈출 수 없는 섬
화염의 섬	섬 주위가 불길로 둘러싸여 있는 섬
표류자의 섬	폭풍으로 이곳에 흘러들어온 자가 있으면, 항해의 무사를 예언한다.

멜든의 항해(The Voyage of Maelduin)
〈멜든의 항해〉 이야기 한 장면을 표현한 그림으로 섬을 떠나는 멜든 일행과 이들을 배웅하는 젊은 여인을 볼 수 있다.

크기는 작은 말 정도였는데, 개미떼들이 상륙하는 멜든 일행들을 덮치려고 했기 때문에 그들은 얼른 도망쳐 나왔다. 거대한 말들이 마구 폭주했던 섬도 있었는데, 그곳의 말은 발바닥 하나가 배의 돛만큼이나 컸다.

물론 행복한 섬도 있었다. 해변에는 아름다운 궁전이 있고 바다에서는 연어가 끊임없이 날아들었다. 나뭇가지를 꺾으면 꺾인 나뭇가지에서 사과가 주렁주렁 열리는 섬도 있었다. 그중에서도 가장 멋진 섬은 아름다운 여인들이 사는 섬이었다. 섬 안에 있는 성에서 살고있던 젊은 처녀들은 멜든 일행을 크게 환영했다. 때문에 그들은 이 섬에서 몇 개월이나 머물렀다.

이런 여정은 멜든 일행이 명계의 바다에서 32개나 되는 불가사의한 장소를 모두 돌고 난 후에야 겨우 끝나 그제야 그들은 아일랜드로 돌아갈 수 있었다.

025. 일본신화 속의 명계

고대 일본에는 천상의 타카마가하라, 지하의 요미노쿠니, 멀리 떨어진 해상의 도코요노쿠니(常世國, 불로불사의 낙원) 등 다양한 사후세계가 있다.

다양한 곳에 있는 고대 일본의 명계

고대 일본은 천상과 지하 외에도 산과 바다 등 다양한 장소에 사후세계가 있다고 믿었다. 일본신화를 기록한 책 〈고사기〉와 〈일본서기〉를 보면 천상에 있는 타카마가하라, 지하에 있는 요미노쿠니(황천), 육지에서 멀리 떨어진 바다에 있는 도코요노쿠니가 등장한다. 일본인들은 타카마가하라는 신과 천황의 영혼이 사는 존엄한 타계(他界)이고 황천의 나라 요미노쿠니(黃泉國)는 죽은 자가 가는 어둡고 더러운 타계이며 도코요노쿠니는 조령이 사는 밝은 타계라고 생각했다.

이 외에 일본신화에는 네노쿠니(根國), 소코노쿠니(底國)라는 이름의 명계도 있다. 각각의 이름을 보면 이 두 명계가 지하에 있다고 생각할 수 있다. 그래서 네노쿠니와 소코노쿠니를 요미노쿠니라고 여기는 사람이 많았지만 그렇지 않다고 생각하는 사람들도 있다.

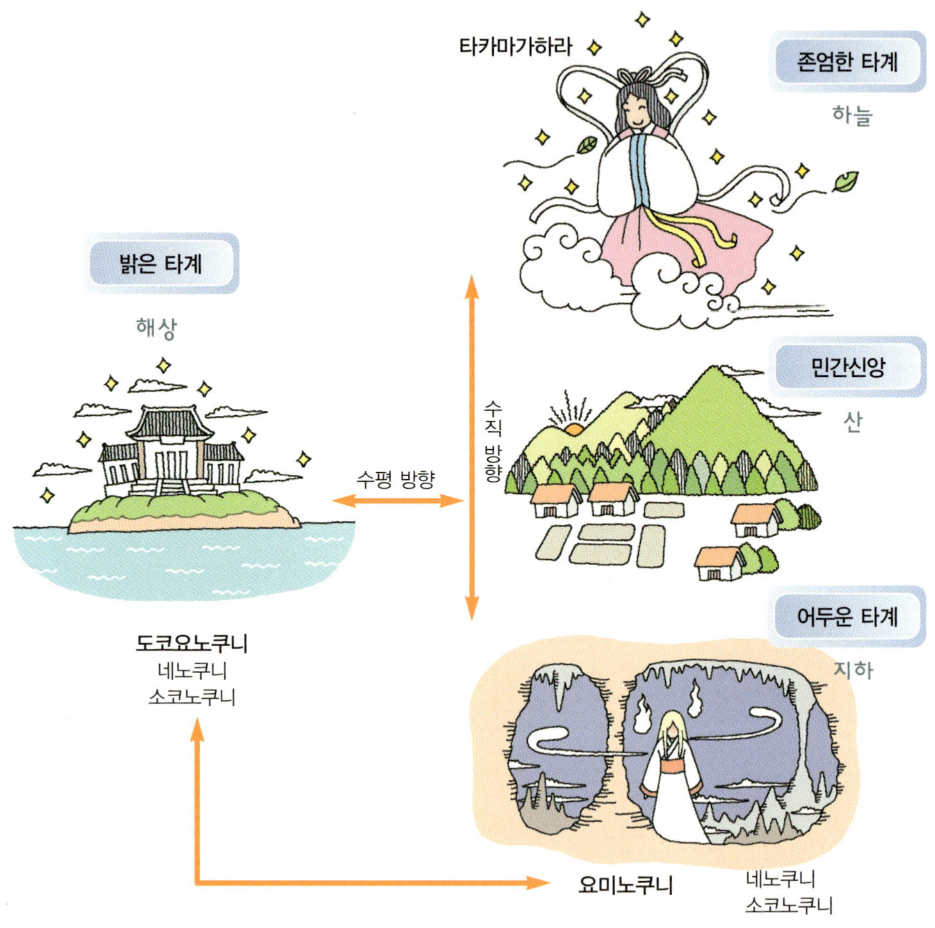

오키나와의 낙원, 니라이카나이

니라이카나이는 고대 오키나와 사람들이 바다 저편에 있다고 믿었던 타계이다. 니라이카나이는 이 세상에 행복과 번영과 풍요를 가져오는 낙원으로 인간 생활에서 중요한 불과 벼를 비롯해 무한한 생명력, 영력 등이 모두 니라이카나이에서 비롯된다고 믿었다. 고대의 일본인들은 자연스럽게 바다 건너의 외래문화를 동경했으며 이러한 분위기가 니라이카나이 신앙의 배경이 되었다.

고대 오키나와 사람들은 바다 어딘가에 니라이카나이라는 낙원이 있다는 믿음을 갖고 있었는데, 이 두 명계의 이름과 연관이 있다고 여겨 그들은 명계를 밝은 곳, 즉 바다 위에 있다고 생각했다.

일본신화에 직접 거론되지는 않으나 산 역시 고대 일본인에게 중요한 타계였다. 〈만엽집〉의 노래 속에 등장하는 사자의 나라 대부분이 산과 하늘을 말하는 것이었다. 일본인들은 오래전부터 산에 시신을 묻었기 때문에 산이야말로 영혼의 거처라고 여겼다. 다테야마(立山)나 오소레잔(恐山)과 같은 산악영지(山岳靈地, 신령스러운 땅)가 많은 것도 그 때문이다.

다테야마 산
일본 혼슈 도야마현에 있는 산으로 하쿠산, 후지산과 함께 일본 3대 영산(靈山)으로 불리는 곳으로 고대 신앙의 유물들이 발견되는 곳이다. 오야마 신사, 유황온천, 일본에서 가장 높은 쇼묘폭포가 유명하다.

고사기 : 와도(和銅) 5년(712년)에 기록한 일본의 가장 오래된 역사서이다.
일본서기 : 양로(養老) 4년(720년)에 완성한 일본의 역사서로 일본에서 현존하는 정사(正史) 중에서는 가장 오래된 것이다.
만엽집 : 7~8세기경에 편찬한 일본의 가장 오래된 가요집이다.

026. 일본신화 속의 천국, 타카마가하라

천상의 타계인 타카마가하라는 신들의 고향이다. 천조대신(天照大神, 해의 여신)의 손자인 하늘의 아들도 이곳에 산다. 타카마가하라는 천황이 혈통만이 갈 수 있는 존엄한 천국이다.

천황가의 영혼들이 사는 천상의 타계

고대 일본인들 사이에서는 높은 산 위나 하늘 속에 타계가 있다는 신앙이 있었다. 타카마가하라는 그 믿음이 구체적으로 발현된 천상의 타계다. 그러나 이곳은 모든 영혼에게 허락된 곳은 아니다. 천황을 비롯한 천황가에 속한 사람들의 영혼만이 타카마가하라로 갈 수 있었다.

타카마가하라는 일본 왕권의 정당성을 뒷받침하는 타계로 창조신화에 등장하는 곳이다. 이곳은 천조대신 아마테라스가 지배하는 천계로 여러 신이 함께 살고 있다. 여기서 하늘신은 황실의 선조신이 된다. 타카마가하라는 신들의 고향이며 하늘에서 지상으로 내려왔던 신들이 최후에 다시 돌아가는 장소다. 일본신화에서 일본 열도를 창조한 이자나기가 지상에서 신으로서 해야 할 일을 마친 후 하늘(타카마가하라)로 돌아가 히노와카미야(日少宮, 일소궁)로 들어갔다는 이야기가 있다. 아마테라스의 손자인 천자도 마찬가지였다.

천상계의 타카마가하라에는 지상의 국토와 비슷한 세계가 있었는데 그 모델은 현재의 미야기현이 었다고 전해진다.

살아있는 동안은 지상에 머물지만 천자들은 사후에는 타카마가하라에서 사는 것이다.

민속학자 오리구치 시노부(折口信夫)에 의하면 고대 일본인들은 타카마가하라에는 이미 천자가 될 영혼이 존재하며, 그 영혼이 지상으로 내려와서 천자가 되고, 일을 마친 후에 다시 타카마가하라로 돌아간다고 믿었다. 이 과정을 반복해서 천자가 탄생하기 때문에 천자에게 죽음은 없고, 그저 교체가 있을 뿐이었다.

타카마가하라 자체는 지상의 세계가 그대로 반영된 곳이나 다름없다. 일본신화를 보면 아메노야스노가와(天安河, 천안강)라는 강이 흐르고, 그 근처에

아마테라스, 일본신화에 등상하는 해의 신

이자나기가 황천의 나라에서 도망쳐 돌아왔을 때 더러움을 떼어내기 위해 왼쪽 눈을 씻었을때 나온 여신이 천조대신
아마테라스 모미카미이다. 그녀는 이자나기의 지령으로 타카마가하라의 지배자가 되었다.

아마테라스가 숨어있는 아메노이와야토(天岩屋戸)라는 석굴과 아메모마나이
(天眞名井)라는 우물이 묘사되어 있다. 신에게 음식과 술을 바치는 제사(신상제,
간나메사이, 일본 천황이 10월 17일에 행하는 추수 감사 궁중 행사)용 저택과 논, 관개수로
도 있고, 아메노카나야마(天金山)라는 광산과 아메노카구야마(天香具山)도 있다.
기록에는 아메노카구야마가 실제로 야마토(나라현의 옛이름)에 존재한다고 쓰여
있다. 이런 문헌을 토대로 당시 사람들에게 현 미야기현이 타카마가하라의
원형으로 삼을 정도로 최상의 아름다움을 간직한 장소였던 것 같다.

027. 일본신화 속의 명계,
요미노쿠니

일본신화에서 요미노쿠니(黃泉, 황천)는 일반 영혼들이 가는 사후세계다. 그곳은 지하에 있는 어둡고 지저분한 명계다.

불길한 명계

일본신화에서는 인간이 죽으면 명계 요미노쿠니로 간다고 한다. 신화로 전해지는 이자나기와 이자나미의 이야기를 보면 이자나기는 죽은 이자나미를 이 세상으로 다시 데려오기 위해 요미노쿠니로 내려가는 장면이 있다. 그러나 이자나기는 이자나미가 고름투성이에 구더기가 잔뜩 꾀인 더러운 모습이 된 걸 보고 놀라 도망친다. 이 이야기에서 알 수 있듯이 요미노쿠니는 천국과 같은 곳이 아니라, 더럽고 불결한 나라였다. 이자나미의 모습을 보기 위해 불이 필요했다는 이야기로 보아 요미노쿠니는 지하에 있는 어두운 나라였다.

요미노쿠니의 왕은 요미노쿠니신 혹은 요미노쿠니대신이라 불렸는데, 이자나미가 요미노쿠니로 내려온 후 그녀가 이 명계의 왕이 되었다고 한다.

스사노오가 내려온 네노쿠니(根國)도 일본에서 오래전부터 믿었던 명계로,

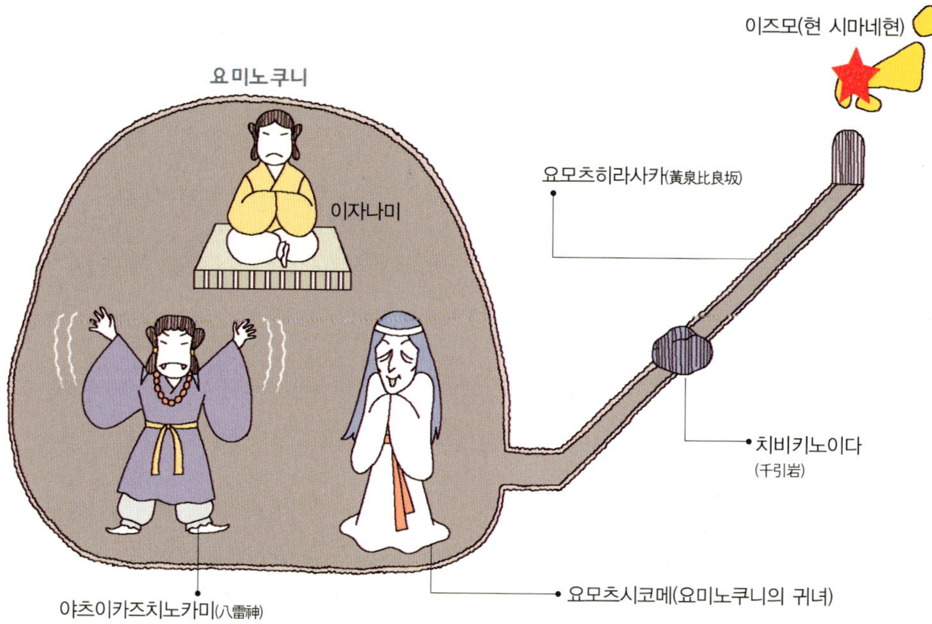

요미노쿠니는 이즈모(현 시마네현)에서 요모츠히라사카를 따라 내려오면 지하에 있는 어둡고 지저분한 장소였다.

요모츠헤구이(黃泉戶喫, 황천호끽)

이자나기는 살아있는 자의 나라로 이자나미를 데려오기 위해 요미노쿠니로 향한다. 하지만 이자나미는 자신을 찾아온 이자나기에게 이미 요모츠헤구이라는 음식을 먹었다고 말한다. 요미노쿠니에서 만든 음식을 먹으면 그 나라의 일원이 되는 것을 의미하기 때문에 이자나미는 두 번 다시 이생으로 돌아갈 수 없게 된다.

명계의 음식을 먹으면 다시는 살아있는 자의 나라로 돌아갈 수 없다는 규칙은 일본뿐 아니라 세계 전반에 존재한다. 그리스신화에서도 여신 데메테르의 딸 페르세포네가 하데스의 유혹에 넘어가 명부의 석류 열매를 먹어버렸기 때문에 명부의 여왕이 될 수밖에 없었다.

이 네노쿠니와 요미노쿠니를 동일시하는 사상에서는 이자나미 다음으로 스사노오가 요미노쿠니대신이 됐다고 전해진다. 요모츠시코메와 야츠이카즈치노카미(八雷神, 팔뇌신)와 같은 영혼들이 파수꾼처럼 일을 하며 이들 신을 섬겼다. 이자나기가 요미노쿠니에서 도망칠 때도 이들 영혼들에게 쫓겼다고 한다.

신화에는 요미노쿠니와 지상세계 사이에 요모츠히라사카라는 고개가 있는데 이 고개가 저승의 입구라고 전해진다. 이 고개가 지상 가까이에 있었는지는 확실하지 않지만 이즈모(出雲, 현 시마네현)에 있었다고 한다. 그런데 이자나기가 요미노쿠니에서 도망쳐 나올 때 저승의 입구를 치비키노이다라는 이름의 바위로 막아버리고, 갈림길의 신인 후나도노카미(岐神)를 받들었기 때문에 요미노쿠니의 주민이 지상으로 나오는 일이 없어졌다고 한다.

요미노쿠니는 어둡고 더러운 장소였지만 결코 죄를 지은 영혼이 떨어지는 지옥 같은 곳이 아니라 모든 사자가 가는 곳이었다.

이자나기와 이자나미
이자나기는 일본신화에 등장하는 남신으로 이자나미를 부인으로 얻고, 일본 열도의 섬과 삼라만상의 신들을 낳았다.

이자나미 : 이자나기의 부인으로 일본 열도를 만든 여신이자 죽음의 여신으로 불의 신 카구츠치를 낳았을 때 화상을 입고 죽어서 요미노쿠니로 떨어졌다.
스사노오 : 이자나기가 요미노쿠니에서 도망쳐 돌아온 후 더러움을 씻어내기 위해 코를 닦았을 때 나온 남신이다. 거칠고 난폭한 행위로 타카마가하라에서 추방되어 지상으로 떨어졌고 야마타노오로치(여덟 개의 머리와 여덟 개의 꼬리를 가진 거대한 뱀)를 퇴치했지만 결국 네노쿠니로 갔다고 전해진다.

028. 일본신화 속의 명계,
도코요노쿠니

아득하게 먼 해상에 있는 도코요노쿠니는 사자의 영혼이 모이는 곳일뿐 아니라 일본인의 생명이 유래히는 밝은 타계다.

조령이 가라앉아 있는 바다 위의 타계

도코요노쿠니는 사자의 영혼이 모이는 타계로 아득히 먼 바다 위에 있다는 신화 속의 장소다. 도코요노쿠니가 동방의 땅, 혹은 해저에 있다고 생각하는 경우도 있다. 타카마가하라가 황실의 조령이 사는 장소라면 도코요노쿠니는 더욱 일반적인 조령이 사는 땅이며, 일본인의 생명이 유래하는 곳이다. 이곳은 모든 사물의 영의 근원이 되는 땅이며 생명과 관계가 깊다.

도코요노쿠니는 불로불사를 이상으로 하는 중국의 신선사상에서 영향을 받아 불로불사의 나라로 여겨졌다. 일본인들에게 도코요노쿠니는 일종의 이상향이며 언제나 향기 좋은 귤나무에 열매가 열려있는 곳이었다.

문헌 중에서는 〈일본서기〉(신이 다스렸던 시대의 책)에 등장하는 도코요노쿠니가 유명하다. 대국주의 신과 함께 나라를 만든 스쿠나히코나가 쿠마노(현 미에현에 있는 지방)의 곳에서 도코요노쿠니로 여행을 떠났다는 이야기가 있을 뿐

생명의 근원
생명
조령이 가라앉은 땅
사자가 향하는 땅
사자
곡물 령의 근원
곡물
불로불사의 나라
동경
도코요노쿠니
바다
일본

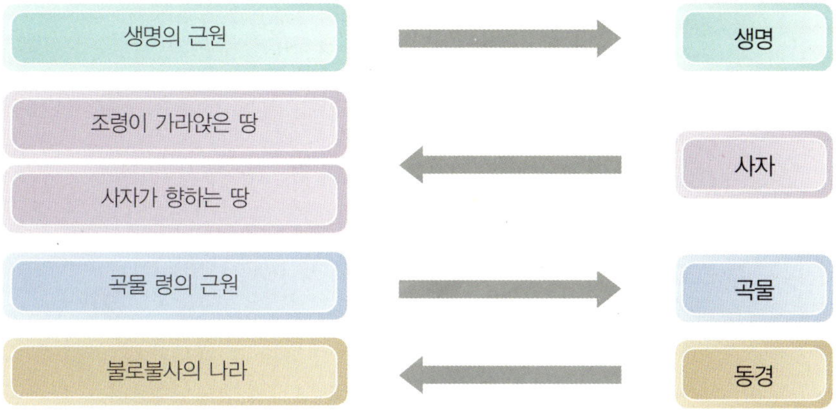

후다라쿠토카이(補陀落渡海, 보타락도해)

일본열도의 남쪽 해상에 있는 관음보살의 정토타락세계를 향해서 배를 타고 출범하는 풍습으로, 예로부터 쿠마노의 나치산(那智山)이나 시코쿠의 아시즈리 곶(현 고지현 남부에 있음)에서 활발히 행해졌다. 실제로 후다라쿠토카이에 간 사람의 수가 여러 문헌에 기록되어 있다. '쿠마노 연대기'에는 868년에 게이류 스님, 919년에 후다라쿠산사의 스케자네 스님과 동행한 13인, 1131년에 같은 절의 고겐 스님 등의 기록이 있다. 쿠마노가 중심지가 된 것은 역시 스쿠나히코나가 쿠마노에서 바다를 건너 도코요노쿠니로 건너갔다는 전설 때문이다. 그러나 보타락 세계가 실제로 있는지는 알 수 없기 때문에 현실에서는 입수왕생이 목적인 경우가 많았다. 근세에는 고결한 뜻을 지키려는 사람들이 바다에 몸을 던지는 일이 줄어들었기 때문에 단순한 수장(水葬)으로 변화했다.

아니라 사후의 혼이 도코요노쿠니로 여행을 떠났다는 이야기도 있고, 카미타케(神武) 천황의 형이 죽은 후에 바다를 건너 도코요노쿠니로 향했다는 이야기도 있다.

사후의 혼이 향하는 이상적인 도코요노쿠니는 일본 불교의 정토(극락정토)관과 결합되어 훗날 쿠마노를 중심으로 퍼진 보타락(補陀落) 신앙을 낳기도 했다. 보타락 신앙은 죽음을 기다리는 수행자가 배를 타고 바다로 나아가 투신자살을 함으로써 정토에서 새로 태어나려는 풍습이다.

반면 도코요노쿠니가 행복한 세계가 아니라 어두운 사자의 나라라는 설도 있다.

바다 위에 떠있는 이츠쿠시마신사
고대부터 신성한 섬으로 여겨온 성스러운 지역에 세운 이츠쿠시마신사는 붉은 칠을 한 총 21채의 건물과 바다 한가운데 솟은 도리로 유명하다. 현세에서 배를 타고 내세로 간다는 정토(淨土) 신앙을 반영한 신사는 밀물이 되면 바다에 일부가 잠긴다.

대국주의 신 : 스사노오의 6세(世) 손자로, 이즈모의 주신이다. 지상에 처음 나라를 만들었다고 한다.
스쿠나히코나 : 바다 건너편에서 건너온, 거위가죽 옷을 입은 작은 신이다.
카미타케 천황 : 전설적인 초대 천황. 타카마가하라에서 지상으로 내려와 천하를 평정했다.

029. 고대 중국인들이 믿은 명계

고대 중국인은 인간에게는 '혼'과 '넋'이라는 두 가지의 영혼이 있다고 믿었다. 그리고 죽은 후 이 두 가지 영혼이 각각 지하에 있는 황천과 저승에서 살게 된다고 생각했다.

땅속의 어둡고 흐릿한 명계

고대 중국인들은 도교와 불교가 유행하기 이전부터 '혼'과 '넋'이라는 두 종류의 영혼이 있으며, 이 두 개의 영혼은 사후에 각각의 길을 떠난다고 믿고 있었다.

이들은 혼이 정신을 지배하는 영혼이라고 생각했으며 사후에는 위패 안에서 살다가 하늘로 돌아가 신이 된다고 믿었다. 또한 넋은 육체를 지배하는 영혼으로 사후에 땅속에서 살다가 결국엔 사라져버린다고 생각했다.

고대의 중국인들은 사자들이 지하에 산다고 믿었으며 사자들의 세계 즉, 명계를 황천이라고 불렀다. 중국인들은 황천이 지하에 있지만 그다지 깊지 않는 장소에 있다고 믿었다. 기원전 8세기경 정국(鄭國)의 왕인 장공(莊公)은 자신을 배반하고 역모를 꾀한 어머니를 성내에 유폐하고, '어머니가 황천으로 갈 때까지 절대 만나지 않겠다.'고 맹세했다. 그러나 얼마 지나지 않아 크

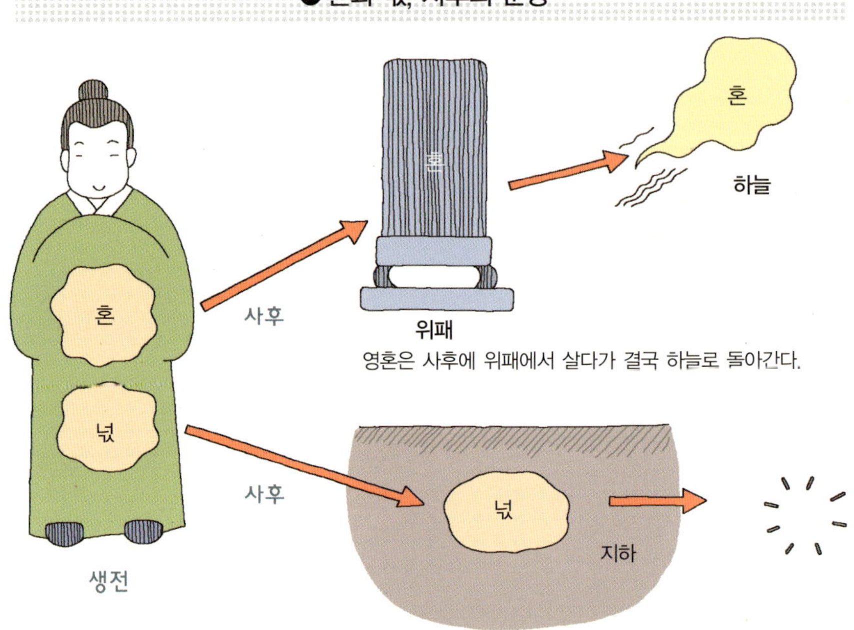

영혼은 사후에 위패에서 살다가 결국 하늘로 돌아간다.

넋은 땅속에서 살며 결국엔 소멸한다.

황천은 땅을 파면 도달할 수 있을 정도로 얕은 지하에 있다고 생각했다.

게 후회하기 시작했다. 장공이 자신의 맹세 때문에 괴로워하고 있다는 이야기를 들은 어느 관리가 궁전을 방문하여 그에게 이렇게 조언했다. '그렇다면 샘물이 지하수가 돼서 솟아날 때까지 땅을 파서 그곳에서 어머니를 만나면 약속을 어긴 것이 아니지 않소.'라고 말이다. 이에 장공은 기뻐하며 그대로 실천했고 어머니와 화해를 했다고 한다. 당시의 사람들은 지하수가 있는 정도의 깊이에 황천이 있다고 생각했던 것이다.

때문에 고대 중국인들은 광부들이 일하는 장소가 황천으로 둘러싸여 있다고 생각했다. 이것으로 보아 그들이 생각하는 황천은 비교적 얕은 지하에 있었던 것이라 유추할 수 있다.

지하에 있는 명계 중에 저승이라는 곳이 있다. 저승이 황천과 같은 곳이라고 정확하게 말할 수는 없지만 중국인들의 신화에 의하면 저승은 어둡고 음울한 사자의 세계로, 염제(炎帝)의 손자이고 토지신인 후토(后土, 땅의 신)가 지배하고 있다고 한다. 후토에게는 토백(土伯)이라는 부하가 있는데 그는 저승의 문을 감시하는 일을 했다. 토백은 호랑이 같은 얼굴에 눈이 세 개나 있고 소와 같은 몸을 가졌으며 엄청난 속도로 달릴 수 있어서 도망가는 인간을 뒤쫓아 뿔로 찔러 죽였다고 한다.

염제
중국 신화시대의 왕으로 농경의 신이다. 인간의 몸에 소의 머리를 가지고 있다.

정국 : 춘추전국시대(기원전 806년부터 기원전 375년까지)에 있었던 나라로 현재의 중국 하남성에 있었다고 한다.
장공 : 춘추전국시대의 정국 제3대 군주, 훌륭한 군주로 전국의 패권을 손에 쥘 정도로 세력을 뻗쳤다.

030. 고대 중국인들의 천국, 곤륜산

> 신들과 선인이 산다는 곤륜산(崑崙山)은 고대 중국인들의 천국이다. 중국인은 죽은 후에 그곳에서 영원히 즐겁게 살 수 있다고 믿었다.

중국인이 동경했던 사후세계

전국시대 말기인 기원전 3세기경부터 전한시대를 살았던 중국인들은 운이 좋은 영혼은 소멸하지 않는 불사의 혼이 되어 곤륜산에 있는 낙원으로 올라간다고 믿었다.

이 시대의 부장품으로 묘에 묻힌 백화(비단에 그려진 그림)를 전문적으로 분석한 소부카와 히로시(曾布川寬)는 당시 중국인들이 믿었던 사후세계를 구체적으로 알려준다.

먼저 사람이 죽어서 매장을 하면 천제(天帝, 하늘에 사는 최고신)가 죽은 자의 영혼을 안내하기 위해 봉황과 날개를 가진 신선을 사자(使者, 죽은 사람의 혼을 저승으로 잡아간다는 귀신)로 파견한다. 이들과 만난 사자의 영혼은 용선(龍船)을 타고 곤륜산으로 올라가 음악을 듣거나 춤을 추는 등의 유희를 즐기며 영원히 즐겁게 생활한다고 한다.

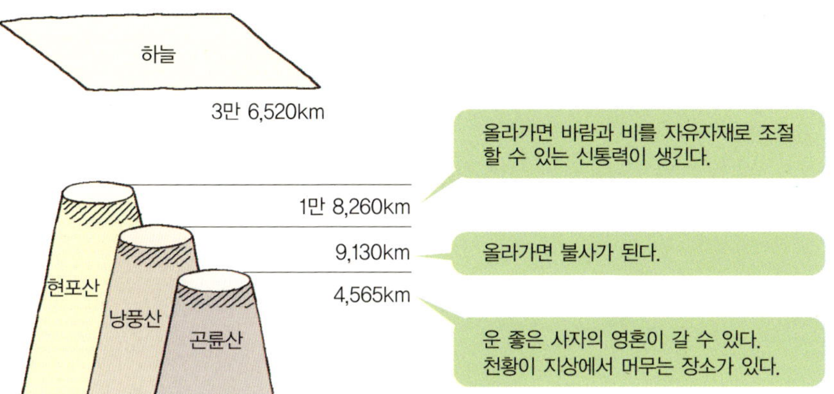

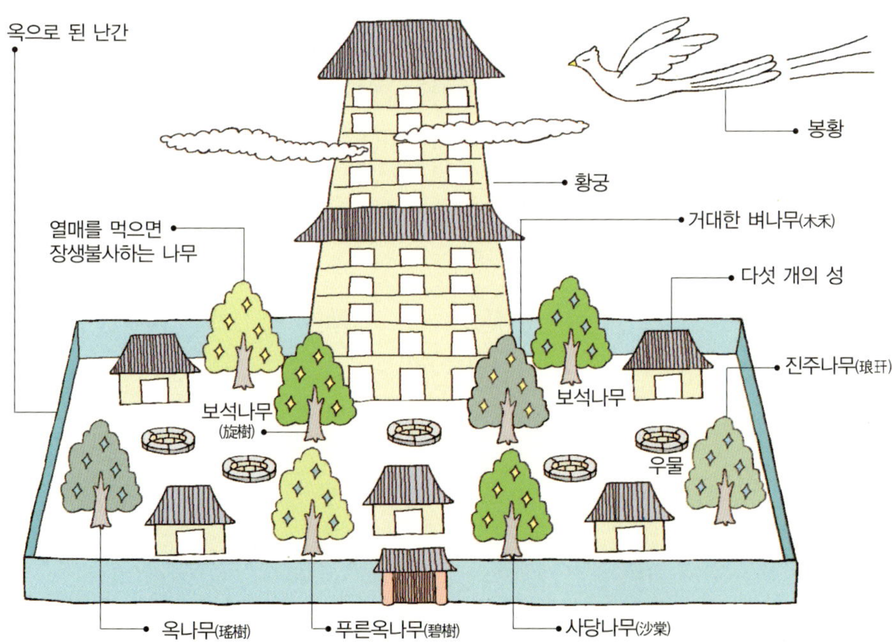

사당나무는 열매를 먹으면 몸이 물에 뜨고, 이 나무로 만든 배는 가라앉지 않는 진귀한 나무이다.

이렇게 고대 중국인들이 천국을 이야기할 때 등장하는 곤륜산은 중국의 서쪽에 있다는 신화 속의 산이다. 이 산은 천상계로 이어지는 통로이며 천황인 황제의 지상 거처가 있는 신산이다. 그 높이가 1만 1천 리 140보 2천 6촌(약 4,565km)이나 될 정도로 높다. 산 위에는 다섯 개의 성과 열두 개의 누각이 있는 황궁이 있고, 보석 과일이 열리는 나무가 풍성하게 자란다. 또한 곤륜산에는 곤륜산보다 두 배는 높은 낭풍산(凉風山)이 있는데 그 산을 오르면 불사를 얻을 수 있다. 그리고 낭풍산에서 또 두 배 되는 높이의 현포산(縣圃山)이 있으며 그곳을 오르면 바람과 비를 자유자재로 조절할 수 있는 신통력을 얻을 수 있게 된다. 또 그곳에서 높이가 배가 되는 곳은 천황이 사는 하늘로 여기까지 오르면 신이 될 수 있다.

기원전 3세기 말경부터 사람들은 곤륜산을 서왕모(西王母)의 산으로 섬겼다. 서왕모는 서방에 살며 불사와 부활을 주관하는 여신으로 선인을 통치하는 신이다. 때문에 곤륜산은 태양과 달보다도 높은 곳에 무지개 색 구름으로 덮여있으며 그곳에서 서왕모는 선인들과 함께 용과 두루미를 타고 유유자적하게 지내고 있다는 전설도 있다.

이처럼 곤륜산은 원래 신의 산이었지만 훗날 불사의 선인이 사는 낙원이 되었다. 이때부터 사후의 영혼이 불사가 되어 곤륜산에서 행복하게 살아간다는 신앙이 생겨난 것으로 보인다.

봉황 : 중국신화 속의 신조로, 다섯 가지의 색을 갖고 있는 아름다운 새이다.
서왕모 : 선인을 감독하는 여신으로 민중들 사이에서 절대적인 인기를 누렸다.
선인 : 특별한 약을 얻거나 수행을 쌓아서 불로불사를 얻은 사람

031. 고대 인도의 명계

인도의 신화에서는 사람이 죽은 후에 그 가장 높은 곳에 있는 천계 야마의 나라로 영혼이 올라가며, 그곳에서 야마와 즐겁게 살 수 있다는 전설이 있다.

인도의 가장 오래된 명계의 왕, 야마

힌두교와 불교가 번성했던 고대 인도에는 다양한 사자의 나라가 존재한다. 야마신의 나라는 그중에서도 가장 오래된 부류에 속한다. 기원전 10세기 전후에 쓰여진 경전 〈리그베다〉에 의하면 야마는 이 세상에 태어나 최초로 죽음을 맞이하게 된 존재(인간)였다. 그래서 야마는 사자의 길을 최초로 발견했고, 훗날 천계로 올라가서 사자의 왕이 되었다고 한다.

야마가 사는 나라는 가장 높은 천계에 있는 이상향이었다. 이 시대까지만 해도 사후세계에서는 사자를 재판하지 않았기 때문에 누구

야마

부릅뜬 눈, 긴 수염, 붉은 얼굴의 무서운 표정을 한 거인으로 표현되는 신이 야마다. 한국, 중국에서는 야마를 염라대왕(閻羅大王)이라 한다.

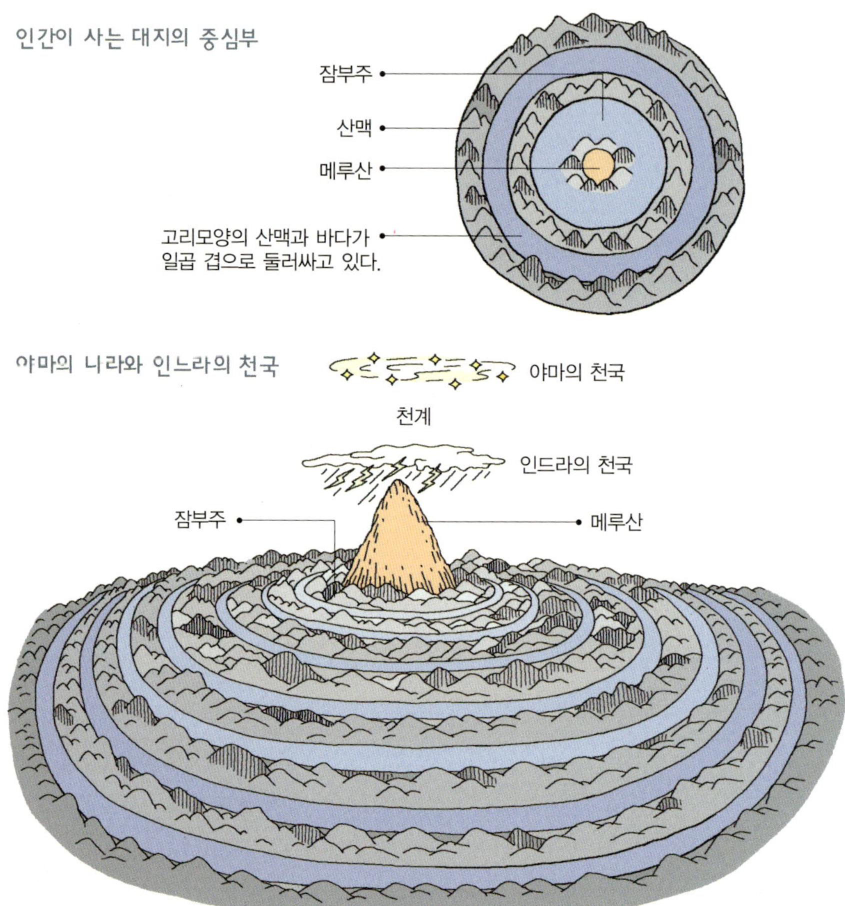

라도 죽은 후에는 천국에 갈 수 있었다. 조령들은 이곳에서 야마와 함께 우거진 나무 아래서 술과 음악을 즐기면서 산다. 낙원에는 얼룩무늬에 눈이 네 개 달린 경비견 사라메야가 두 마리 있는데, 이 개가 사자의 영혼을 야마의 나라까지 안내하는 역할을 했다.

시간이 흐르면서 야마의 나라는 야마프리라고 불렸으며 장소에 대한 묘사도 자세히 전해진다. 주위는 약 7,000km 정도이고, 철로 만든 성벽으로 둘러싸여 있으며 성내에는 100개의 마을이 있고, 수명을 결정하는 서기관 치트라굽타의 관청과 병원까지 있었다고 한다. 야마신의 궁전은 주위 1,400km에 높이 350km나 되는 장대한 건물로 묘사된다.

그러나 시대가 변하면서 악인은 지옥에 떨어진다는 믿음이 생겨났고 야마의 역할도 사자를 재판하는 재판관으로 변했다. 야마의 나라는 지하로 이동했고 그때부터 사자들은 모두 야마의 재판을 받게 되었다. 야마의 재판소에서는 서기 치트라굽타가 사자의 지옥행을 결정했다.

이런 야마의 이미지가 발전한 끝에 야마는 훗날 불교에서 등장하는 염라대왕이 된다. 천상세계에서 야마가 지하로 내려온 이후에는 힌두교의 인드라 신이 천국의 지배자가 되었다.

인드라는 폭풍의 신이자 전쟁의 신이다. 생전에 뛰어난 전사였던 사람은 사후에 인드라가 주관하는 스바르가라는 천국으로 갈 수 있었다. 당시의 사람들은 이 천국이 대지의 중심(잠부주)에 있는 메루산(수미산) 위를 감싸고 있는 구름 속에 있다고 믿었다.

야마와 싸우는 인드라
리그베다 안에서 가장 많은 찬가를 가진 신으로, 천둥과 폭풍을 주관한다.

리그베다 : 기원전 10세기 전후에 인도에서 편찬된 '베다' 라는 종교 문서 중에서 가장 오래된 것으로 바라몬교와 힌두교의 성전이다.

032. 인도 우파니샤드에서 말하는 윤회전생

우파니샤드 철학에서는 훌륭한 인물은 '신도(神道)'로, 일반인들은 '조도(祖道)'로 간다고 여겼다. 여기에서 매우 인두적인 윤회전생 사상이 시작되었다.

인도 윤회사상의 초기 모습

인도에서는 기원전 7, 8세기경에 우파니샤드 철학이 발생하였으며, 이때 세상의 모든 생물은 환생을 거듭한다는 윤회사상이 확실하게 자리 잡았다. 여기에서는 기원전 6세기 이전에 성립됐다고 알려진 〈찬도그야 우파니샤드〉 경전을 기본으로 초기의 윤회사상에 나타난 사후세계에 눈을 돌려본다.

경전에 따르면 이 세상의 모든 생명체가 사후에 가는 길은 세 가지라고 한다. 첫 번째 길은 '신도'로 현세에서 신앙심을 가지고 고행을 한 훌륭한 인물이 갈 수 있는 곳이다. 이 길에 들어선 영혼은 시신을 화장할 때 연기가 되어서 하늘 위를 오른다. 그리고 차례대로 태양-달-번개를 지나서 브라만의 세계로 들어서게 된다. 브라만에 들어선 영혼은 영원한 행복을 얻고 윤회에서 벗어날 수 있다. 브라만은 우주의 근원을 이루는 절대원리(신비한 힘)로 여겨지는 존재로, 사후의 영혼은 어딘가에 있는 것이 아니라 우주의 근원에 있해탈을 하고 브라만의 세계로 들어가면 윤회에서 벗어날 수 있다.

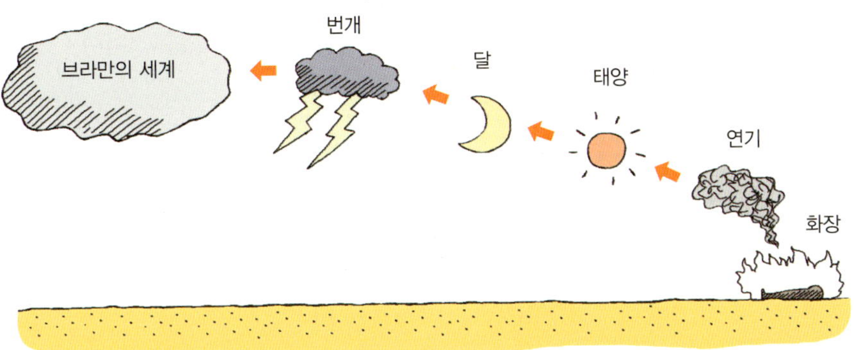

다양한 경로를 거쳐 다시 모태로 돌아가 환생한다.

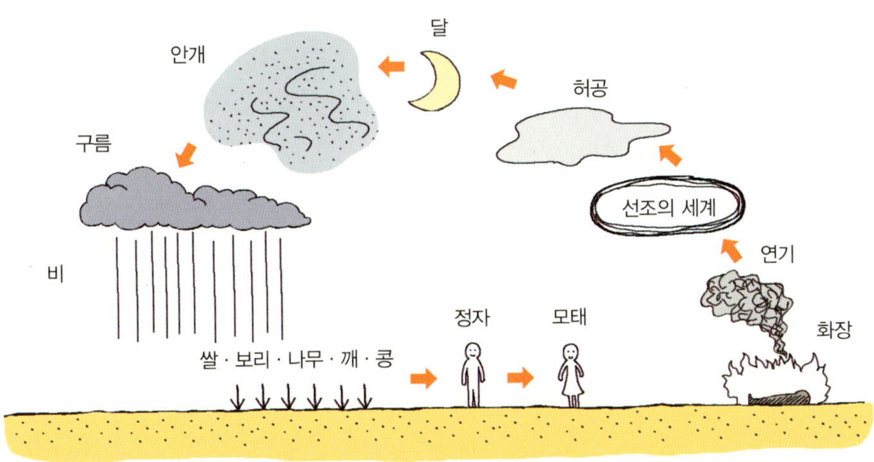

인간의 윤회에는 신도와 조도 두 가지 길이 있으며, 약 다섯 단계를 거치기 때문에 '오화이도설(五火二道說)'이라고도 부른다.

는 이곳, 브라만으로 향한다.

그러나 이 길을 갈 수 있는 영혼은 극히 소수이고, 대다수는 '조도'라는 두 번째 길로 들어선다. 이 길에 들어선 사자는 연기가 되어 하늘로 올라간 후 순서대로 선조의 세계－허공－달을 지나면서 안개나 구름이 된다. 결국 비가 되어 지상으로 내려온 그들은 쌀, 보리, 나무, 깨, 콩으로 다시 태어난다. 그리고 누군가가 이것들을 먹어 정액이 된 다음 어머니의 태내로 들어가야 인간으로 다시 환생할 수 있었다. 전생에 훌륭한 행실을 쌓은 사람은 높은 계급으로, 나쁜 행실을 쌓은 사람은 낮은 계급으로 태어난다. '조도'에 오른 영혼은 윤회에서 벗어날 수 없었다.

위의 두 가지 길 외에도 동물들이 가는 세 번째 길이 있다. 세 번째 길로 들어선 영혼은 앞서 언급한 신도나 조도로 가는 길처럼 복잡한 경로를 거치지 않고 그저 단순하게 환생하게 된다.

우파니샤드 : 바라문교의 경전 중에 가장 늦은 시대(기원전 500년경)에 쓰여진 철학서를 총칭하는 말이다. 우주의 근본 원리 '브라만'과 인간 존재의 본질 '아트만'을 각각 최고의 실재로 하고, 이 양자의 동일성을 깨달음으로써 해탈을 얻을 수 있다고 설명한다.

비슈누와 아바라타

브라흐마, 시바와 함께 힌두교의 3대신이 된 천신으로 우주를 관장한다. 비슈누는 여러 다른 모습으로 지상에 나타나(아바라타, 화신) 정의를 회복하는 일을 한다.

033. 힌두교에서 말하는 지옥

브라흐마나시대(기원전 900년~기원전 500년)에 발전하기 시작한 힌두교는 불교만큼 번성하지는 못했지만 천국과 지옥에 관한 개념과 구체적인 모습을 갖추고 있었다.

브라흐마나시대에 발달한 인도의 지옥

인도인들이 말하는 지옥은 힌두교에서도 불교에서도 나라카라고 불렸다. 힌두교 경전에는 〈베다〉, 〈브라흐마나〉, 〈우파니샤드〉등 많은 문헌이 있는데, 이들 문헌은 기원전 1500년경부터 기원전 200년경 사이에 순차적으로 등장했다고 알려져 있다. 이중 〈베다〉라고 부르는 문헌은 후기 부분을 제외하면 지옥을 의식하고 있는 내용은 나타나지 않는다.

그리고 〈브라흐마나〉의 시대가 되었을 때, 비로소 나라카의 존재를 확실하게 의식하기 시작한다. 〈자이미니 브라흐마나〉의 '브리그의 지옥 편력 이야기'를 보면 당시의 사후세계관, 특히 지옥에 대해 힌두교인들이 어떻게 생각하고 있었는지 알 수 있다. 여기에는 사자의 세계를 여섯 개의 영역으로 나누어 기술하고 있는데 제1계는 인간이 인간을 잘라서 먹는 지옥, 제2계는 인간이 울부짖는 인간을 먹는 지옥, 제3계는 인간이 묵묵하게 입을 다물고 있는 인간을 먹는 지

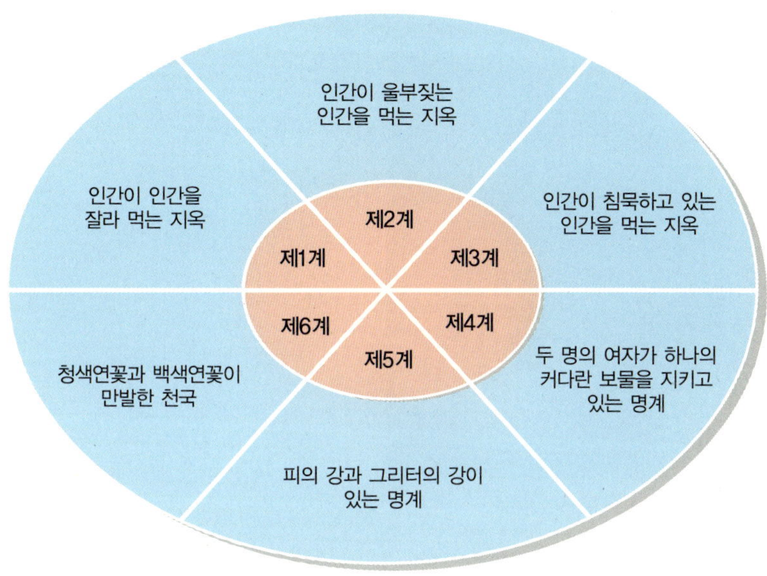

● 〈비슈누 프라나〉에 등장하는 지옥

지옥명	의미	지옥명	의미
라우라바	공포	베다카	구멍
로다	돼지	비샤사나	살인적
스카라	장애	아돔크하	도리에 어긋남.
타라	자물쇠	푸야바하	흐르는 고름
타쿠타쿤바	달궈진 병	루디란다	피 우물
타쿠타로하	달궈진 쇠	바이타라니	나루터
마하주바라	커다란 화염	크리슈너	암흑
라바나	소금	아시바트라바나	칼 같은 잎이 달린 나무 · 숲
비모하나	흐트러진 마음		
쿠리미바쿠샤	벌레를 먹는 자	바흐니쥬바라	화염
쿠리미샤	곤충을 먹는 자	산단샤	장도리
라라바쿠샤	침을 먹는 자	슈바보자나	개를 먹는 자

영웅신 크리슈나
4개의 손에 바퀴와 곤봉, 소라고동, 연꽃을 들고 가루다를
타는 영웅신 크리슈나가 비슈누의 대표적인 아바라타다.

옥이다. 지옥인지 아닌지 명확하게 알 수 없는 제4계는 여자 두 명이 하나의 커다란 보물을 지키고 있는 명계다. 5계에는 지옥과 천국이 공존하는 두 개의 강이 흐르고 있다. 하나는 피의 강으로 검은 피부를 가진 사람이 벌거벗은 채 경비를 서고 있으며 나머지 하나는 그리터(액체 상태의 버터)의 강으로 황금색 피부를 가진 사람이 강가에서 황금 잔에 다양한 소망을 따르고 있다. 제6계는 완전한 천국으로 언제나 아름다운 노랫소리가 울려 퍼진다. 문헌에는 이 6단계에 청색연꽃, 백색연꽃이 만연하며 꿀이 흐르는 다섯 개의 강이 흐른다고 묘사되어 있다.

〈우파니샤드〉 이후 지옥에 관한 사상은 더욱 발전하여 사람들은 야마가 지옥의 왕이라고 믿게 되었으며, 치트라굽타라는 서기관이 지옥에서 사자의 생전 행위를 기록한 기록부를 관리하고 있다고 믿었다.

기원후에 성립된 경전 〈비슈누 프라나〉에 라우라바, 로더, 스카라 등 20개 이상의 지옥명이 열거된 것을 보면 시간이 흐를수록 지옥에 관한 사상이 다양하게 발전했다는 것을 알 수 있다.

힌두교 : 기원전후 시대에 바라몬교와 민간종교가 절충하여 생긴 종교로, 인도교라고도 할 수 있다.
브라흐마나 : 바라몬교의 경전 중에 기원전 800년 전에 쓰인 문헌을 총칭하는 말
비슈누 프라나 : 바라몬교를 전승한 힌두교의 경전 〈프라나〉 중에서도 대표적인 문헌이다.

034. 자이나교의 천국과 지옥

자이나교는 불교, 힌두교와 비슷하면서도 다른 종교다. 자이나교는 천국과 지옥을 포함한 우주 전체를 거인 푸루샤의 몸을 통해 상징적으로 표현했다.

거인 푸루샤로 표현한 윤회의 우주

자이나교는 불교와 함께 기원전 5세기에 인도의 마가다 지방에서 발생했다. 자이나교도 불교와 힌두교처럼 윤회를 전제로 하고, 윤회에서 해탈하는 것을 최고의 목표로 삼고 있다.

또 자이나교의 우주관은 힌두교와 같다. 힌두교에 나타난 우주의 형상처럼 자이나교에 나타난 우주도 잠부주 대지의 한가운데에 메루산이 솟아있고, 위로는 천계, 아래로는 지하계가 있다고 묘사되고 있다.

그런데 자이나교는 푸루샤라는 거인상을 이용해 천국과 지옥을 표현하는 특이점이 있다. 거인 푸루샤의 머리와 가슴은 천계이며, 몸통은 인간이 사는 잠부주, 다리는 지옥이다. 인간의 영혼은 우주 즉, 그러니까 푸루샤의 몸 안에서 윤회를 반복한다.

윤회의 원인이 인간의 카르마(업)라고 여기는 것은 불교, 힌두교와 마찬가

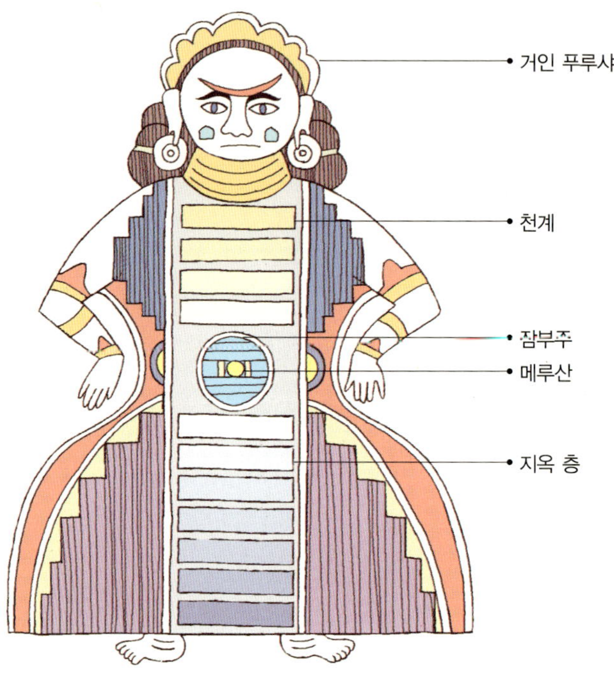

일설에 의하면 지옥에는 840만 개의 감옥이 있으며 악령과 고문이 지옥으로 떨어진 자들을 기다리고 있다. 지옥에서 충분히 괴로움을 견뎌낸 후에야 잠부주로 환생할 수 있다.

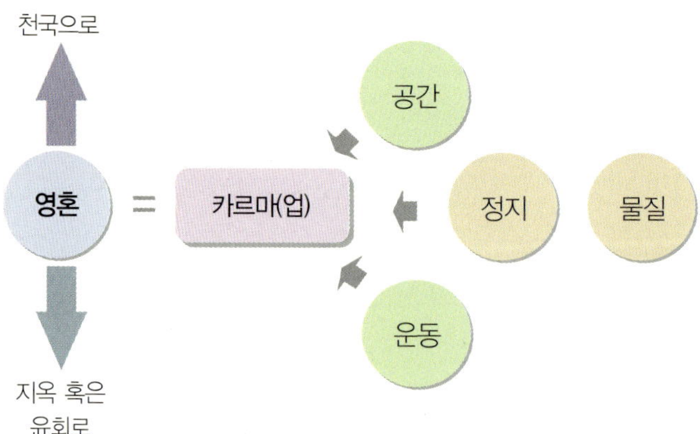

지이다. 하지만 자이나교는 불교와 힌두교에 비해 상당히 원자론에 기초한 사상을 갖고 있다. 즉, 만물은 영혼, 물질, 공간, 운동, 정지라는 다섯 개의 실체로 이루어지는데 이 중 공간, 운동, 정지가 카르마를 결정한다는 것이다. 영혼과 카

자이나교의 티르탄카라상
자이나(Jina, 최고의 완성자)를 나타내는 조각은 사원 내의 어느 것을 보더라도 입상이거나 좌상의 자세를 취하고 같은 표정을 띤다.

르마의 결합에 의해 윤회가 생겨나고, 나쁜 짓을 하면 지옥에 떨어진다는 점은 다른 종교와 다르지 않지만 해탈한 자만이 신들이 사는 천계로 갈 수 있다는 차이점이 있다.

자이나교에서는 해탈을 하기 위해 필요한 것은 고행과 금욕이며, 최고의 덕은 살생을 하지 않는 것이었다. 그러나 자이나교에서는 동물뿐 아니라 식물에게도 생명이 있다고 여겼기 때문에 죄를 전혀 짓지 않고 해탈하기란 어려웠다. 심지어 굶어죽는 것도 꺼려서는 안됐다. 수행자는 무조건 검소한 생활을 하려는 마음을 갖고, 최대한 소유하지 않고 살아가는 것이 좋다고 믿었다.

출가를 하지 않은 신자에게는 불가능한 일이지만, 수행자라면 동물(가능하면 식물도)에게 고의로 상처를 입히거나 죽이지 않고, 거짓말을 하지 않고, 도둑질을 하지 않고, 순결을 지키고, 소유욕을 억제해야 했다. 그렇게 해야 보다 좋은 윤회를 얻을 수 있다고 믿었다.

푸루샤 : 인도의 천지창조 신화에 등장하는 원초의 거인으로 우주의 모든 것이 푸루샤에서 생겨났다고 믿고 있다.

아디나타(Adinatha)사원(오른쪽)

아디나타사원은 인도에서 가장 아름다운 자이나교 사원으로 자이나교 특유의 정교한 사원 건축 양식을 볼 수 있다. 햇빛이 백대리석에 반사되어 사원 내부에 산란될 때의 아름다움은 천계 그 자체다.

엘로라석굴 부조(아래)

불교, 힌두교와 더불어 인도의 고대 종교에 영향을 크게 끼친 자이나교의 창시자 마하비라 성자의 신상을 모시고 있다. 엘로라석굴 중 30～34번 석굴에서 자이나교의 여러 신들을 볼 수 있다.

Summary

세계 신화 속의 명계 구조와 샤머니즘

세계 여러 나라의 신화나 종교에서 다루고 있는 명계를 보면, 사후세계가 각 시대와 종교마다 제멋대로이고, 마음 내키는 곳에 있는 세계처럼 보이기도 한다. 그럼에도 불구하고 명계의 구조에는 일정한 규칙이 있는데 바로 모든 명계의 구조가 가로형과 세로형의 계층적 구조로 되어 있다는 것이다.

세로형 구조는 인간세계에서 사후세계를 봤을 때 하늘과 지하로 명계가 수직 방향으로 나뉘어 있다. 가로형 구조는 인간세계를 기준으로 수평 방향, 숲 속이나 산 속, 혹은 해상 등에 명계가 있다고 여기는 것이다.

그렇다면 세로형 명계와 가로형 명계가 구분되는 이유는 무엇일까. 우메하라 신타로(梅原伸太郎)가 〈타계론〉이라는 책에서 설명한 이유를 보면 매우 흥미롭다. 즉, 어떤 지역의 명계가 가로형이거나, 세로형인 것은 그 지역의 샤먼 형태에 따라 결정된다는 것이다.

샤먼은 타계에 사는 정령이나 신과 접촉할 수 있는 특별한 능력을 가진 자를 말한다. 샤먼이 그들과 접촉하는 방법에는 두 가지가 있다. 하나는 탈혼형으로 자기 자신의 영혼을 몸 밖으로 꺼내서 타계로 날려보내는 방법이다. 또 하나는 빙령형으로 타계에 사는 령을 자신의 몸으로 불러들이는 방법이다.

우메하라는 탈혼형의 사후세계는 세로형이고, 빙령형 사후세계는 가로형이라고 생각했다. 이유는 간단하다. 탈혼형의 샤먼은 의식을 잃지 않은 상태에서 자신의 영혼을 타계로 날려버리기 때문에 타계의 구조나 그 모습까지 세심하게 볼 수 있다는 것이다.

실제로 탈혼형 샤먼의 타계는 대부분 세로형이다. 세로형 사후세계는 기본적으로 천계, 대지, 지하로 된 3층 구조이며, 그 중앙에 산, 나무와 같은 기둥의 개념이 있어서 이것이 세계를 지탱한다. 그리고 천계와 지하의 어딘가에서 인간의 명계도 찾아볼 수 있다.

반면에 빙령형 샤먼은 령이 샤먼에게 빙의될 때 샤먼 자신의 의식은 없어져버리기 때문에 타계에 관한 여러 가지 정보를 알 수가 없다. 때문에 그들의 타계는 자신이 속한 세계와 유사한 인간세계에 있는 어딘가의 장소로 사후세계를 발달시켰다고 볼 수 있다.

현재에도 세계의 각지에서 샤먼을 볼 수 있지만 고대의 샤먼은 지금보다 훨씬 큰 영향력을 가지고 있었다. 우메하라의 생각을 정설이라고 할 수는 없지만 주목할 만한 가치는 있다고 생각한다.

성서를 통해 보는 천국과 지옥

035. 고대 유대인과 명계 쉐올

구약성서에서 영향을 받은 유대인의 명계 쉐올(Sheol)은 어둡고 쓸쓸한 사자의 세계가 되었다.

고립되어 쓸쓸한 명계 쉐올

크리스트교는 고대 유대교의 일파에서 생겨났다. 크리스트교의 성서는 구약성서와 신약성서로 이루어져 있는데 이 중 구약성서는 기원전에 유대교도들이 쓴 유대교의 성전이기도 하다.

구약성서에 따르면 고대 유대인들은 사후에 영혼이 대지 아래에 있는 쉐올이라는 명계로 내려가게 된다고 믿었음을 알 수 있다. 구약성서의 '시편'을 보면 '나의 생명은 명부와 가까워집니다.' '나는 구멍으로 내려가는 자에 포함되어 힘없는 사람이 되었습니다.' '당신은 나를 깊은 구멍, 어두운 곳, 깊은 구렁에 두었습니다.' 등의 말이 있다. 이처럼 쉐올은 깊은 구멍의 이미지를 갖고 있으며 고대 유대인들은 사람이 죽으면 라파임이라는 그림자 같은 령의 모습이 되어 쉐올로 간다고 믿었다.

쉐올은 신조차도 돌보지 않는 어둡고 외로운 곳이다. 그곳은 사자의 혼에

최고신
천상의 물
수문
태양
달
하늘의 기둥
대지
하계의 물
쉐올
쉐올의 특징
• 어둡고 쓸쓸하
 며 아무런 즐
 거움도 없다.
• 지상의 노고로
 부터 해방된다.

◉ 쉐올의 변화

고대 유대인
살아있는 자는 선조를 숭배한다.
모든 사자는 쉐올로 간다.
쉐올
쉐올, 사자는 선조의 집단으로 들어가 산다.

구약성서 시대
모든 사자는 쉐올로 간다.
쉐올
쉐올은 그 누구도 되돌아갈 수 없는 장소로
아무런 즐거움도 없다.

일신교에 의해 금지

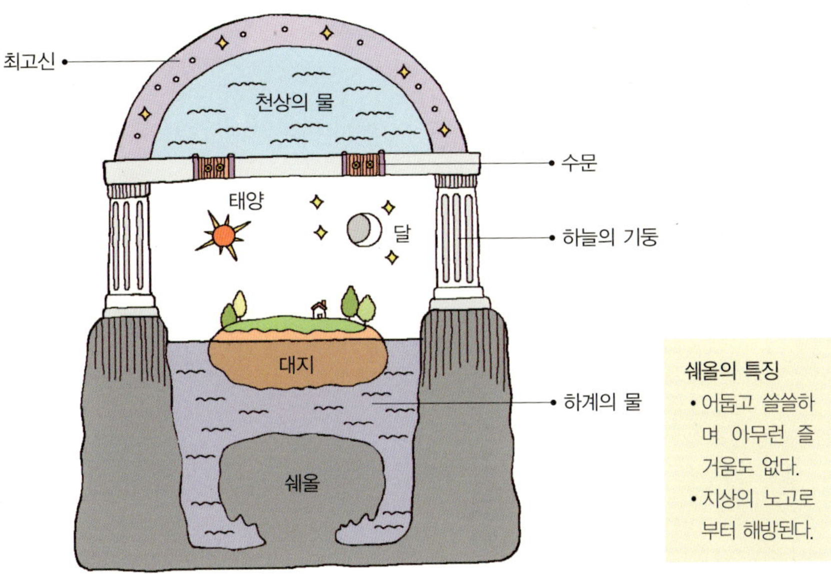

게는 아무런 즐거움도 없는 그저 죽어있을 뿐인 공간이다. 그런 의미에서 쉐올은 지옥과 비슷하지만 특별한 형벌은 없으며 오히려 생전에 겪었던 고생으로부터 해방되는 장소이기도 했다.

이런 구원 없는 어두운 쉐올의 이미지는 구약성서에 그려진 일신교에서 영향을 받아 생겨났다. 일신교 사상이 강해지기 전에는 고대 유대인들에게 쉐올에 있는 선조를 숭배하는 가족적인 신앙이 있었다. 그때의 유대인들은 죽은 자의 영혼이 쉐올에 있는 선조의 집단으로 들어가 그곳에서 함께 생활한다고 믿었다. 그래서 살아있는 자들은 사자를 위해 다양한 공양물을 올리거나, 강령술(降靈術)을 통해 사자에게 다양한 조언을 듣기도 했다. 당시의 유대인들에게 쉐올은 자신의 선조들이 모여있는 곳이자 죽은 후에 자신이 머물게 될 명계였기 때문에 삶과 이어진 죽음의 공간이었던 것이다. 그러나 유일신을 숭배하는 종교적인 분위기가 강해지면서 개인적인 숭배는 금지되었고 그 결과 쉐올은 신과 인간에게 완전히 방치된 고립된 명계로 변해버렸다.

유대교 제식 촛대 메노라(Menorah)
이스라엘 국장에도 그려져 있는 메노라는 유대교에서는 하나님으로부터 나오는 진리를 의미하는 중요한 상징물로 예배시 제식용으로 사용된다.

유대교 : 고대 이스라엘의 유일신 야훼를 숭배하는 종교로 이슬람교의 기원이 되기도 하다.
구약성서 : 유대교, 크리스트교에서 성스럽게 여기는 경전으로 크리스트교도들은 '구약' 이라고 불렀다.
시편 : 구약성서 중 한 편으로 '탄식의 노래', '감사의 노래' 등으로 분류되는 150개의 시편으로 구성되어 있다.

036. 묵시론적 시대의 천국과 지옥

나라를 잃은 비관적인 상황 속에서 고대 유대인들은 머지않아 세계가 끝나고 선택받은 자만이 천국으로 갈 것이라 믿게 되었다.

묵시론에서 생겨난 천국과 지옥

고대의 유대인들은 사자의 세계를 그다지 풍요로운 곳으로 생각하지 않았다. 그러나 기원전 6세기에 바빌로니아에 의해 유대 왕국이 멸망하자 사후세계에 대한 이미지가 바뀌기 시작했다. 나라를 잃었다는 비관적인 상황이 묵시론을 바탕으로 한 신앙을 유행시킨 것이다. 유대인들은 머지않아 신이 세계를 끝내고, 유대인을 위한 새로운 왕국(천국)을 세울 것이라고 믿었다. 그때가 되면 모든 사자들은 부활해서 신 앞에서 최후의 심판을 받고, 선택받은 자는 천국에서 행복하게 살지만, 그렇지 않은 자는 지옥으로 떨어진다고 여기게 되었다. 이것이 고대 유대인들 사이에 급속하게 퍼진 묵시론적 신앙이었다.

기원전 2세기에서 기원전 3세기경에는 이러한 묵시론적 신앙이 크게 유행하면서 유대교에서 보여온 사후세계와 내세의 이미지를 완전히 바꾸어 놓았다.

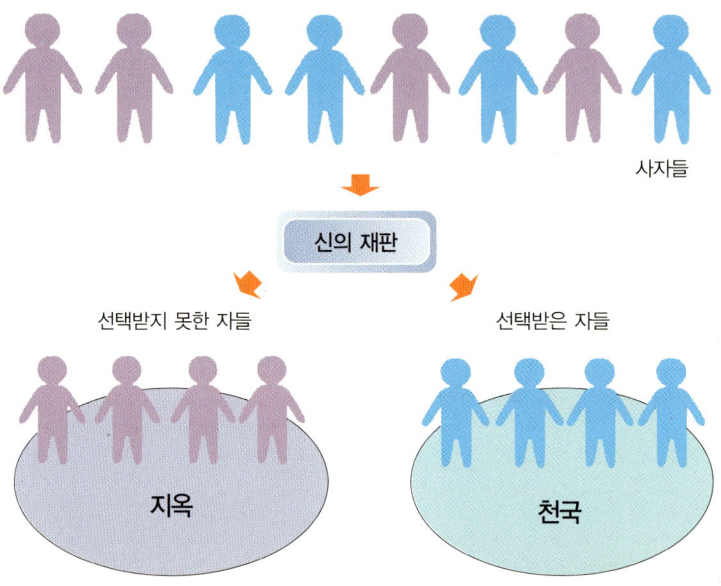

묵시론 시대에는 머지않아 세계가 끝나고 신의 재판에서 선택받은 자는 신의 왕국(천국)으로 가고, 선택받지 못한 자는 지옥에 떨어진다고 생각하게 되었다.

◉ 쉐올의 내부 구조

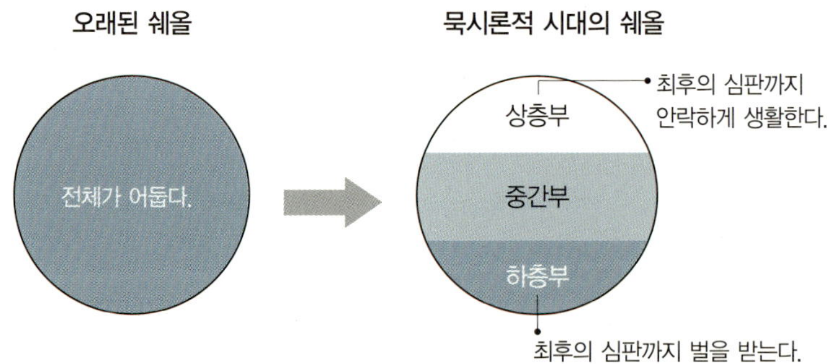

묵시론적 시대에 사후의 명계 쉐올 내부에도 천국과 지옥과 같은 구별이 생겨났다.

묵시론에서 말하는 천국과 지옥은 어디까지나 세계가 종말을 맞이한 후에 생기는 사후세계였다. 이런 묵시론의 유행으로 고대 유대인들이 믿어왔던 명계 쉐올도 영향을 받을 수밖에 없었다. 세계가 종말을 맞이한 후에야 영원의 천국과 지옥이라는 새로운 사후세계가 생긴다면 기존의 명계 쉐올은 당연히 이 세상이 끝나기 전까지의 일시적인 명계일 수밖에 없었다.

변화는 이뿐만이 아니었다. 쉐올의 내부에 관한 이미지에도 조금씩 변화가 일어났다. 본래 그저 어둡고 음기가 가득했던 단순한 쉐올의 내부가 여러 층으로 구분되었다. 그래서 죄가 있는 자는 쉐올 중에도 가장 깊은 곳으로 떨어져서 형벌을 받게 되며, 올바르게 살아온 사람은 좀 더 얕은 장소에 머무르면서 세계의 종말과 최후의 심판을 안락하게 기다린다고 생각하게 되었다.

이러한 쉐올에 대한 자세한 이야기는 정전(正典, 그리스도교에서 공식적으로 인정한 경전으로 구약성서와 신약성서를 가리킴)이라고 알려진 대표적인 성서에서는 거의 다뤄지지 않았지만 '에녹서'와 같은 묵시문학(기원 전후의 유대교와 크리스트교의 종말론적 색채가 짙은 일련의 문학)에서는 자주 언급되었다. 그 이후로 유대인들 사이에는 종말이 일어난 후에 세워질 사후세계뿐만이 아니라 일반적으로 사자가 죽은 후 가게 되는 사후세계에도 천국과 지옥이 있다는 믿음이 널리 퍼지게 되었다.

묵시론 : 묵시란 선택받은 예언자가 신에게 받는 계시를 말한다. 기원전후의 유대에서는 그것을 기록한 묵시문자가 유행했으며, 세계종말과 최후의 심판 등을 퍼뜨렸다.
에녹서 : 구약성서의 외전으로 에티오피아어로 기록된 것과 슬라브어로 기록된 것 두 종류가 있다.

히에로니무스 보스(Hieronymus Bosch)의 '지상 낙원'
크리스트교적인 천국과 지옥을 묘사한 전통적인 그림과는 달리 작가의 기발한 상상력이 돋보이는 이 작품은 신성을 모독했다, 악마적으로 그렸다는 평을 받기도 하지만 천국과 지옥에 대한 온갖 상상을 담아내고 있다.

037. 크리스트교의 명계

유대교의 일파에서 생겨난 크리스트교는 묵시론이 유행하면서 생겨난 천국과 지옥 외에도 림보(Limbo)와 연옥(煉獄)이라는 사후세계가 있다는 것을 인정했다.

사후세계를 발달시킨 크리스트교

크리스트교는 기원후 1세기경에 유대교 안에서도 묵시론을 지지하는 일파들에 의해 시작되었다. 때문에 크리스트교는 처음부터 세상의 종말, 최후의 심판, 영원의 천국과 지옥 등의 관념이 갖추어져 있었다. 초기 크리스트교도들이 쓴 신약성서도 당연히 이 관념들을 전제로 하고 있다.

신약성서에서는 구약성서 속에 등장하는 사후세계인 명계 쉐올을 하데스라고 칭한다. '루카의 복음서'에 등장하는 부자와 라자로의 이야기를 보면 하데스 내부에는 지옥과 비슷한 고뇌의 장소가 있으며 보통 '아브라함의 회(懷)'라고 불리는 안락한 장소도 있다. 복음서에는 이 둘이 커다란 연못을 사이에 두고 존재하고 있는 것이 확실하게 기록되어 있다.

크리스트교가 한 시대를 대표하는 종교로 자리 잡으면서 천국과 지옥에 대한 이미지는 더 구체적으로 세분화되었고 훨씬 풍부해졌다. 정전(正典)의 신약성서는 사후세계에 대해 크게 다루고 있지 않지만 외전인 '베드로 묵시록'과 '바울 묵시록' 등에서는 천국과 지옥의 이미지를 비교적 자세하게 다루고 있다. 죄의 경중에 따라서 지옥에서 받는 형벌에도 차이가 있음을 알 수 있다.

크리스트교의 영향은 그 후 수세기 동안에 걸쳐 계속되었고 그 결과 사후세계에 천국과 지옥 외에도 림보와 연옥 등의 장소가 있다는 데까지 발전했다. 사실 크리스트교 발생 초기에는 오로지 올바르게 살아온 의인과 세례를 받

피에트로 페루지노(Pietro Perugino)의 '그리스도의 세례'
페루자 성 아우구스티노성당의 제단화 가운데 한 작품으로 세례자 요한으로부터 예수가 세례를 받고 있다. 세례는 구원받았음을 나타내는 상징이다.

은 크리스트교도만이 천국으로 갈 수 있었다. 그러나 그렇게 따지면 갓 태어나 아무 죄도 짓지 않고 세례를 받기 전에 죽어버린 아기가 지옥에 가야 한다거나, 일상생활 속에서 사사로운 죄를 끊임없이 범하고 살아가는 일반 신자들 또한 크리스트교를 믿는다는 이유만으로 천국에 갈 수 있다는 문제가 생겨난다.

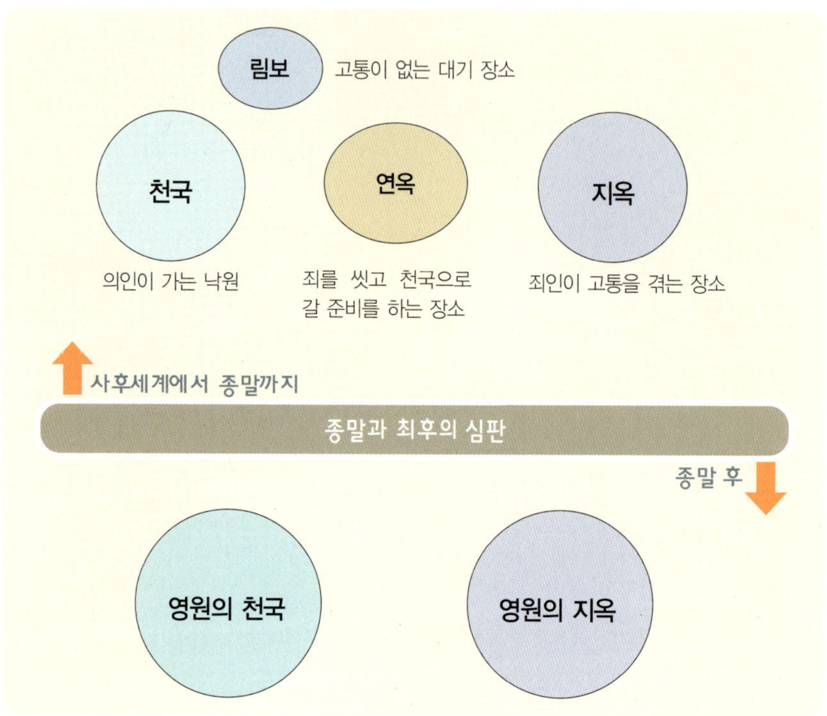

　이러한 모순을 해결하기 위해 림보나 연옥이라는 개념이 생겨난 것으로 보인다. 림보는 무구한 아기의 혼이 최후의 심판을 받기 전까지 대기하는 장소로, 연옥은 사사로운 죄를 지으며 살아온 일반 신자가 죄를 씻기 위한 장소로 여겼다.

신약성서 : 구약성서와 어깨를 나란히 하는 크리스트교의 성전으로 1~2세기경에 크리스트교도에 의해 쓰였다.
외전 : 외경(外經, Apocrypha)이라고도 하며, 성경의 재구성 과정에서 제외된 문서들이다.

038. 사후 심판과 최후의 심판

크리스트교도들은 사후에 가게 되는 일반적인 천국과 지옥에는 영혼만이 살 수 있지만, 최후의 심판을 받은 후에 가게 되는 영원의 천국과 지옥에는 영혼뿐만 아니라 살아있는 육체도 살 수 있다고 생각했다.

두 종류의 천국과 지옥

크리스트교의 사후세계에는 사람이 죽은 후 최후의 심판을 받기 전까지 머무는 일시적인 천국과 지옥이 있고, 또 최후의 심판을 받은 후에 가게 될 영원의 천국과 지옥이 있다.

도대체 이 두 가지의 천국과 지옥은 구체적으로 어떤 차이가 있는 것일까. 실제로 천국에서 누릴 수 있는 행복과 지옥에서 겪어야 할 고통에 관해 기록해놓은 것을 보면 이 두 가지 사후세계 사이에 확실한 변별점을 찾을 수 없다. 때문에 이 일반적인 사후세계와 종말 후의 사후세계는 거의 같다고 생각해도 좋다.

그러나 한 가지 결정적인 차이점이 있다. 그것은 최후의 심판이 오기 전에 죽은 사자들이 가게 되는 천국과 지옥에는 사자의 영혼만이 살 수 있지만 세계의 종말 후에 가게 되는 영원의 천국과 지옥에는 사람의 육체도 살 수 있다는 점이다.

지금 이곳에서 사람이 죽었다고 가정해보자. 크리스트교의 방식으로 사후의 일을 해석해보면 곧 천사가 내려와서 그 사람의 영혼을 신이 있는 하늘로 안내할 것이다. 그리고 사자를 위한 사후세계의 심판이 열리고 그 결과에 따라 영혼은 천국, 혹은 지옥으로 가게 된다. 그러나 사자의 육체는 현실세계에서 태워지거나 썩어서 소멸되기 때문에 사후의 천국과 지옥에는 영혼밖에 살지 못한다.

이에 반해, 이 세상이 종말을 맞이했을 때를 가정해보면 종말의 시점을 기준으로 살아있던 인간은 일단 모두 죽는다. 그리고 그 후에 종말로 인해 죽었던 인간들의 부활이 이루어진다. 이때 사자들은 살아있을 때와 똑같이 육체를 가진 모습으로 부활한다. 부활한 그들은 신 앞에서 최후의 심판을 받고 천국, 혹은 지옥으로 가게 된다. 육체를 가지고 있기 때문에 영원의 천국에서 누릴 수 있는 행복은 더 크고, 영원의 지옥에서 겪어야 할 고통은 더 크다.

영원의 천국에 사는 자들은 육체를 가지고 있기 때문에 현세에서처럼 남녀 간의 문제가 거론될 수 있다. 그러나 크리스트교는 영원의 천국에 살면 육체가 천사처럼 맑아지기 때문에 생전과 같은 식사와 남녀의 육체적인 관계는 필요 없다고 말한다.

물론 천국과 지옥 이외의 림보와 연옥으로 가는 경우도 있다.

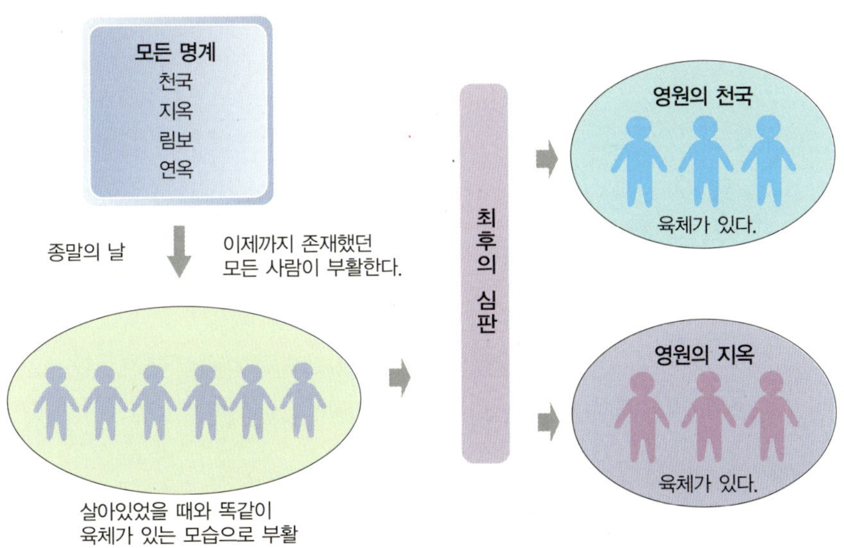

육체가 있는 만큼 천국에서의 행복이 커지며 또한 지옥에서의 고통도 커진다.

039. 크리스트교의 천국

정적인 천국, 활동적인 천국, 정원형의 천국, 도시형의 천국 등 크리스트교도들이 상상한 천국의 이미지는 다양했다.

다양한 행복의 이미지가 종합된 천국

크리스트교도들은 신약성서가 쓰인 시대부터 성인과 의인, 혹은 올바르게 살아온 사람들은 내세에 천국에 갈 수 있다고 믿어왔다.

그러나 매우 다양한 종파를 가진 크리스트교 전체에 천국이 어떤 곳인지에 대한 통일된 견해는 없었다. 천국을 표현하는 단어도 하늘 나라(Kingdom of heaven), 신의 나라(kingdom of God), 낙원(Paradise) 같이 여러 단어가 같은 의미로 쓰이는 경우가 많았다.

엄밀하게 말하면 '하늘 나라'와 '신의 나라'는 신의 지배를 전제한다는 의미로 해석할 수 있기 때문에 종말 후의 세계를 말하는 것이다. 결국 크리스트교의 천국은 오랜 역사 속에서 많은 사람들이 상상했던 수많은 이미지가 종합된 결과물이라 할 수 있다.

물론 천국이 행복한 장소라는 의견은 공통적이다. 그러나 행복이란 무엇인

● 크리스트교도가 상상한 천국

천국을 표현한 언어

- 하늘 나라(Kingdom of Heaven)
- 신의 나라(Kingdom of God)
- 낙원(Paradise)

→ 특별히 정해져 있지 않았다.

행동에 의한 분류

금욕형 : 천사, 성인, 의인들이 신을 둘러싸고, 영원한 부동자세로 오직 신을 묵상하는 장소

교우형 : 옛 친구나 가족과 재회하여 친하게 지낼 수 있으며, 살기 위해서가 아니라 그저 즐기기 위해 먹고 마실 수 있는 장소

자유 분방형 : 남녀의 사랑과 결혼도 가능한 장소

형태에 의한 분류

- 에덴동산과 같은 정원형
- 새로운 예루살렘과 같은 도시형
- 정원형과 도시형이 결합된 형태

지, 행복이 어떤 형태를 갖추고 있어야 하는가는 사람마다 다르다. 어떤 사람은 신과 함께 있는 것만으로도 더없이 행복하기 때문에 신을 중심으로 천사와 성인, 의인들이 영원히 부동자세로 멈춰있는 그림 같은 이미지의 천국을 상상했다. 그곳에서 사는 모든 사람들은 지상에서 하던 행동을 모두 잊고 오직 신에 대해 묵상하며 그저 신에 대해 생각할 뿐이라고 생각하기도 했다.

단테의 〈신곡〉에 그려진 지고천(至高天)도 대략 이런 이미지와 비슷하다. 생전과 비슷한 인간적인 행복을 바라는 사람들은 천국에서 옛 친구나 가족과 재회하고, 그들과 사이좋게 지낼 수 있다고 믿었으며, 살기 위해서가 아니라 그저 즐기기 위해 먹고 마시는 장소로 천국을 상상하기도 했다. 이런 바람의 연장선으로 18세기경에는 남녀의 사랑이나 결혼이 존재하는 천국의 이미지까지 등장했다.

작가 미상, '에덴의 정원'

낙원의 대표적인 이미지로 자리잡은 에덴동산을 자연속의 정원이 아니라 도시 속의 아름다운 정원으로 표현하고 있다. 화사한 화초와 과실수, 한가롭게 담소를 나누고, 책을 읽으며 아이와 행복한 시간을 보내는 것이 곧 낙원임을 전하는 듯 하다.

천국의 외관에 대한 이미지도 다양한데 그중 두 가지 타입이 자주 언급된다. 하나는 구약성서의 '창세기'에서 언급한 에덴동산과 같은 자연속의 정원형 천국이었으며, 또 하나는 신약성서의 '요한 묵시록'에서 언급된 새로운 예루살렘과 같은 도시형 천국이다.

천사 : 신의 시중을 드는 령으로, 유대교, 크리스트교, 이슬람교의 성전과 전승에 등장한다. 치천사(熾天使, 9계급 중 최상급에 속하는 천사), 지천사, 좌천사 등 몇 개의 위계가 있다.

040. 에덴동산

'창세기'에 나오는 지상낙원 '에덴동산'은 크리스트교도들이 생각하는 천국의 이미지로 자주 등장한다.

아담과 이브가 살았던 지상낙원

크리스트교 초기부터 지금까지 신자들은 천국을 상상할 때 '에덴동산'을 기본 모델로 삼았으며 '에덴동산'은 종교 전체를 아우르는, 없어서는 안 되는 개념 중 하나였다.

'창세기'를 보면 에덴동산에 대한 간결한 설명을 읽을 수 있다.

주 하나님께서 동쪽에 있는 에덴에 동산 하나를 꾸미시어, 당신께서 빚으신 사람을 거기에 두셨다. 주 하나님께서는 보기에 탐스럽고 먹기에 좋은 온갖 나무를 흙에서 자라게 하시고, 동산 한가운데에는 생명 나무와, 선과 악을 알게 하는 나무를 자라게 하셨다. 강 하나가 에덴에서 흘러나와 동산을 적시고 그 곳에서 갈라져 네 줄기를 이루었다. 첫째 강의 이름은 피손인데, 금이 나는 하윌라 온 땅을 돌아 흘렀다. 그 땅의 금은 질이 좋았으며 그 고장에는 브델리움 향료와 마노 보석도 있었다. 둘째 강의 이름은 기혼인데, 에티오피아 온 땅을 돌아 흘렀다. 셋째 강의 이름은 티그리스인데, 아시리아 동쪽으로 흘렀다. 그리고 넷째 강은 유프라테스이다. – 창세기 2장 8절 ~ 14절

즉, 에덴동산은 신이 최초의 인간인 아담과 이브를 위해 만든 지상낙원이었으나 아담과 이브는 뱀의 유혹에 넘어가 선악과를 먹는 죄를 범하고 이 지상낙원에서 추방당했다는 것, 그리고 그때부터 인간은 살아가기 위해 많은 고생을 해야 했다는 것이 주요 내용이다.

　이렇게 해서 많은 사람들이 천국을 떠올리면 마치 에덴동산과 꼭 닮은 자연낙원을 떠올리게 된 것이다. 아담과 이브를 포함하여 그 자손들, 즉 인류는 에덴동산으로 돌아가는 것을 포기하지 않았다. 최후의 심판 후에는 모든 죄를 용서받고, 지상에 에덴동산이 다시 구현될 것이라고 믿었다.

히에로니무스 보스(Hieronymus Bosch)의 '건초 수레'

천지창조와 아담과 이브의 탄생, 타락, 에덴동산에서의 추방, 반역천사들의 추방에 관한 이야기들로 채워져 있다.

아담과 이브의 '원죄'

크리스트교에서는 아담과 이브가 에덴동산에서 선악과나무의 열매를 먹는 죄를 범했기 때문에 인간의 본성이 손상되어서, 죄를 짓는 성향을 갖게 되었다고 생각한다. 그리고 아담과 이브가 저지른 인류 최초의 죄와 그 결과로 인해 갖게 된 죄에 대한 경향을 인간의 '원죄'라고 부른다. 단순히 죄란 그것을 범한 인간만의 것이지만, 원죄는 모든 인간이 태어나면서부터 갖고 있는 죄이다.

다만, 크리스트교는 예수가 십자가 위에서 우리를 대신해 희생한 덕분에 원죄를 포함한 인간이 범한 모든 죄가 용서받았다고 생각한다. 그래서 일반인들도 크리스트교도가 되어서 세례를 받으면 용서받을 수 있다고 여긴다.

선악과나무 : 지혜의 나무라고도 부르는 나무. 신은 아담에게 이 나무의 열매를 먹어서는 안 된다고 금지했다.

041. 크리스트교의 천국 도시, 예루살렘

천국을 도회적인 도시의 이미지로 상상하는 경우도 있는데, 그 모델이 된 것은 '요한 묵시록'에 언급된 '새로운 예루살렘'이었다.

도시적인 이미지의 천국

크리스트교도들은 천국을 에덴동산과 같은 낙원이 아니라, 훨씬 도회적인 도시의 이미지로 상상하기도 했다. 이러한 천국의 이미지는 대부분의 경우 신약성서의 '요한 묵시록'에서 언급하고 있는 '새로운 예루살렘'에서 비롯된다. 예루살렘은 유대교와 크리스트교의 성지였고, 다윗의 성전이나 솔로몬의 성전같은 훌륭한 신전도 존재했던 곳이다. 그러나 기원전 70년에 로마에 의해 붕괴되어서 '요한 묵시록'이 쓰인 시대에는 예루살렘이 이미 존재하지 않았다.

그러나 요한 묵시록에 의하면 이 세상이 종말을 맞이하고 최후의 심판이 끝나면 그 후에 천계에서 미리 준비해둔 예루살렘 도시가 지상으로 내려온다고 한다. 신의 영광으로 빛나는 그 도시에는 높고 큰 성벽이 있으며 성벽에는 총 열두 개의 문이 있다는 것이다. 도시 전체는 사각형의 모양으로 그

새로운 예루살렘은 '요한 묵시록'에 등장하는 도시로 천계에 준비되어 있으며 최후의 심판이 끝난 후에 지상으로 내려온다.

길이와 폭, 높이가 모두 12,000스타디온이나 되고, 성벽의 높이는 144페키스나 된다. 또한 성벽은 벽옥(碧玉)으로 지어졌고, 도시 자체는 투명한 유리처럼 맑게 빛나는 순금으로 이루어져 있다고 한다. 성벽에는 열두 개의 받침돌이 있으며, 각각 특별한 보석으로 지어져 있다.

이것이 이른바 '새로운 예루살렘'의 모습이다. 많은 크리스트교도들은 사후에 가게 될 천국이나 최후의 심판을 받은 후에 가게 될 천국에는 이런 훌륭한 도시가 있으며 선택받은 자만이 이곳에서 살 수 있다고 믿었다.

천국에 새로운 예루살렘이 있다는 신앙은 12세기경부터 더욱 활발해졌다. 이 시기에 유럽 각지에서 도시가 부흥하기 시작했기 때문이기도 한데, 당시

새로운 천국에 대한 계시
성 베드로 놀라스코와 환시를 보여주는 천사. 프란시스코 데 수르바란(Francisco de Zurbarn)의 작품 '성 베드로 놀라스코의 환시'에 묘사된 천국은 예루살렘과 닮아있다.

사람들은 도시야말로 부유하고 풍요로운 생활을 실현할 수 있는 장소라고 생각했던 모양이다.

이러한 과정을 통해 사람들은 천국을 떠올리면 에덴동산과 같이 아름다운 정원이 있고, 그 안에 훌륭하게 정비된 도시국가의 성채(城砦)가 있다는 이미지를 갖게 되었다.

스타디온(stadion) : 고대 그리스 표준 단위로 1스타디온은 약 185cm 정도이다.
페키스 : 어깨에서 손가락 끝까지의 길이로 1패키스는 약 45cm가 된다.

042. 지고천 엠퍼리언

프톨레마이오스의 천동설이 널리 퍼지자 크리스트교도들은 신이 사는 천국을 일반적인 천계의 바깥쪽에 있는 지고천에 있다고 여겼다.

순결한 빛으로 만들어진 신성한 세계

천동설로 유명한 프톨레마이오스는 2세기에 알렉산드리아에서 활동한 천문학자지만 유럽의 크리스트교도들은 12세기경이 되고나서야 고대 학문에 주목하게 되었다. 그때부터 크리스트교도 사이에는 천국이 어디에 있는지에 대한 논의가 새삼스럽게 제기되었다.

천동설에 의하면 우주의 중심은 둥근 공 모양의 지구이며 그 주위를 두꺼운 껍질 같은 여덟 겹의 천구가 둘러싸고 있다. 제1천부터 제7천에는 각각 달, 수

프톨레마이오스

85년~165년. 우주의 중심에 지구가 있고, 태양과 혹성은 지구의 주변을 돌고 있다는 천동설을 주장한 유명한 그리스인 천문학자로 이집트의 알렉산드리아에서 활약했다.

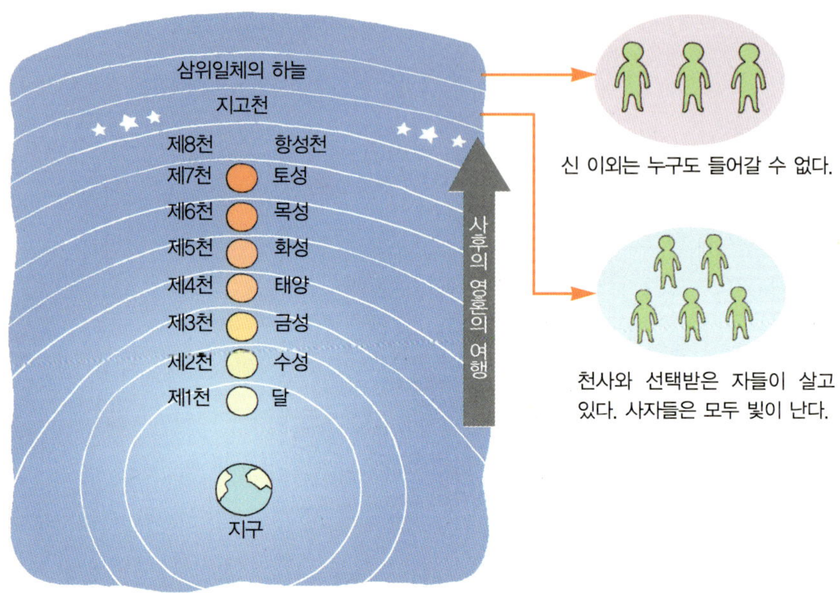

◉ 삼위일체란

- 4세기에 공인된 크리스트교의 기본적 교의
- 신은 '성부', '성자', '성령' 이라는 세 가지의 위격을 갖고, 각각 독립해서 나타날 수 있지만 결국은 하나라는 사상

성, 금성, 태양, 화성, 목성, 토성이 있고 이 천구들은 각각 다른 속도로 회전하고 있으며 그 바깥쪽에 항성과 함께 역방향으로 회전하는 제8천이 있다. 항성은 천구에 뚫린 구멍으로, 구멍 바깥쪽에서 빛이 들어온다고 생각했다.

이처럼 어느 정도 혹성의 구조를 알게 되자, 천구 내부에 천국이 있다고 주장하는 것이 어려워졌다. 그래서 가장 바깥쪽 천구인 황성천보다 더 바깥쪽에 신의 세계가 있고, 그곳에 천국도 있다고 생각하게 되었다.

신학자들이 생각하는 신의 세계는 빛이 흘러넘치는 2층 구조의 세계였다. 가장 위층은 신이 사는 곳으로 신 이외에는 누구도 들어갈 수 없는 특별한 세계로 '삼위일체의 하늘'이라고 불렀다. 그 아래층이 천사와 선택받은 자들이 사는 천국이었으며, 이를 지고천(至高天)이라고 불렀다.

지고천은 순수한 빛으로 가득 차 있는 눈부신 세계이다. 신에게 선택받은 영혼은 사후에 천계로 올라가 지고천에 도착하는데, 그곳 지고천에 들어선 사자의 영혼은 그 자체에서 빛이 나기 시작하며, 입고 있는 옷도 빛처럼 하얗게 변한다. 당시 사람들에게 빛은 단순한 물질이 아니라 신에게서 파생된 것이었다. 그래서 반짝반짝 빛난다는 것은 신성함을 증명하는 것이기도 했다.

마리아의 신성한 죽음
성령을 상징하는 새의 하강과 예수와 그 제자들이 축복을 내리는 장면은 마리아의 죽음이 숭고다는 것을 상징한다. 피사의 두오모 광장에 위치한 납골당에 있는 거대한 프레스코화는 1350년경에 완성한 베노초 고촐리(Benozzo Gozzoli) 작품이다.

043. 크리스트교에서
말하는 지옥

영원히 꺼지지 않는 불과 영원히 녹지 않는 얼음, 그리고 붉결한 구더기로만 상징되었던 초기 크리스트교의 지옥은 시간이 흐를수록 점점 세분화되었고 형벌도 다양해졌다.

영혼과 육체를 함께 괴롭히는 지옥

크리스트교에서 말하는 지옥은 죄를 지은 인간들이 사후에 영원히 고통 받는 장소이기도 하지만 악마(타락천사)도 고통 받는 장소이다.

묵시록 시대의 유대인들은 이렇게 고통 받는 장소를 '게헤나'라고 불렀다. 원래 게헤나는 이스라엘 예루살렘 남서쪽에 있는 계곡으로 '힌놈의 계곡'이라고 불렸다. 이곳은 신에게 아이를 바치기 위해 아이를 태우거나, 죄인의 시신을 태워 언제나 불이 끊이지 않는 계곡이었다. 때문에 '힌놈의 계곡'이 신약성서에서는 지옥을 의미하는 단어가 되었다.

지옥의 크기나 위치, 형벌의 종류에 대해 공식적으로 정해진, 공통적인 견해가 있는 것은 아니지만 어느 정도 비슷한 패턴은 있다. '마르코 복음서'는 지옥에서 받는 형벌을 '꺼지지 않는 불', '끊이지 않는 구더기'라고 말했다. '요한 묵시록'은 '불과 유황의 연못'이 영겁의 고통을 주고 있다고 했으며

신약성서에 나타나는 지옥

게헤나 → 어원은 '힌놈의 계곡'

예루살렘의 남서쪽에 있는 계곡으로 다른 종교의 신에게 바치는 제물로서 아이를 태우거나, 죄인의 사체를 태웠기 때문에 불이 끊이지 않는 장소였다.

신약성서에서 지옥을 뜻하는 단어가 됐다.

지옥의 기능

죄인이 사후에 영원의 형벌을 받는다.

악마(신에게 반역한 천사)가 영원의 형벌을 받는다.

지옥의 형벌(가톨릭의 분류)

감각의 형벌

- 영원의 불
- 영원의 얼음
- 불결한 구더기
- 그 외

상실의 형벌

신에게 버림받고 구원의 희망이 없는 것

소수파의 생각

지옥의 불꽃에는 벌을 정화하는 기능이 있다.

지옥에 떨어진 영혼은 소멸된다.

'에녹서'는 '얼음'의 형벌도 있다고 했다. 당시에는 영원히 꺼지지 않는 불과 녹지 않는 얼음, 그리고 불결한 구더기가 지옥에서 행하는 대표적인 형벌이라고 보았던 것이다. 그러나 2세기에 쓰여진 '베드로 묵시록'에서는 생전의 죄에 따라 사후에 가는 지옥이 세분화되어 형벌도 다양해졌음을 보여준다. 이 지옥관은 후세에 큰 영향을 주었다.

지옥에는 육체적인 고통뿐 아니라, 신에게 버림받고, 구원의 희망마저 잃어야 하는 영혼의 정신적인 고통도 존재한다. 그래서 가톨릭에서는 지옥의 형벌을 '상실의 형벌'과 '감각의 형벌'로 나누기도 한다.

3세기 무렵의 신학자 오리게네스는 지옥의 불꽃에는 죄를 정화하는 힘이 있어서 지옥에서도 영혼은 선을 향해 상승할 수 있다고 생각했다. 그런 사상에서 연옥이 탄생했지만 이는 어디까지나 소수파의 생각이었다. 이런 연유로 오리게네스는 사후 300년이나 흐른 후에 결국 파문당했다.

이 외에 지옥에 떨어진 영혼이 결국 소멸된다는 생각도 오래전부터 있었다.

악마(타락천사) : 신에게 반역해서 천계에서 추방당한 천사를 타락천사라고 하며, 악마와 동일시되는 경우가 잦았다.
가톨릭 : 로마 가톨릭 교회. 로마 교황을 최고의 지도자로 여기는 세계 최대의 크리스트교회이다.
오리게네스 : 185년경~ 254년경. 알렉산드리아에서 활동한 초기 크리스트교 신학자이다.

044. 림보

> 림보는 세례를 받지 않은 구약성서의 위인들과 태어나자마자 죽어 세례를 받지 못한 갓난아기들을 위해 신설된 새로운 명계다.

의인들이 가는 명계의 중간지대

림보는 천국처럼 행복이 가득한 낙원은 아니지만 지옥이나 연옥처럼 고통이 있는 곳도 아니다. 림보는 사자들의 영혼이 최후의 심판을 기다리는 대기 장소인데, 굳이 따지자면 쾌적한 명계 정도라 할 수 있다. 림보는 크리스트교에서 파생한 개념으로 프로테스탄트교에서는 연옥과 마찬가지로 림보의 존재도 인정하지 않는다.

크리스트교 사상을 엄밀하게 적용하면 사후에 천국으로 갈 수 있는 영혼은 단순히 생전에 올바르게 살았던 사람이 아니라 반드시 세례를 받은 크리스트교도여야만 했다. 하지만 그렇게 되면 구약성서에 등장하는 족장이

림보
림보에 있는 사람들을 구원하는 예수를 표현한 이 그림은 프라 안젤리코(Fra Angelico) 작품이다.

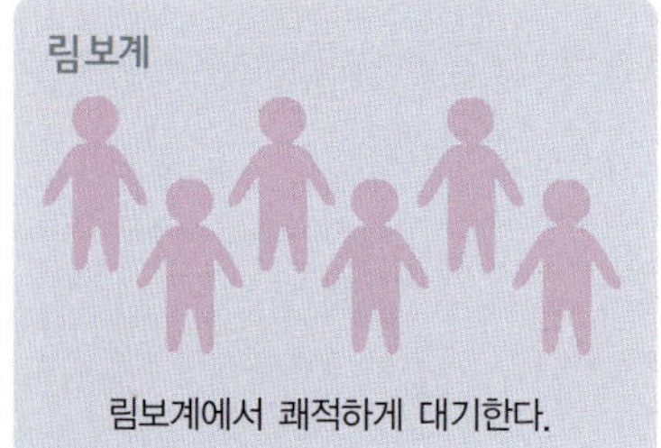

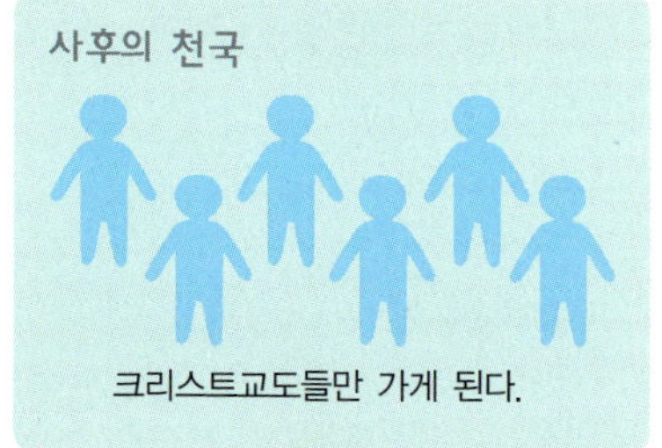

구약성서에 등장하는 아담과 이브와 위대한 족장, 예언자, 성인들에 관해서는 십자가 형에 처해진 예수 그리스도가 명부로 내려와 문을 부수고 그들을 해방시킨 후, 천국으로 불러들였다는 전설도 있다.

나 예언자들은 예수 그리스도 이전에 살았던 인물들이기 때문에 아무리 위
대한 인물이라도 천국으로 갈 수 없게 된다.

태어나자마자 죽은 아기 또한 이 세상에서 아무런 죄도 범하지 않았음에
도 지옥이나 연옥으로 가게 된다. 이런 사태를 피하기 위해 생겨난 것이 림
보이다. 림보는 연옥처럼 중세 이후에 새롭게 확립된 개념이었다.

림보의 기원으로 추측되는 명계는 성서 안에 존재했다. 예를 들면 신약
성서 '루카의 복음서(The Gospel According to Luke)'에 있는 '아브라함의 회
(懷)'가 그렇다. 루카의 복음서에는 다음과 같은 이야기가 있다.

매일같이 사치스럽게 놀면서 살고 있는 부자가 있었고, 이 집 앞에는 종기투
성이의 병이 난 몸으로 쓰러져 있는 가난한 라자로가 있었다. 그는 부자의 식탁
에서 떨어지는 부스러기로 배를 채우려고 그곳에 쓰러져 있던 것이다. 시간이
흐른 후 거지 라자로도 죽고 부자도 죽게 되었다. 죽은 라자로의 영혼은 명부
중에서도 '아브라함의 회(懷)'라는 쾌적한 장소로 인도되었지만 부자는 아브라
함의 회에서 바라볼 수 있는 불꽃의 고통이 가득한 지옥으로 인도되었다.

여기에서 '아브라함의 회'가 어떤 장소인지에 관해 뜨거운 논쟁이 시작되
었다. 라자로는 크리스트교도가 아닌 유대인이었으므로 그는 사후에 천국으
로 갈 수 없었기 때문이다. 오랜 논쟁 끝에 림보계가 구성되었고, 사람들은
림보를 믿게 되었다.

프로테스탄트교 : 16세기의 종교개혁 시대에 로마 가톨릭교에서 분파된 종교로, 로마 가톨릭교, 동방정교회와 함께 크
리스트교의 3대 세력이다.

045. 원죄를 씻어주는 연옥

> 매우 훌륭한 의인은 아니지만 지옥에 떨어질 정도로 죄인도 아닌 일반 크리스트교도의 영혼이 머무는 곳으로, 죄를 씻고 천국으로 들어갈 준비를 하는 명계다.

천국으로 들어가기 위해 죄를 정화하는 명계

연옥은 사자의 영혼에게 시련을 주어 원죄를 씻게 하는 명계다. 이곳에서 사자들은 천국으로 들어갈 준비를 한다. 연옥은 일시적인 명계로 최후의 심판이 있기 전까지만 존재하는 사후세계다. 그러나 프로테스탄트계의 크리스트교는 연옥의 존재를 인정하지 않는다.

오래전 크리스트교에서는 훌륭한 의인들은 사후에 천국으로 올라갈 수 있지만 죄인들은 지옥으로 떨어진다고 여겼다. 그렇게 되면 불완전한 인간에 지나지 않는 대다수의 크리스트교도들은 영원히 천국으로 들어갈 수 없게 되는데 그래서 결국 천국으로 들어가기 위한 준비를 하는 장소로 연옥이 생겨났다.

성서에는 연옥이라는 장소에 대해 명확히 기술하고 있지 않다. 그러나 어떤 종류의 지옥 불이 인간의 죄를 정화해주는 작용이 있다는 관념은 상당히

작은 죄를 범한 평범한 사람들

그대로는 천국으로 갈 수 없다.

지옥은 싫기 때문에 연옥으로

지옥의 불꽃으로 죄를 정화

올바른 사람이 된다.　　연옥

이로 인해서 천국에 갈 수 있게 된다.

천국

살아있는 자가 성모 마리아에게 기도한다.

사자가 연옥에서 머무는 기간이 짧아진다.

오래전부터 존재했다. 예를 들어 오리게네스는 지옥의 불에는 정화의 기능이 있다고 믿었기 때문에 지옥 불에 고통 받은 인간은 결국 정화되어 최종적으로는 신의 곁으로 돌아갈 수 있다고 생각했다.

아우구스티누스(354년~430년)는 모든 인간이 신의 곁으로 돌아갈 수 있다는 생각을 부정했지만 정화의 불이 있다는 것은 인정했다. 또한 교황 그레고리우스(540년경~604년)는 정화의 불이 있다는 것을 인정했을 뿐 아니라 쉐올에는 두 가지 공간이 있어서, 상층부는 의인들이 휴식을 취하는 곳이고, 하층부는 죄인이 고동 받는 지옥이라고 생각했다.

이러한 여러 사상들이 발전하여 연옥이 구체적인 사후세계의 한 장소로 존재하게 되었다. 연옥에 관한 신앙이 확대되어 가면서 생전에 성모 마리아에게 기도하면 사자가 연옥에 체류하는 기간이 단축된다는 신앙도 생겨났다. 13세기에 이르러서는 로마 가톨릭 교회도 정식으로 연옥의 존재를 인정하게 된다.

그러나 연옥에서 겪어야 할 고행과 그 모습까지 체계적으로 기술하여 연옥의 존재를 확고하게 만든 글은 역시 단테의 〈신곡〉이었다.

연옥의 사람들

지옥에서 고통받는 사자들과는 대조적으로 무표정하게 그려진 이들이 연옥에 머무르고 있는 사자들이다. 휴식을 취하고 있는 상층부의 의인들을 부럽게 바라보는 사람들을 볼 수 있다. 엘 그레코(El Greco)의 작품이다.

아우구스티누스 : 354년~430년. 북 아프리카의 히포 사교에 몸 담은 서방 크리스트교회 최대의 교부이다.
그레고리우스 대교황 : 540?~604년. 고대를 대표하는 교황으로 그레고리오 성가에 그 이름을 남겼다.
성모 마리아 : 예수의 어머니이며, 로마 가톨릭교, 동방정교회에서 특별한 존재로 숭배되었다.

046. 천년왕국

천년왕국은 종말이 오기 전 천 년 동안만 지상에 존재하는 천국으로, 매우 물질적이고 현실적인 행복을 주는 세계다.

물질적인 행복으로 넘쳐나는 지상의 천국

신약성서의 '요한 묵시록'에 의하면 이 세상이 종말을 맞고 천 년 후에 영원의 천국과 영원의 지옥이 출현하기 전까지 정확히 천 년 동안 지상에는 그리스도가 지배하는 왕국, 즉 메시아(구세주)의 왕국이 실현된다고 한다. 왕국이 실현되기 직전에 천사 한 명이 악마를 깊은 연못에 봉인해버리기 때문에 그 천 년의 시대에는 악이 존재하지 않는다고 한다. 그리고 순교자들이 부활하여 그리스도와 함께 메시아의 왕국을 지배한다고 한다. 이것이 바로 천년왕국이다.

4세기가 되면서 크리스트교는 천년왕국이 존재한다는 사실을 부정했다. 하지만 그 전에는 물론이며 그 이후에도 크리스트교도 사이에는 천년왕국을 기다리는 자가 많았다. 스스로 올바르게 살았음에도 불구하고 박해당한 사람이나, 살면서 충분히 행복을 누리지 못했다고 생각하는 사람들이 특히 그랬다.

메시아의 왕림, 천사가 악을 봉인한다. → 천년왕국

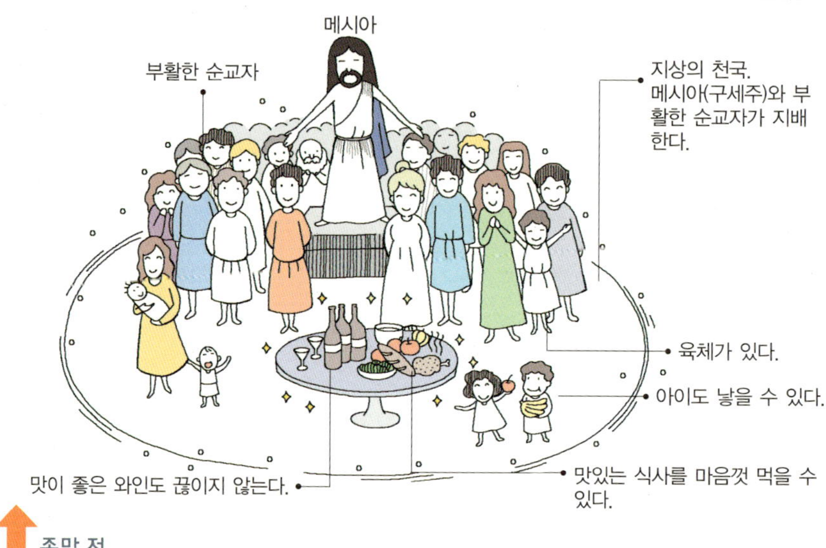

종말 전

세계의 종말 → 최후의 심판 → 영원의 천국

종말 후

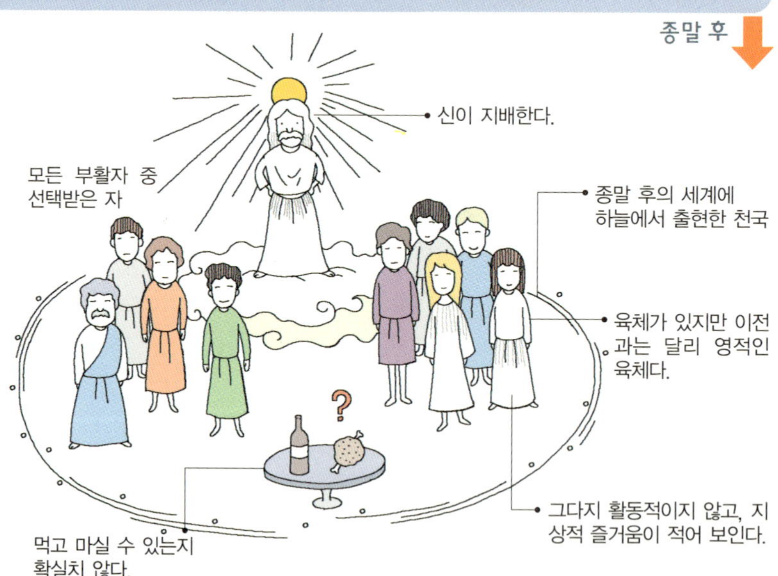

당시에는 영원의 천국에 사는 영혼은 육체를 가질 수 있지만, 그 육체는 지상에서 가지고 있던 육체와 달리 신비하고 순수해서 영적인 느낌이 든다고 생각했다. 이렇게 생각한 이유는 영원의 천국 자체가 주는 비현실적인 느낌 때문이었을 것이다. 사람들은 영원의 천국이 종말 후에 나타나는 세계이기 때문에 현실과 거리가 멀다고 느꼈다. 하지만 천년왕국은 달랐다.

천년왕국은 그들에게 이 지상에 실제로 존재할 왕국으로 매우 물질적이고 현실적인 행복을 누릴 수 있는 세계였다. 2세기에 리옹 지역의 사교(司敎)를 맡고있던 이레나이우스는 천년왕국이 펼쳐지면 순교자들이 부활하여 완벽하게 이상적인 환경 속에서 살게 된다고 주장했다. 그가 말하는 천년왕국은 포도주와 곡물이 풍부하여 맛있는 식사를 언제든지 풍요롭게 즐길 수 있는 곳이었고, 천년왕국에 사는 여자들은 모두 다산을 할 수 있었다. 또 모두가 불로불사여서 죽음의 두려움도 없었다. 그는 현실세계에서 희망했음직한 완전한 행복을 충분히 누릴 수 있다고 주장했다.

교회에서 천년왕국설 자체를 금지했음에도 불구하고 많은 사람들이 천년왕국을 영원의 천국 이상으로 꿈꾸었으며 천년왕국이야말로 가장 이상적인 천국이라고 생각하는 사람들이 그 후에도 끊이지 않았다.

메시아(구세주) : 세계에 평화를 가져온다고 믿는 신적 구제자로 그리스어로 '크리스토스'다.
사교(司敎) : 대종교에서 교의회를 통해 공개적으로 선출하는 교직의 하나
이레나이우스 : 130년경~202년. 소아시아 출신으로 초기 크리스트교회의 중요한 교부(敎父)이다.

047. '에티오피아어 에녹서'에서 말하는 천국과 지옥

'에티오피아어 에녹서'에 의하면 사후 명계도, 영원의 천국과 지옥도 지상 어딘가에 존재한다. 그리고 세계의 바깥쪽에는 악마를 위한 지옥도 있다고 한다.

최후의 심판장으로 가기 전에 머무는 곳

구약성서의 외전(僞典, 정전과 내용이 다른 성서)인 '에티오피아어 에녹서'는 8세기에 완성되었지만, 이 문서의 토대가 된 '에녹서'는 이미 기원전 3세기경에 완성된 유대교의 경전이었다.

'에티오피아어 에녹서'의 주요 내용은 성인 에녹이 환상 속에서 라파엘과 우리엘이라는 천사에게 인도를 받아 천국과 지옥을 보고, 이 세상에 대한 모든 것을 들었다는 이야기다.

'에녹서'에 의하면 천계에 있는 신의 궁전은 수정으로 만들어졌고, 지붕은 별과 번개가 지나가는 길과 닮았다고 한다. 그리고 그 한가운데에는 천사 케루빔이 지키고 있다.

세계는 원형으로 이루어졌으며 세계의 끝에는 폭풍이 매우 거칠게 불어대는 장소와 태양이 저무는 불기둥 등이 있다. 또 모든 바람의 창고와 땅의 귓

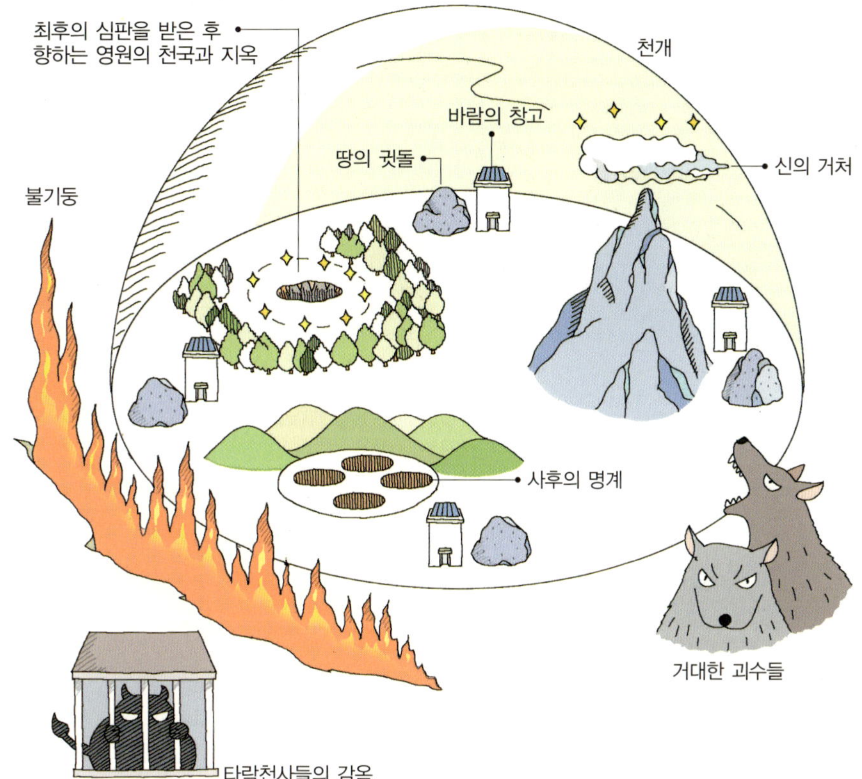

돌(지대나 축대 등의 귀퉁이에 쌓는 돌)이 있으며, 땅과 천개(天蓋)를 지지하는 네 개의 바람 기둥과, 태양과 별들을 회전시키는 바람 등이 있다.

그곳에서 아득하게 먼 반대편에는 땅이 갈라진 깊은 부분이 있는데 그곳은 하늘이 모이는 장소로 하늘을 받치는 불기둥이 서 있다. 또한 그 건너편에는 하늘도 땅도 없이 황량한 공간이 펼쳐져 있는데, 이곳에는 루시퍼를 비롯한 타락천사들의 감옥이 있다. 에녹서에는 인간이 죽은 후에 영혼이 향하는 장소가 지상 어딘가에도 있다고 언급되어 있다. 그곳은 크고 높은, 단단

최후의 심판이 열리는 곳
최후의 심판 날에 부활한 사자들이 신의 심판을 받게 되는 재판장. 신을 중심으로 좌우로 천사들과 의인들이 질서있게 배열해 있다. 신의 재판장을 중심으로 좌우로 명확하게 나뉘어진 천국과 지옥이 보인다. 베노초 고촐리(Benozzo Gozzoli) 작품이다.

한 산으로 안에는 바닥이 평평한 네 개의 움푹 패인 웅덩이가 있다고 한다. 이 웅덩이는 혼을 분별하기 위한 것으로 죽은 자의 영혼을 순교자의 영혼, 일반적인 의인의 영혼, 타인에게 살해당한 피해자의 영혼, 죄인의 영혼으로 분류한다. 이 영혼들은 최후의 심판을 받기 전까지 이 명계에서 영혼의 분류에 따라 각각의 웅덩이에 체류하면서 각기 다른 상벌을 받으며 생활을 한다.

최후의 심판을 받는 날이 오면 모든 사자들은 부활하여 신의 심판을 받는다. 이 심판에서 선택받은 자는 천국으로, 선택받지 못한 자는 지옥으로 가게 된다. 영원의 천국과 지옥은 더욱 깊은 곳에 있다. 그곳은 천지에 나무들이 풍성하게 자라는 축복받은 땅(천국)이지만, 그 숲 한가운데에는 저주받은 깊은 계곡(지옥)이 있다. 그리고 천국에 있게 된 자들은 깊은 계곡을 들여다보며 바닥에서 영원히 고통 받는 죄인들을 구경한다.

에티오피아어 에녹서 : 구약성서 외전에 포함된 '에녹서'를 에티오피아어로 번역한 것으로 에티오피아 정교에서는 현재까지도 이것을 경전으로 쓴다.
에녹 : 창세기에 등장하는 성인으로 산 채로 하늘로 올라갔다는 전설이 있다.

048. '슬라브어 에녹서'에서 말하는 천국과 지옥

'슬라브어 에녹서'에 의하면 7층으로 되어 있는 천계의 제3천에는 에덴동산과 같은 천국이 있으며 동시에 암흑의 불이 이글거리는 지옥이 있다.

제3천에 있는 천국과 지옥

구약성서의 외전인 '슬라브어 에녹서'는 1세기경에 완성된 유대교의 경전이다. 성인 에녹이 천계에 올라가, 세상의 비밀을 들었다는 주제를 다루고 있는 것은 '에티오피아어 에녹서'와 같지만 천계의 구성과, 천국과 지옥의 위치 등 구체적인 내용에는 상당한 차이가 있다.

'슬라브어 에녹서'에 의하면 천계는 7층으로 구성되어 있다. 가장 아래인 제1천에는 별의 운행을 담당하는 200명의 천사들이 살고 있다. 또 눈, 얼음, 구름, 이슬을 저장하는 곳이 있으며 이 창고를 담당하는 천사들도 살고 있다. 제2천에는 신을 배신한 타락천사들이 살고 있는 지옥이 있다.

제3천에는 일반적으로 말하는 천국과 지옥이 함께 존재하며 천국은 남쪽에 있다. 천국은 마치 에덴동산처럼 녹음이 우거지고 풍요로운 정원으로 언제나 향기 좋은 바람이 불어오며 네 개의 강과 생명의 나무도 있다. 그리고 빛나는 천사

◎ 제3천에 있는 천국과 지옥

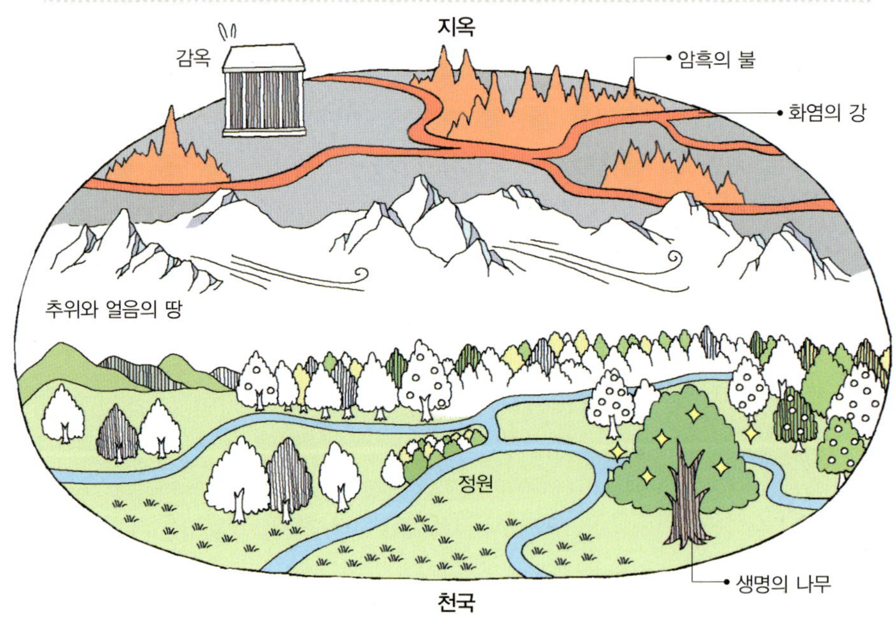

들은 이 천국을 지키고 있다. 이 천국의 북쪽에 어둠과 안개로 뒤덮여 빛이 없는 지옥이 있다. 지옥은 항상 암흑의 불이 타오르고 있기 때문에 계속해서 화염의 강이 밀려든다. 또한 이곳에는 춥고 얼음이 녹지 않는 땅이 있으며, 죄수를 가둘 감옥도 있다.

지옥에서는 잔혹하고 무자비한 천사들이 무기를 들고 인정사정없이 죄인들을 괴롭히는 일이 계속된다.

이어서 제4천은 태양과 달의 운행을 지배하는 하늘로, 이 일을 담당하는 천사들이 살고 있는 곳이다. 제5천은 에그리고리(그리고리)들의 지옥이 있는 곳으로 여기에서 이들은 참회의 날들을 보낸다. 창세기에 의하면 노아의 홍수 이전에 많은 천사들이 신을 배신하고 지상으로 내려와 인간의 딸들과 결혼했는데 그 천사들이 바로 에그리고리다.

제6천은 대천사들이 사는 곳으로 그들은 여기에서 세계의 질서, 별, 태양, 달의 운행을 감시하고, 다른 천사들에게 지시를 내린다. 마지막으로 제7천은 신의 거처이다. 제7천의 중앙에는 왕좌가 있고, 신의 시중을 드는 많은 천사들이 왕좌를 감싸고 있다.

천국을 지키는 천사들
벽면을 가득 메운 밝고 선명하게 채색된 천사 그림은 베노초 고촐리(Benozzo Gozzoli)가 메디치가의 작은 예배당을 장식하기 위해 그린 프레스코화이다.

슬라브어 에녹서 : 구약성서 외전에 포함된 에녹서를 슬라브어로 번역한 것이다. 에티오피아어로 번역된 에녹서와는 구체적인 내용에서 상당한 차이가 있으며 원본 그대로 번역하지 않은 것으로 추정된다.
에그리고리(그리고리) : 그리고리는 '신의 자식', '감시자' 등의 의미가 있다.

049. ‘베드로 묵시록’에서
말하는 지옥

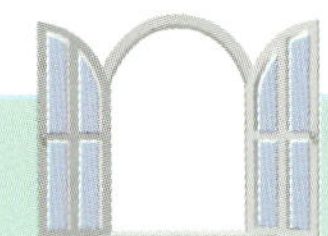

죄의 정도에 따라 지옥의 고통이 다양한 단계로 나누어진다는 신앙은 ‘베드로 묵시록’에서 시작되었고, 이내 중세 유럽으로 퍼졌다.

지옥의 징벌

신약성서의 외전인 ‘베드로 묵시록’은 2세기경에 완성된 크리스트교의 경전이다. 그리스도가 베드로에게 최후의 심판 날이 왔을 때 어떤 일들이 일어날지를 이야기하는 내용으로 이루어진 이 경전은 지옥에 대한 묘사가 구체적이고 상세한 것이 특징이다.

‘베드로 묵시록’에 의하면 심판의 날이 왔을 때 모든 사자들은 게헤나(지옥)에서 해방되어 부활한다고 한다. 부활한 사자들은 이어 신의 판결을 받게 되는데 이때 선을 행한 자들은 신에게 선택받아 구름 위로 올라가지만, 그렇지 못한 죄인들은 자신이 저지른 죄에 따라 대지의 구멍으로 떨어져 그 안에서 벌을 받게 된다.

진리를 비난한 자들이 떨어지는 구멍에서는 죄인들이 자신의 혀로 매달린 채 맹렬하게 타오르는 불에 태워진다. 진리를 부정한 자들이 떨어지는 지옥

◉ 베드로가 본 천국과 지옥

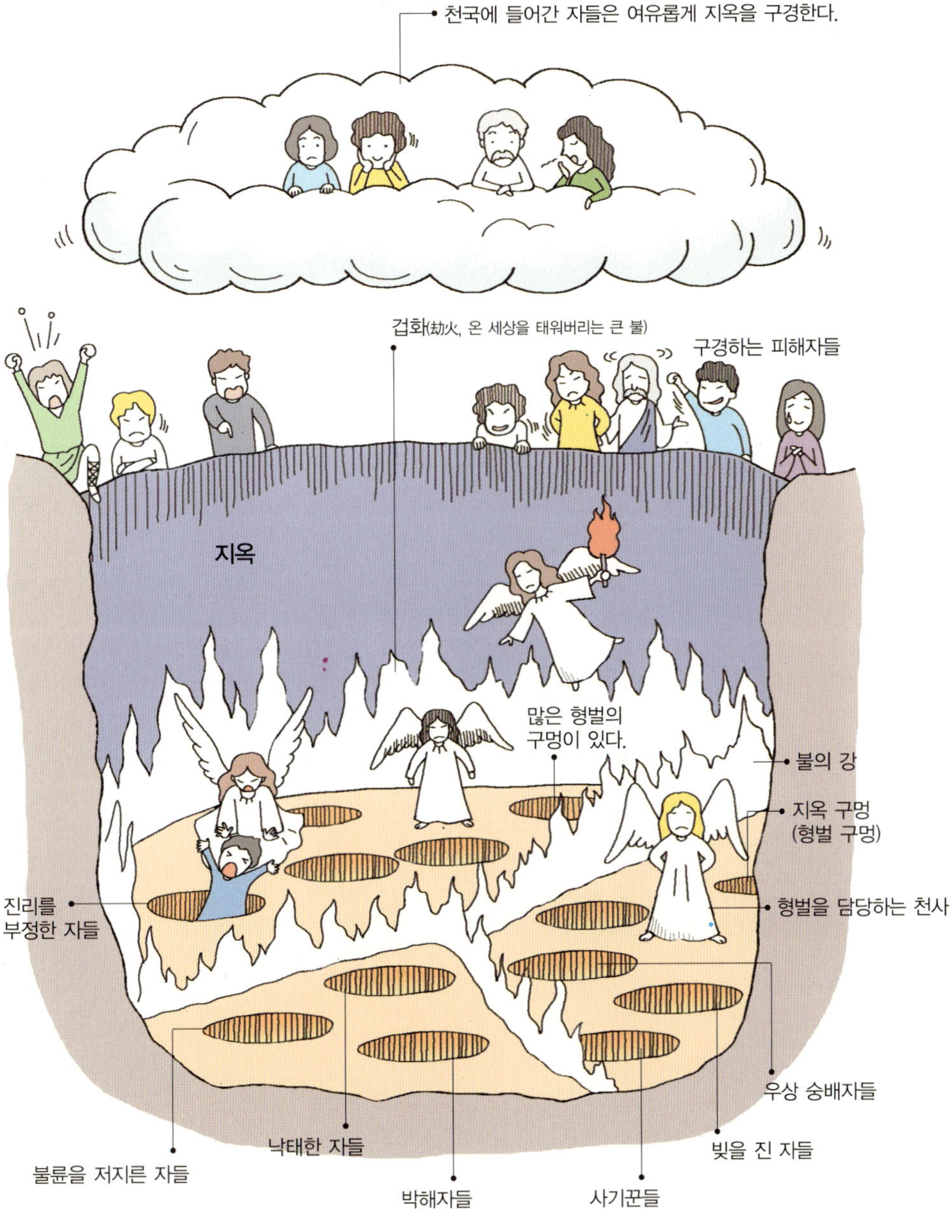

천국에 들어간 자들은 여유롭게 지옥을 구경한다.
겁화(劫火, 온 세상을 태워버리는 큰 불)
구경하는 피해자들
지옥
많은 형벌의 구멍이 있다.
불의 강
지옥 구멍 (형벌 구멍)
진리를 부정한 자들
형벌을 담당하는 천사
우상 숭배자들
낙태한 자들
빚을 진 자들
불륜을 저지른 자들
박해자들
사기꾼들

은 형벌의 천사들이 항시 주변을 감시하며 불을 떼고 있다.

남자를 유혹해서 불륜을 저지른 여자들은 자신의 머리카락으로 매달린채 불에 태워지고, 이 여자들과 관계를 맺은 남자들도 같은 구멍에서 고통을 받는다. 그중에서도 가장 무서운 지옥은 신이 만든 작품, 즉 아이를 낙태한 여자들이 떨어지는 구멍이다, 이 구멍은 다른 구멍보다 훨씬 깊고 크며, 분뇨를 포함하여 세상에서 가장 더럽고 혐오스러운 것들이 사방팔방에서 흘러든다. 죄인들은 이 더러운 것들 속에 목까지 잠긴 채로 무서운 고문을 받는다. 게다가 그 구멍 정면에는 어지들이 낙태한 이기가 앉아있는 징소가 있어서, 아기들이 죄인들의 눈에 섬광을 비춰 눈에 구멍을 낸다.

‘베드로 묵시록’에는 이런 지옥의 관리자로 4대 천사 중 한 명인 우리엘 외에 에즈라엘의 이름도 거론되고 있다. ‘베드로 묵시록’에는 이 외에도 여러 개의 지옥과 그에 따른 고문의 형태가 있다. 어찌되었건 이 경전을 통해 죄에 따라 지옥의 고통에도 여러 단계가 있다는 것을 명확하게 알 수 있다. 여기에 나타난 지옥의 이미지는 후에 중세 유럽인들의 사후세계관에 막대한 영향을 끼친다.

대천사 우리엘(Uriel)
레오나르도 다 빈치가 그린 ‘암굴의 성모(Virgin of the Rocks)’ 중 일부. ‘하나님의 불꽃’ 이란 뜻을 갖는 우리엘은 아담과 이브를 에덴동산에서 쫓아낸 천사, 불칼을 사용하는 천사, 헤로데왕으로부터 예수의 사촌 요한을 구한 천사 등으로 알려져 있다.

베드로 : 예수의 수제자이자 사도들의 리더였던 인물이다. 바티칸의 성 베드로 대성당은 ‘베드로의 묘’ 라고 전해지는 장소 위에 지어졌으며 로마 가톨릭 교회에서는 베드로를 초대 교황으로 여기고 있다.
에즈라엘 : 분노의 천사이며 죄인을 지옥으로 던져 떨어뜨린다.

050. '바울 묵시록'에서 말하는 천국과 지옥

'바울 묵시록'은 천국과 지옥을 두 종류로 나누어서 일시적인 것과 영원한 것이 있다고 보았다. 이는 후세의 지옥관에 가장 큰 영향을 미쳤다.

중세 유럽에 가장 큰 영향을 준 지옥

신약성서의 또다른 외전인 '바울 묵시록'은 3~4세기에 완성된 크리스트교 경전이다. 주된 내용은 신의 인도로 천계로 올라간 바울이 천사의 안내를 받아 사후세계의 심판을 지켜보고 천국과 지옥까지 둘러본 후 돌아와서 들려주는 이야기다. 이는 중세 유럽의 지옥관에 가장 큰 영향을 주었다.

'바울 묵시록'에 의하면 제7천 중 제3천이 천국이며 그 황금의 문을 들어서면 성인 에녹과 엘리야가 있다고 한다. 천계 최하층에 위치한 제1천은 청공(푸른 하늘)으로 하늘의 입구가 있는 곳이다. 그 근처에 아케론 강이

바울

초기 크리스트교 최대의 이론가이다. 열성적인 유대교도로 크리스트교를 박해했지만 극적으로 마음을 돌려 이방인 전도에 종사했다. 신약성서에 그가 쓴 열세 통의 편지가 포함되어 있다. 헤브라이명은 사울이다.

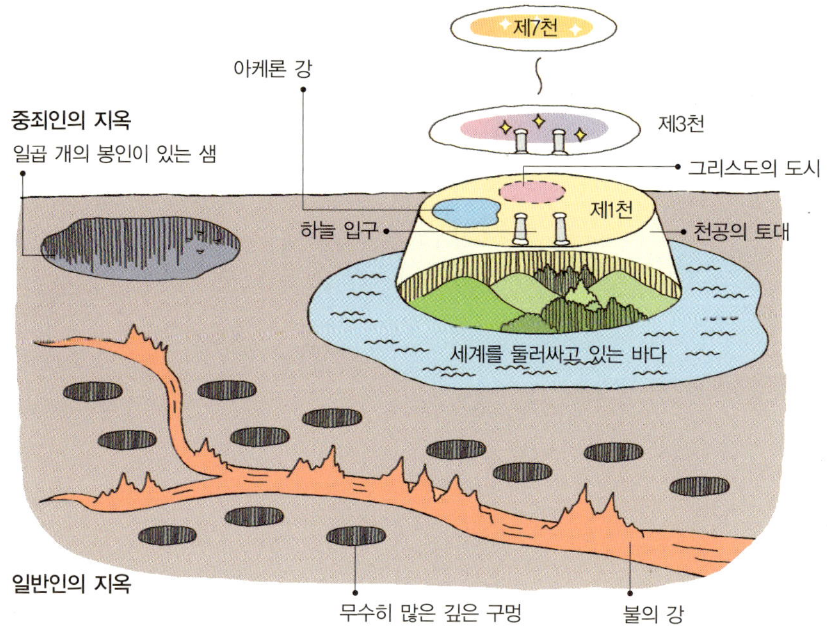

있으며, 매우 밝은 '약속의 땅'도 있다. 이 약속의 땅은 세계가 끝났을 때 나타나는 곳으로 이곳이 바로 천 년 동안 그리스도의 지배를 받을 천년왕국의 토지다. 일종의 천국이라고도 볼 수 있다. 청공 안에는 그리스도의 도시가 있으며 이사야, 예레미야, 에제키엘 등의 예언자들이 살고 있다. 북쪽에는 아브라함, 이삭, 욥 등이 살고 있다.

하늘의 입구 바깥쪽으로 하늘을 구성하는 토대가 만들어져 있고, 서쪽의 해가 저무는 곳을 넘어가면 땅 전체를 덮고 있는 바다가 나온다. 그 바다의 바깥쪽이 지옥이다. '바울 묵시록'에 나타나는 지옥은 빛이 들지 않는 매우 어두운 곳이다. 형벌의 천사 타르타르크스는 이곳에서 사후의 심판을 받은 죄인의 영혼을 건네받아 지옥으로 보낸다. 지옥에는 불의 강과 깊은 구멍이 무수히 많아 죄인은 자신의 죄에 따라 지옥의 구멍으로 들어가 그곳에서 고문을 담당하는 천사들에게 고통을 받는다.

주목할 만한 것은 일반 죄인이 가는 지옥 외에도 중죄인을 위한 지옥이 별도로 존재한다는 것이다. 중죄인을 위한 지옥은 일반 지옥보다 훨씬 북쪽에 있는 셈으로 일곱 개의 봉인이 감싸고 있다. 지옥 내부는 불길과 악취가 넘쳐나며, 이곳에서 받는 형벌은 일반 지옥보다 일곱 배나 크다고 한다. 이처럼 두 종류의 지옥이 있다는 생각이 시대가 흐르면서 연옥을 만든 토대가 되었으리라고 추측된다.

한스 멤링(Hans MEMLING)의 '최후의 심판'
부름을 받아 천국으로 들어가는 이들의 반대편에는 불이 훨훨 타오르는 지옥 구멍으로 떨어지는 영혼들이 고통에 찬 비명을 지르고 있다.

051. 〈신곡〉에 나타난 사후세계

단테의 서사시 〈신곡〉은 크리스트교의 사후세계를 그린 최고의 걸작으로 지옥, 연옥, 천국의 모습을 장대하면시도 성세하게 그리고 있다.

크리스트교의 명계를 그린 최고의 걸작

크리스트교도들은 고대부터 사후세계에 관해 다양한 이미지를 만들어왔다. 이탈리아 최고의 시인 단테(1265년~1321년)의 서사시 〈신곡〉은 그 가운데에서도 최고의 작품이라고 할 수 있다.

〈신곡〉의 주인공은 35세의 단테 자신으로 정확히 1300년의 부활절에 우연히 베르길리우스를 만나 약 일주일에 걸쳐 지옥, 연옥, 천국을 여행하는 이야기다. 이 여행은 성(聖) 목요일의 밤부터 시작된다.

길을 잃고 어두운 숲속을 헤매던 단테 앞에 고대 시인 베르길리우스가 나타난다. 그가 이 여행의 최초 안내자이다. 단테는 베르길리우스의 안내를 따라 지옥과 연옥을 여행하기 시작한다.

지옥은 지구의 북반구 지하, 정확히 예루살렘의 바로 아래에 있으며 거대한 깔때기 모양을 하고 있다. 내부는 다양한 구역으로 나뉘어 있으며, 그곳에서 죄인의 망령들이 자신의 죄에 대한 심판을 받고 있다. 단테는 지옥의 광경을 구석구석 살피고 상세하게 묘사하면서 더 깊은 곳으로 내려간다.

그리고 깔때기 모양의 가장 아랫부분인 악마대왕이 있는 장소에 도착한다. 그곳은 바로 지구의 중심에서 중력을 모으는 장소다. 악마대왕이 있는 곳에는 아주 가는 터널의 입구가 연결되어 있어서, 그 터널을 통과하면 남반구로 나갈 수 있다. 그 출구는 정확히 예루살렘의 반대쪽을 향하며 터널 끝에는 높이 치솟은 연옥산이 있다.

단테
1265년~1321년. 피렌체 출생으로 청년시절부터 시인으로 활약하고 1290년대부터는 시정에도 참여했다. 그러나 정적(政敵)의 음모에 빠져 1302년에 추방당하고 나머지 세월 동안 방랑의 생활을 보냈다. 죽기 직전에 〈신곡〉을 완성했다. 산드로 보티첼리(Sandro Botticelli)의 작품이다.

이윽고 연옥산의 정상까지 단테를 인도한 베르길리우스는 꼭대기에서 단테와 이별하고 젊은 나이에 세상을 떠난 단테의 첫사랑 베아트리체에게 단테를 맡긴다. 안내자의 역할을 넘겨받은 베아트리체는 단테를 천계로 인도한다. 천계는 전부 10층으로 이루어져 있으며, 베아트리체는 단테를 9층까지 안내한다. 최후의 제10천, 즉 지고천은 성 베르나르가 안내한다.

이렇게 지고천의 중심에서 마침내 삼위일체의 신비를 목격할 때까지의 과정이 〈신곡〉의 전체 줄거리를 이룬다. 단테의 여행 과정 중에 묘사되는 지옥, 연옥, 천국의 장대한 모습은 크리스트교적인 세계관에서 비롯된 것으로 그 내용이 매우 구체적이고 흥미롭다.

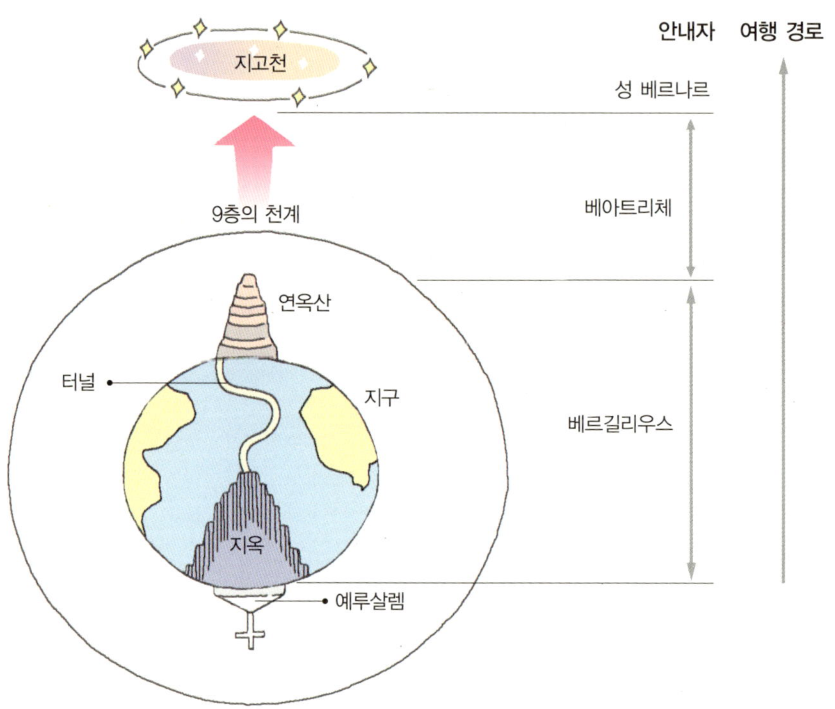

◉ 단테의 사후세계 여행 안내자

베르길리우스	서사시 〈아이네이스〉로 유명한 기원전 1세기의 고대 로마 시인이다. 지옥과 연옥의 안내자로서 최적의 인물이지만, 크리스트교도가 아니기 때문에 천국에는 갈 수 없었다.
베아트리체	단테의 동갑내기 첫사랑이며 영원의 여성이다. 아홉 살 때 그녀를 처음 만난 단테는 열여덟 살에 그녀와 다시 재회하면서 사랑에 빠진다. 그러나 그녀는 은행가와 결혼하고 스물다섯의 젊은 나이에 죽는다. 〈신곡〉에서 그녀는 신학을 상징한다.
성 베르나르	1090년~1153년. 아름다운 문체를 구사해 '꿀 같이 단 혀를 가진 박사'라고 불린 프랑스의 신비주의적인 크리스트교 사상가이며 성인이다. 크레루보에 사원(수도원)을 세우고 수도의 생활을 보냈다. 〈신곡〉에서 그가 제10천의 안내자가 된 것은 신학만으로 신을 따라서는 안 되며 신을 인식하고 사랑하는 것이 중요하다는 것을 상징하고 있다.

'지옥의 심연(The Abyss of Hell)'
보티첼리가 단테의 〈신곡〉에 붙인 삽화 연작 중의 하나로 채색된 몇 안 되는 작품. 〈신곡〉에 묘사된 지옥의 전체적인 모습을 상상할 수 있게끔 한다.

지옥으로 단테를 안내하는 베르길리우스(왼쪽), 천계로 단테를 안내하는 베아트리체(가운데), 지고천으로 안내하는 성 베르나르(오른쪽)

052. 〈신곡〉에 그려진 지옥

전체가 아홉 구역으로 나누어진 〈신곡〉의 지옥은 예루살렘 바로 아래에 있다. 거대한 깔때기 모양을 하고 있으며 가장 아랫부분은 지구의 중심에까지 이른다.

광대하고 깊은 3차원의 지옥

단테의 〈신곡〉에서 그려진 지옥은 평면적으로 넓어질 뿐 아니라 깊이 또한 장대한 3차원의 지옥이었다. 이 지옥은 지구 북반구의 지하, 정확히 예루살렘의 바로 아래에 있으며 거대한 깔때기 모양이다. 가장 아랫부분은 지구의 중심에까지 이르며, 그 중심에 악마대왕이 있다.

단테에 의하면 악마대왕은 원래 천계에서 가장 아름다운 천사였던 루시퍼다. 그러나 그는 자신이 가장 뛰어나다고 자만한 나머지 천계에서 추방당했고 악마가 되어 지구로 떨어졌다. 이때 루시퍼의 몸이 닿는 것을 피하기 위해 대지가 뒤틀리면서 대지에 깔때기 모양의 금이 생겼다고 한다. 낙하한 루시퍼는 죄의 무게 때문에 지구의 중심까지 떨어져 지구의 가장 밑에 쳐박힌 것이다.

이 깔때기 모양의 지옥은 동심원 모양으로 아홉 개의 지옥계곡이 있으며, 죄가 무거운 인간일수록 하층 지옥으로 떨어진다. 상당히 거대한 지옥계곡

◉ 단테가 묘사한 지옥
지옥의 문
아케론 강
림보
음탕한 짓을 저지른 죄인들의 지옥
탐욕을 부린 죄인들이 있는 지옥
인색하고 낭비 심한 죄인들이 있는 지옥
분노한 죄인들의 지옥
스틱스 강
이교도들이 있는 지옥
상층 지옥
하층 지옥
하데스의 마을
이웃, 자신, 신에 폭력을 가한 죄인들이 있는 포학지옥
플레게톤 강
자살자의 숲
사막의 황야
색정을 만족시키기 위해 죄를 저지른 자들이 있는 지옥
아첨한 죄인들이 있는 지옥
성직을 매매한 죄인이 있는 지옥
마법을 사용한 죄인이 있는 지옥
뇌물 수수를 한 죄인들이 있는 지옥
위선을 부린 자들이 있는 지옥
절도를 범한 자들이 있는 지옥
권모술수에 능한 죄인들이 있는 지옥
불화와 분열을 조장한 이들이 있는 지옥
허위, 위조를 저지른 죄인들이 있는 지옥
악마대왕
반역지옥
카이나(친족을 배반한 죄인들)
안테노라(조국을 배반한 죄인들)
프톨레메오(동료를 배반한 죄인들)
주데카(은인을 배반한 죄인들)

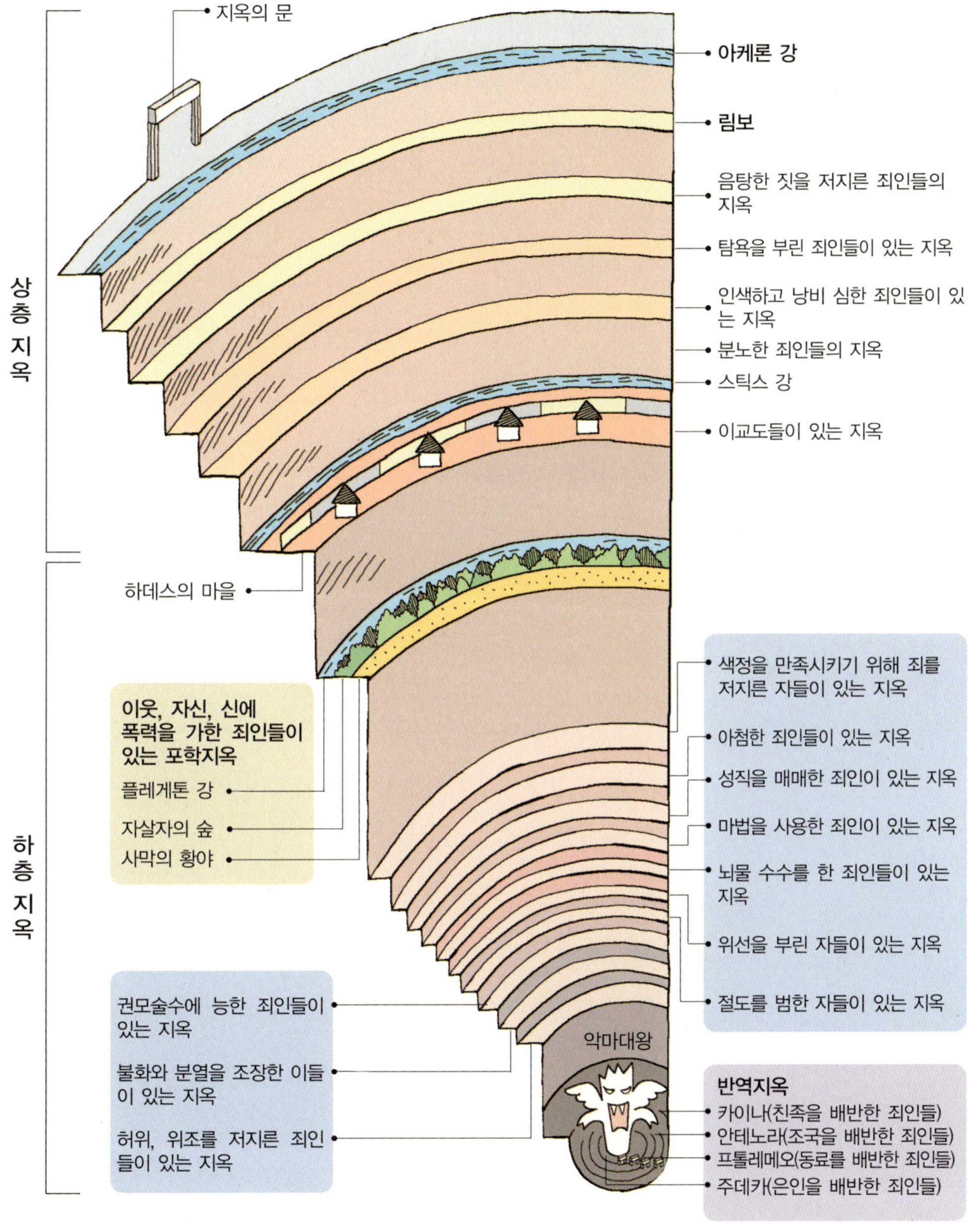

땅속으로 처박히는 천사

추락하는 악마를 내리치는 천사들과 암흑의 깊은 구멍으로 떨어지고 있는 악마의 표정이 대조적이다. 위의 천사들은 신의 명령을 직접 수행하는 천사들로 악마들과 끊임없는 싸우면서 하늘 군대를 이끄는 대천사들로 보인다. 마르코 도 지오노(Marco d'Oggiono) 작품

도 있으며, 내부가 더욱 복잡한 동심원 형태로 나뉜 곳도 있다.

지옥에서 죄인들이 받는 고통도 천차만별이다. 폭군들이 떨어지는 포학(暴虐, 횡포하고 잔악함)지옥만해도 세 종류로 나뉜다. 제1원은 펄펄 끓는 피가 흐르는 플레게톤 강으로 폭군들이 당장이라도 빠질 것 같은 모습으로 괴로워하는 지옥이, 제2원은 자기 자신에게 폭력을 가한 자가 떨어지는 자살자의 숲으로 자살자들이 숲의 나무가 되어 있다. 숲에는 괴조(怪鳥) 하르피아가 날아다니면서 끊임없이 나뭇잎과 가지를 쪼아먹으며 자살자들을 괴롭힌다. 제3원은 신과 자연과 예술작품에 폭력을 가한 자들이 떨어지는 열사의 지옥으로 초목이 한 그루도 없는 황량한 사막이며 하늘에서 불덩이가 쏟아져 사자의 영혼을 괴롭힌다.

최하층에 있는 반역지옥에는 카이나, 주데카 등의 지옥이 있다. 이곳에는 가장 중죄를 범한 자들이 얼음 속에 묻혀있다. 그리스도를 배신한 유다는 악마대왕에게 머리부터 먹혀서 다리만이 입 밖으로 나와 있다.

카이나 : 육친을 살해한 자가 떨어지는 지옥으로, 아담과 이브의 장남 카인의 이름에서 유래했다. 카인은 동생 아벨을 살해하고 최초의 살인(육친 살인)을 범한 인물이다.
주데카 : 위대한 은인을 배신한 자가 떨어지는 지옥으로 그리스도를 배신한 유다의 이름에서 유래했다.

단테가 여행한 지옥(위)
〈신곡〉 중 베르길리우스의 안내로 돌아본 지옥의 구덩이들을 겹겹이 표현한 이 그림은 지옥에서 받는 온갖 종류의 고통을 보여준다. 도메니코 디 바르톨로메오(Domenico di Bartolomeo)의 '단테의 신곡'이라는 작품이다.

최후의 심판(아래)
지옥으로 떨어진 사람들이 고통을 당하고 있는 장면이다. 사탄에게 잡아 먹히고, 톱질을 당하고, 거꾸로 매달리거나 억지로 먹는 고문을 당하는 모습 등 지옥에서 받는 온갖 고통을 볼 수 있다. 지오토 디 본도네(Giotto di Bondone)의 '최후의 심판' 일부

053. 〈신곡〉에 나타난 연옥

> 연옥산에 있는 일곱 개의 환도(環道)를 올라가면서 다양한 시련을 이겨내면
> 죄인의 죄가 씻기고, 천국으로 가는 문이 열린다.

〈신곡〉으로 확고부동해진 연옥

단테의 〈신곡〉에서 연옥이 묘사된 후 연옥의 존재는 더욱 확고부동하게 각인되었다. 연옥은 바다로 둘러싸인 연옥산에 있고, 높게 치솟은 연옥산은 예루살렘에서 보면 지구의 안쪽에 위치해 있다.

그 산에는 사후 영혼에게 시련을 주기 위한 일곱 개의 환도가 있다. 연옥으로 향하게 된 사후의 영혼은 일단 로마의 티베레 강가에 모여서 배를 갈아탄다. 배의 키를 잡고 있는 천사는 이 배를 연옥산으로 몬다.

연옥산의 입구에는 베드로의 문이 있다. 문 앞에 서면 문지기 천사가 검 끝으로 영혼의 뺨에 일곱 개의 P자를 적어넣는다. 이 P는 Peccato(죄)의 첫 글자로 일곱 개의 대죄를 의미한다. 영혼이 다양한 시련을 겪으며 환도를 하나씩 통과할 때마다 각 환도를 지키고 있는 천사가 그 문자를 지워주는데, 이 문자가 지워질 때마다 몸이 가벼워져서 연옥의 환도를 지나는 것이 점점 편안해진

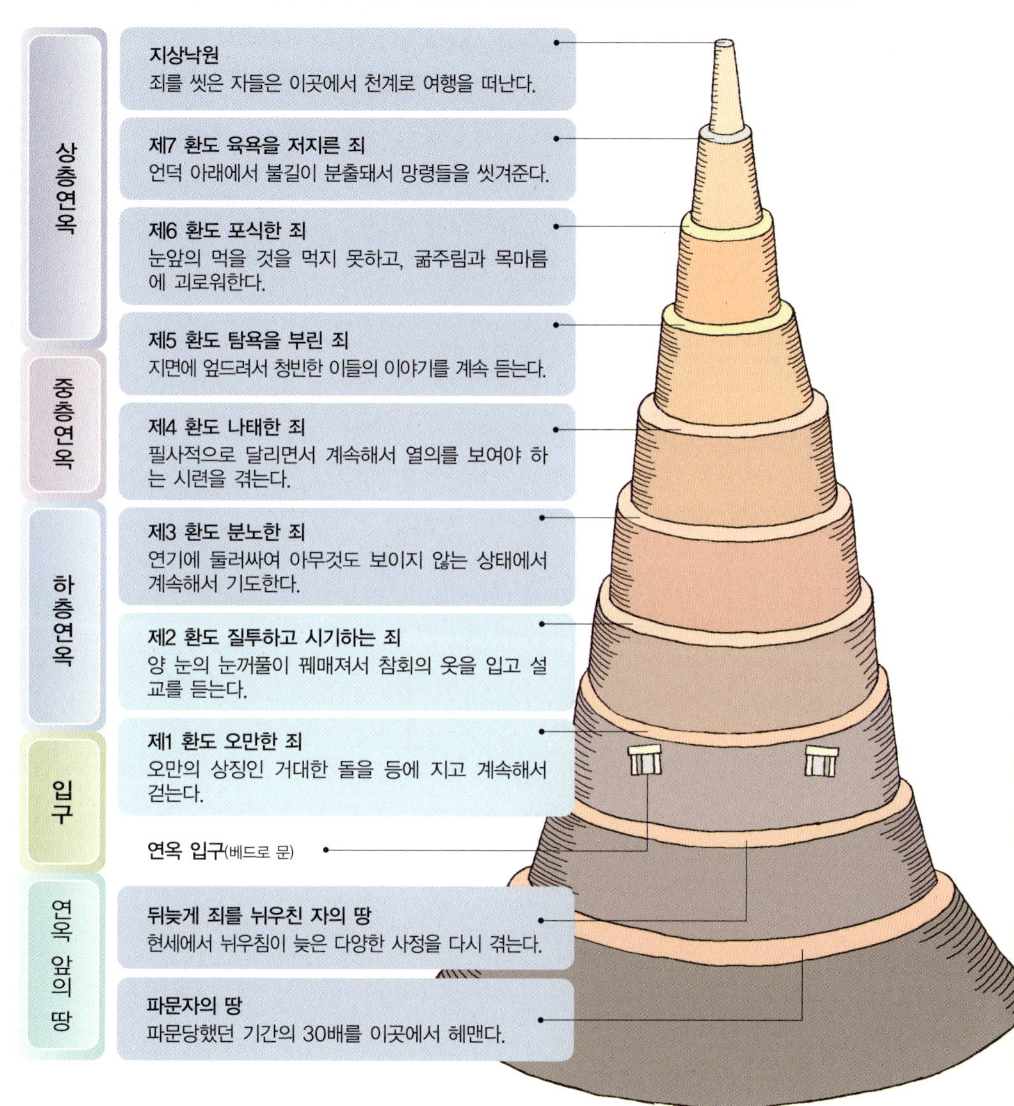

연옥산에 오르는 데도 자격이 필요하며, 그것을 갖추지 못한 자는 당분간 연옥에 머물러야 한다.

연옥을 배경으로 서있는 단테
도미니코 디 미켈리노 작품으로 단테가 자신이 쓴 〈신곡〉을 들고 서있다. 지옥과 반대 구조를 이루는 연옥에는 교회를 부정하다 회개한 이들과 회개를 미루고 있던 영혼들이 머무른다.

다. 그리고 최종적으로 일곱 개의 환도를 통과하면 모든 죄가 씻기고 천국으로 갈 수 있는 자격이 주어진다. 이때 죄를 씻은 영혼을 위해 연옥산 전체가 지진이 난 것처럼 크게 흔들리며 다른 영혼들은 합창을 해준다고 한다.

그런데 영혼마다 연옥에서 죄를 씻기 위해 필요한 기간이 각각 다르다. 명계를 여행하던 도중에 단테와 알게 되고, 결국에는 단테와 함께 천국으로 가게 된 로마시대의 시인 스타티우스는 제4의 환도에서 400년, 제5의 환도에서 500년을 보냈다고 한다.

각 환도를 지나는 영혼에게 죄가 다 씻겼는지를 알려주는 사람은 없다. 오로지 본인이 자신의 죄가 씻겼음을 스스로 자각하는 것이며 그것을 자각한 자는 환도를 떠날 수 있게 된다. 또한 자신의 죄와 관계가 없는 환도는 벌을 받지 않고 그냥 통과할 수도 있다. 이렇게 해서 죄를 씻은 영혼은 산 정상에 있는 지상낙원을 통해 천계로 올라갈 수 있게 된다고 단테는 〈신곡〉에서 말하고 있다.

티베레 강 : 이탈리아에서 두 번째로 긴 강이며 로마를 지나 티레니아바다로 흘러간다. 로마를 창시했다고 알려진 전설 속의 쌍둥이 형제 로물루스와 레무스가 이 강에 버려졌다는 이야기가 있으며 그 외에도 다양한 전설이 있다.
스타티우스 : 45년~96년. 나폴리 출신의 고대 로마의 시인으로 서사시 '테바이스' 등의 작품이 있다.

054. 〈신곡〉에 나타난 천국

〈신곡〉의 천국은 프톨레마이오스가 말한 우주와 맞닿아 있는 곳으로 지구를 중심으로 일곱 개의 혹성천과 항성천이 있고 그 바깥쪽에 빛과 음악으로 넘쳐나는 눈부신 지고천이 펼쳐져 있다고 한다.

빛과 음악으로 넘쳐나는 행복의 세계

단테는 〈신곡〉에서 천국을 빛과 음악이 넘쳐흐르는 행복한 세계라고 말했다. 단테가 말하는 천국 구조의 기본적인 뼈대는 지구를 중심으로 행성이 공전한다는 프톨레마이오스의 천동설과 맞닿아 있다. 즉, 천동설처럼 지구를 중심으로 안쪽부터 달, 수성, 태양, 화성, 목성, 토성을 위한 일곱 개의 천구(天球)가 있고, 그 바깥쪽에는 항성을 위한 천구가 둘러싸고 있다고 전제하는 것이다. 다만 〈신곡〉에서는 그 바깥쪽에 원동천과 지고천이 있어서 총 10천이 된다.

각 천마다 가지고 있는 열 개의 하늘은 그대로 천국의 계층을 의미한다. 덕이 높은 영혼일수록 위쪽 하늘에 배치된다.

제9 원동천에는 아홉 계급으로 나누어진 천사들의 무리가 있다. 그들은 지고천 상공의 한가운데에서 뻗어 나오는 신의 빛에서 힘을 얻는데, 빛을 중심

◉ 단테가 본 천계

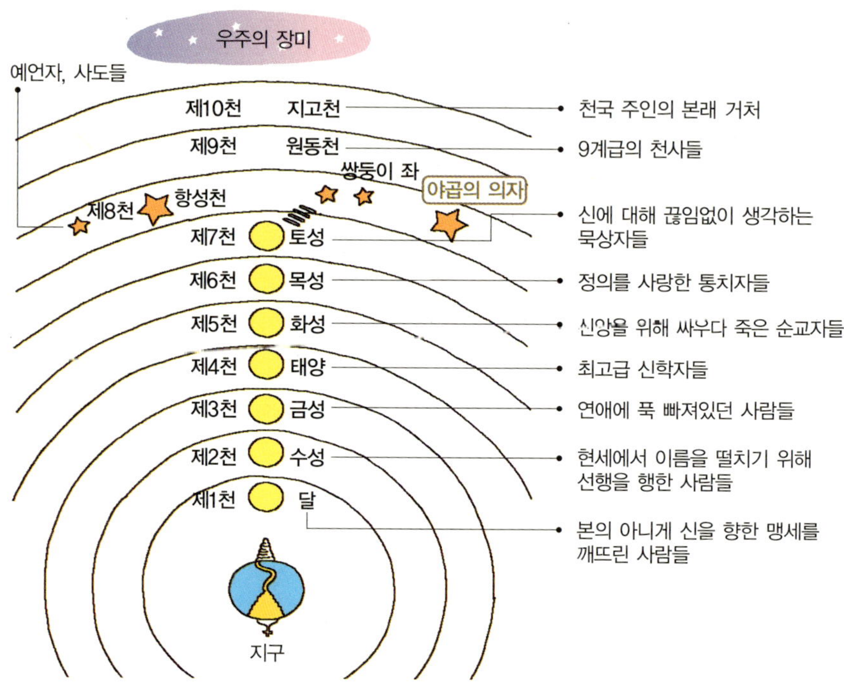

우주의 장미
예언자, 사도들
제10천   지고천 ——— 천국 주인의 본래 거처
제9천   원동천 ——— 9계급의 천사들
쌍둥이 좌
아곱의 의자
제8천 항성천
제7천 토성 ——— 신에 대해 끊임없이 생각하는 묵상자들
제6천 목성 ——— 정의를 사랑한 통치자들
제5천 화성 ——— 신앙을 위해 싸우다 죽은 순교자들
제4천 태양 ——— 최고급 신학자들
제3천 금성 ——— 연애에 푹 빠져있던 사람들
제2천 수성 ——— 현세에서 이름을 떨치기 위해 선행을 행한 사람들
제1천 달 ——— 본의 아니게 신을 향한 맹세를 깨뜨린 사람들
지구

◉ 원동천에 있는 아홉 계급의 천사들

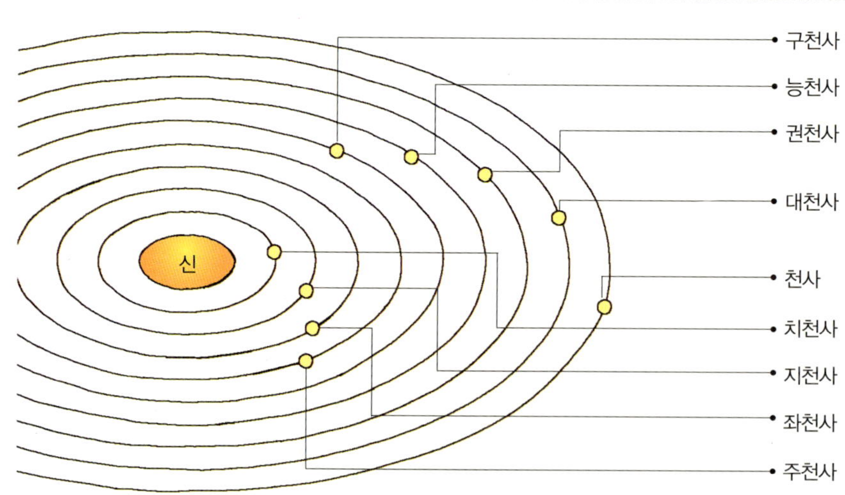

구천사
능천사
권천사
대천사
천사
치천사
지천사
좌천사
주천사
신

악마와 싸우는 일을 맡은 능천사(왼쪽)
신의 전령으로 일하는 대천사(가운데)
지천사와 천사(오른쪽) : 지천사는 얼굴만 가진 형태로 표현된다.

으로 그들 자체가 아홉 개의 화륜(火輪)이 되어 영광의 빛을 둘러싸듯이 회전한다. 이들의 회전력이 원동천 아래의 9천구를 회전시키는 힘이 된다.

천계 최상층의 지고천은 빛의 바다와 다름없는 장소로 중앙에는 빛을 발산하는 거대한 장미꽃이 피어 있다. 이 장미꽃이야말로 각 하늘에 배치된 천국의 주인들이 사는 거처이며, 장미 꽃잎 하나하나가 그들의 좌석이다. 이 장미 꽃잎 좌석 중에는 공석도 있는데 그것은 이후에 천국으로 오게 될 사람들을 위한 것이다.

이 장미꽃의 중심은 신의 왕좌이며, 눈부신 빛이 뿜어져 나오는 원천이다. 이 빛의 중심으로 들어가면 같은 색과 같은 크기의 장미 세 송이가 있다. 세 송이, 즉 3이라는 숫자는 삼위일체의 신비를 상징한다.

야곱의 의자 : 야곱은 구약성서 창세기에 등장하는 유대민족의 중요한 족장 중 한 명이다. 꿈속에서 천계로 이어진 사다리를 봤다는 이야기가 '창세기'에 수록되어 있다. 사람들은 천국으로 들어가기 위해서 이 야곱의 의자를 올라가야 한다고 믿었다.

055. 〈실낙원〉에 나타난 천국과 지옥

태초의 우주에는 아무것도 없었으며 광활한 혼돈의 바다가 있었고, 그 양극에는 빛나는 천국과 업화(業火, 지옥의 맹렬한 불)가 타오르는 암흑의 지옥만이 존재했다.

우주의 바깥쪽에 있는 천국과 지옥

존 밀턴(1608년~1674년)의 〈실낙원〉은 천계에서 추방당해 지옥으로 떨어진 타락천사 루시퍼가 신에게 복수를 하기 위해 에덴동산에 있던 아담과 이브를 타락하게 만들었다는 크리스트교적인 이야기이다. 그런데 이 이야기 속에 그려진 우주와 천국, 지옥은 과거의 것과는 상당히 다르다.

이야기는 우주의 저 멀리에 천국과 지옥만이 존재한다는 이야기로 시작된다. 그 주변은 완전한 혼돈의 세계이기 때문에 어떤 의미에서 보면 우주조차 존재하지 않았

반역천사 루시퍼(Lucifer)
구스타브 도레(Paul Gustave Dore)가 밀턴의 〈실낙원〉에 그린 삽화. 반역죄로 어둠 속 세계로 떨어진 루시퍼가 사탄의 궁전인 복마전에서 천사의 무리를 규합, 천국을 도로 찾기 위한 회의를 하는 장면이다.

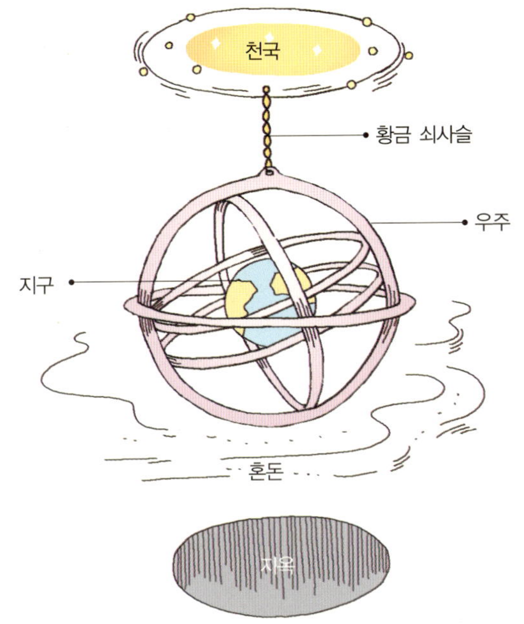

루시퍼가 천국에서 추방당했을 때에도 우주는 아직 창조되지 않았으며, 천국과 지옥 이외의 세계는 혼돈(카오스)의 바다였다. 그 후 천국에서 뻗어 나온 황금 쇠사슬에 매달린 우주가 만들어졌다.

◉ 밀턴이 생각한 지구

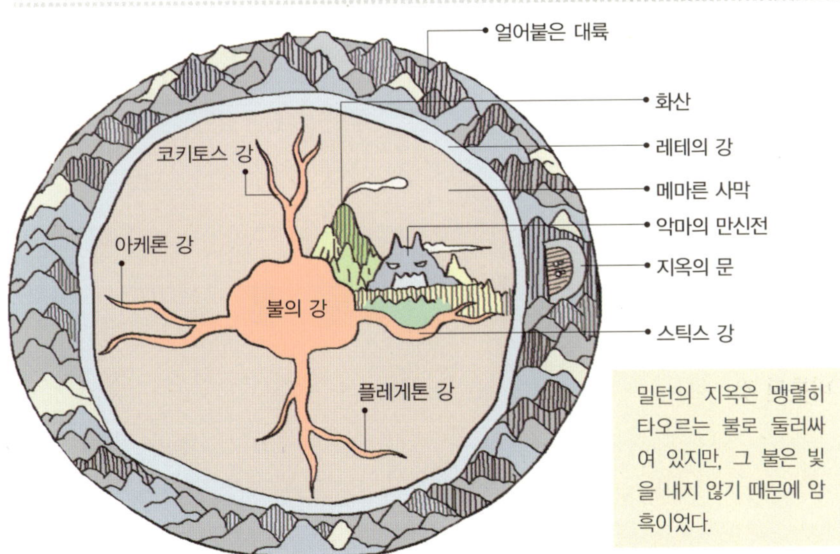

밀턴의 지옥은 맹렬히 타오르는 불로 둘러싸여 있지만, 그 불은 빛을 내지 않기 때문에 암흑이었다.

다고 볼 수 있다. 〈실낙원〉은 천국이 이런 황폐한 우주에 반해 행복이 가득한 눈부신 세계이며, 순수한 신의 세계라고 표현하고 있다. 그곳은 수많은 천사들이 신에게 예배하는 대교회와 같다.

반대로 지옥은 넓고 커서 끝이 없으며, 황량하고 업화가 불타고 있는 암흑의 세계다. 지옥의 중심에는 불의 강이 있고, 스틱스 강, 아케론 강, 코키토스 강, 플레게톤 강이 중심을 향해 흘러들어온다. 그 주변으로 메마른 사막지대가 넓게 펼쳐져 있으며 레테의 강이 미로처럼 흐르면서 사막지대를 에워싸고 있는데, 사막지대 바깥은 얼어붙은 대륙이다. 또 불의 강 주변에는 불의 산이 있는데 그 옆에는 루시퍼와 동료 악마들이 거대하고 화려한(악의) 신전을 짓고 있다.

신은 이런 천국과 지옥 사이에 인간이 사는 지구를 중심으로 아홉 개의 천구를 가진 우주를 만든다. 이 우주는 프톨레마이오스의 천동설과 같은 구조를 이루며, 천국과 연결된 황금 쇠사슬에 매달려 있다. 마치 혼돈 속에 매달려 있는 것처럼 말이다.

이렇게 보았을 때 〈실낙원〉이 그려놓은 천국과 지옥은 지구 안에 존재하기는커녕, 지구를 포함한 우주에서도 한참 떨어진 곳에 있어 보인다. 〈실낙원〉에 의하면 최후에 심판의 날이 오면 이 우주는 불타 없어진다고 한다. 대신 새로운 하늘과 새로운 땅이 나타나 새로운 세계를 이루고 그 세계에는 선택받은 자만이 살 수 있다고 전했다.

존 밀턴 : 1608년~1674년. 셰익스피어를 잇는 영국의 문학자이자 시인이다. 젊었을 때는 서정시를 쓰고, 청교도 혁명에도 참가했다. 1652년에 실명하고, 양쪽 눈이 다 멀었으면서도 구술 필기로 〈실낙원〉, 〈복낙원〉, 〈투사 삼손〉의 대작을 완성했다.

지오토 디 본도네(Giotto di Bondone)의 '최후의 심판'

이탈리아 파도바의 스크로베니 성당(아레나성당) 내부를 장식한 프레스코화. 출입문이 있는 서쪽 벽 전체를 차지하고 있는 이 작품은 심판자 예수, 예수의 12제자, 천국으로 올라가는 사람들, 지옥으로 떨어지는 사람들을 묘사하고 있다.

056. 스베덴보리가 말한 영계(靈界)

스베덴보리는 영계의 환경은 령 자신의 내면이 반영된 그대로이며, 악인의 영혼이 모이는 장소기 지옥, 선인의 영혼이 모이는 곳이 천국이 된다고 했다.

자신의 내면이 그대로 반영되는 사후세계

심령적인 체험을 여러 번 경험하고 돌아와 사후세계에 관한 책을 남긴 신학자가 있다. 책 제목은 〈천국과 지옥〉이며 저자의 이름은 18세기의 스웨덴인 스베덴보리다.

그가 남긴 저서에 따르면 사후에 인간의 영혼이 향하는 영계는 하늘이나 지하 등의 자연계에 있는 것이 아니라 전혀 별개의 차원에 있다. 이 차원은 영적인 차원으로 영계의 환경은 영혼 자신의 내면이 반영되어 정해지기 때문에 개인마다 천차만별로 달라질 수 있다. 때문에 최고로 훌륭한 천국도, 최악의 고통스러운 지옥도 존재한다.

스베덴보리가 보았던 영계에는 천국과 지옥 외에 중간지대가 있다. 현세에서 특별히 선량했던 인간은 사후에 곧바로 천국으로 향하고, 유난히 사악했던 인간은 곧바로 지옥으로 가게 되지만 그렇지 않은 대다수의 영혼은 반

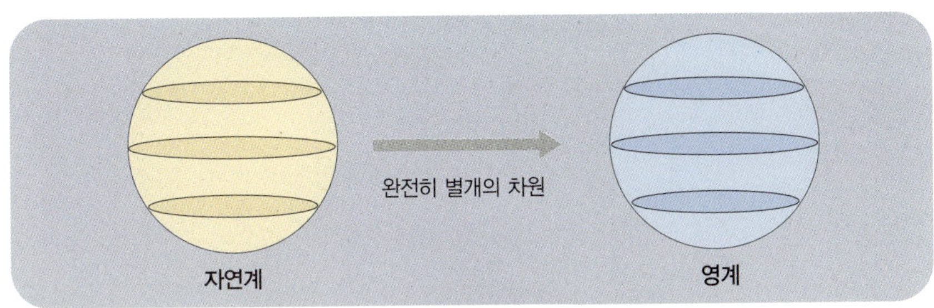

스베덴보리가 말하는 천국과 지옥의 특징

영계의 환경은 모두 영혼 자신의 내면의 반영이다. 천국인지 지옥인지는 영혼 자신이 그 성향에 의해 자연스럽게 선택한다.

◉ 천국과 지옥의 구성

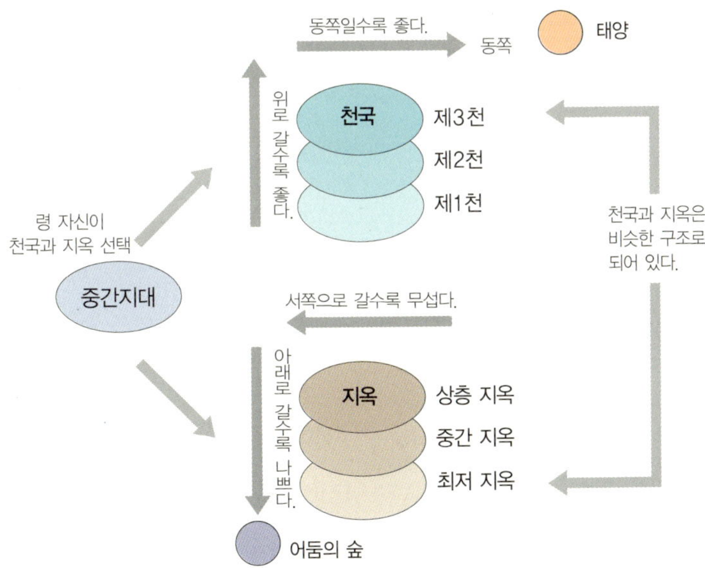

드시 이 중간지대를 거치게 된다.

이 중간지대에서 영혼의 천국행과 지옥행이 결정된다. 그러나 사후에 심판이 있는 것은 아니다. 단지 이 영계에는 닮은 영혼들이 자연스럽게 모인다는 법칙이 있기 때문에 선량한 영혼과 악한 영혼이 자연스럽게 구분된다는 것이다. 영계의 환경과 겉모습에는 모두 영혼 자신의 내면이 반영되기 때문에 사악한 영혼들이 모이면 자연스럽게 그 외견도 사악한 분위기를 띠게 된다.

이렇게 해서 선한 영혼들이 모이는 곳은 천국이 되고 악한 영혼들이 모이는 곳은 지옥이 된다. 스베덴보리가 말하는 사후세계는 령 스스로가 천국과 지옥을 결정하게 되는 것이다.

이 천국과 지옥에는 여러 공통점이 있는데 그중 가장 주요한 공통점은 천국과 지옥이 똑같이 세 개의 층으로 구분된다는 것이다. 천국의 최고천인 제3천은 최저 지옥과, 제2천은 중간 지옥과, 최저천인 제1천은 상층 지옥과 비슷한 구조를 이루고 있다. 또한 한 계층 안에는 무한히 작은 규모의 사회가 여러 개 있는데, 이 개수 역시 천국과 지옥이 일치한다. 세 개로 나뉘는 계층의 배치도 대칭관계에 있다. 다만 천국에서는 태양이 있는 동쪽을 중심으로 모든 것이 위치하기 때문에 뛰어난 영혼일수록 동쪽에 위치하지만 지옥에서는 그 반대로 악한 영혼일수록 서쪽에 위치한다.

각 계층에서는 북쪽에 위치할수록 가장 무서운 곳이며, 지옥 서쪽의 바깥쪽과 북쪽의 바깥쪽에는 어두운 숲이 있어서 아주 사악한 영혼이 짐승처럼 헤매고 다닌다는 이야기도 전해진다.

스베덴보리

스웨덴의 신비사상가로 처음에는 자연과학자로 출발했다. 1745년 이후 영적 세계와의 교류에 의해 성서의 영적 의미를 밝히고자 하는 사명에 눈을 떴으며 〈천국과 지옥〉 외에 여러 저서가 있다.

057. '예수 그리스도후기성도 교회'와 영계

> 천국과 지옥이라는 장소적인 구별이 없는 이들의 사후세계는 자신의 사악함을 고뇌하면서 점점 올바른 신앙의 길로 나아가 어느 수준에 다다르면 신도될 수 있다는 믿음을 가지고 있었다.

사후에도 진보하게 된 인간의 영혼

예수 그리스도후기성도 교회(약칭 LDS)는 모르몬교라고 불리는 경우가 많은데 이는 정식 명칭이 아니다. 예수 그리스도후기성도 교회는 1830년에 창설된 새로운 크리스트교의 한 종파로 이들이 믿는 사후세계는 독특한 특징을 지닌다.

그들은 사후세계도 진보적으로 해석하여 인간의 영혼이 사후에도 계속 좋은 방향으로 발전할 수 있다고 믿었다.

LDS에 따르면 인간은 본래 영적이었으나 영원히 발전할 수 있는 어떤 조건을 충족하기 위해 이 세상에 태어난다고 한다. 여기서 LDS가 제시하는 조건은 LDS의 성스러운 의례와 의식을 받아들이는 것이다. 그러나 탄생하면서 영계의 기억이 제거되기 때문에 이 세상에 태어나 얻은 인생은 본인의 자유에 맡겨지며 죽으면 다시 영계로 돌아온다.

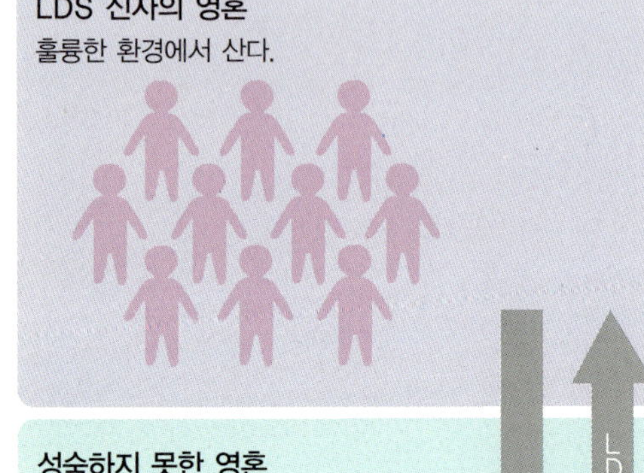

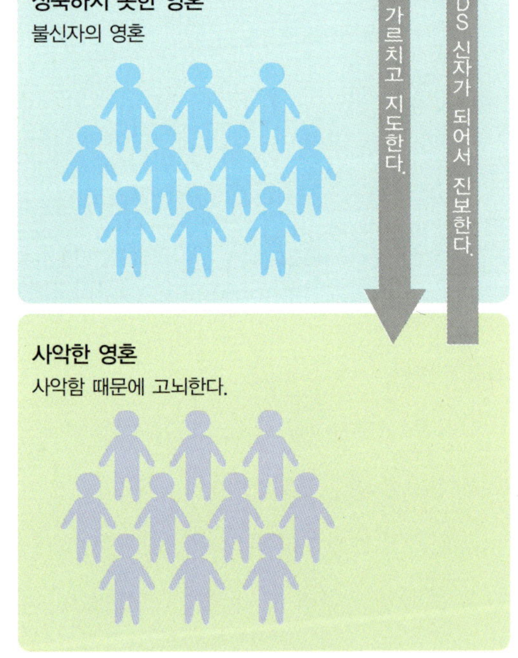

예수 그리스도후기성도 교회에서는 사후의 심판은 없다. 아무리 사악한 자일지라도 사후의 영혼은 영계로 들어가고, 노력하면 신이 될 수도 있다. 그러나 최후의 심판이 오면 영원의 천국과 지옥이 구분된다.

그런데 이 영계에는 천국과 지옥이 따로 없다. 다만 사악한 자들은 서로 모여들어서 자신들의 사악함에 관하여 고뇌하고, 선한 자들과 LDS 신도들은 쾌적한 환경에서 살아갈 수 있다는 차이만이 있다. 그리고 사후 심판이 없기 때문에 사악한 영혼도 LDS의 신자가 되면 성장할 수 있다. 그 때문에 생전에 LDS 교도였던 영혼은 영계에서 성숙하지 못한 자와 불신자들을 가르치고 지도한다. 이런 봉사에 의해서도 영혼은 발전한다.

그러나 영혼이 지속적인 진보를 하기 위해서는 생전에 LDS의 의례를 반드시 거쳐야만 한다. 그래서 이 세상에서 의식을 받지 못한 영혼들을 위해 살아있는 신자가 그 의식을 대신 행해줄 수 있다. 이런 점에서 보면 다른 사후세계에 비해 영계와 현실세계가 강하게 연결되어 있음을 알 수 있다.

이렇게 해서 영혼은 진보하고, 그 끝에는 신이 될 수도 있다. 그러나 진보할 수 있는 시간도 최후의 심판까지다. 그때는 모든 사자가 육체를 갖고 부활하며 천국과 지옥으로 나뉘고 다시 만들어진 지구는 올바른 자들의 삶의 거처가 된다. 이 시기의 천국은 제3층부터이며 신이 된 최고천의 주인들이 이 새로운 세상을 영원히 지배하게 된다.

예수 그리스도후기성도 교회 : 1830년에 조지프 스미스 주니어(1805년~1844년)에 의해 창시된 크리스도교의 일파인데, 정통 크리스트교에서는 이단으로 여겼다. 스미스가 쓴 〈모르몬서〉는 구·신약성서와 견줄 만한 경전으로, 이 경전의 주요 골자는 시온(신의 나라)이 미국 대륙에 수립될 것이라는 내용이다.

Summary

아우구스티누스의 부활 이론

크리스트교에서는 최후에 심판의 날이 오면 모든 사자가 영혼을 가진 형태로, 즉 살아있을 때와 같은 모습으로 부활할 것이라고 믿었다. 그리고 최후의 심판을 받은 후에는 모두가 육체를 가진 그대로의 모습으로 영원의 천국과 지옥으로 가게 된다는 것이다.

육체가 있다고 해도 영원의 천국에 사는 남녀는 이성에 대한 성욕을 느끼지 않기 때문에 겉으로 보기에는 이전과 같아 보일지라도 살아있을 때와는 완전히 다르다. 그래서 크리스트교 초기부터 심판의 날 이후에 부활하는 육체는 과연 어떤 육체인가에 대해 많은 의견이 제기되었다. 여러 의견 중에서도 특히 흥미로운 의견이 있다. 바로 〈고백〉, 〈삼위일체론〉, 〈신의 나라〉 등으로 유명한 성 아우구스티누스(354년~430년)의 의견이다.

초기에는 부활한 육체를 두고 영적인 육체라고 생각하는 경우가 많았지만 아우구스티누스 시대에는 대다수의 크리스트교도들이 그보다는 훨씬 더 물질적인 육체에 가까울 것이라고 생각했다. 아우구스티누스도 그랬다. 그래서 그는 부활한 육체가 물질적인 육체라는 것을 증명하기 위해, 이 의견을 비판하는 사람들이 제기했던 난해한 문제에 해답을 제시해 나갔다.

예를 들면, 이런 문제이다. 만약 어떤 위기 상황에서 어떤 사람이 인육을 먹었다고 치자. 이 상황에서 가해자도, 피해자도 죽은 경우에는 어떻게 되는 것일까? 피해자의 육체는 인육을 먹은 가해자의 육체 일부분이 되었기 때문에 이들 사자가 양쪽 모두 살아있을 때와 같은 모습으로 부활하는 것은 불가능하다. 그러나 아우구스티누스는 이 경우에도 가해자, 피해자 양자가 살아있을 때의 모습으로 부활한다고 대답했다. 피해를 입은 육체는 인육을 먹은 육체가 강제적으로 탈한 것이기 때문에, 그것은 가해자가 피해자에게 돌려줘야 한다. 하지만 먹은 것을 돌려주면 인육을 먹은 인간의 육체에는 그만큼의 부족함이 생긴다. 이 부족한 부분은 인육을 먹기 이전에 어딘가에서 잃어버린 것이니 그 잃은 부분도 완전히 회수할 수 있다. 세계의 어디에서도 잃어버린 육체를 찾지 못한 경우에는 특별히 신이 그것을 보충해줄 수 있다고 아우구스티누스는 말했다.

또한 최후의 심판이 끝나고 모든 사자들이 살아있을 때와 같은 모습으로 부활한다고 하면 그것이 몇 세 때의 모습일지도 큰 문제이다. 노령에 죽은 사람은 노령으로, 아기 때 죽은 사람은 아기의 모습으로 부활한다면 그다지 축복이 아닐지도 모른다. 이에 대해서 아우구스티누스는 부활하는 육체가 모두가 동일하게 인생의 한창일 때, 즉 신체 활동이 가장 왕성할 때의 모습으로 다시 태어난다고 말했다.

현대인의 눈에는 이러한 논의가 전혀 의미 없는 것으로 보일지도 모른다. 그러나 고대와 중세 시대에는 그 시대의 최고의 지성인들이 필사적으로 이런 문제에 매달려 고민하고 생각했다.

불교 경전을 통해 보는
천국과 지옥

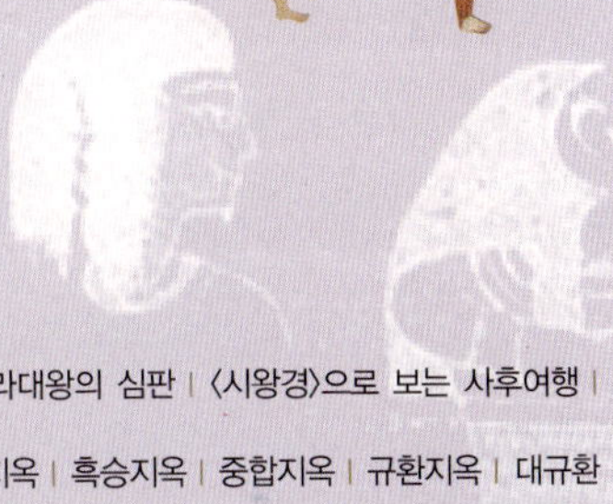

058. 불교에서의 사후세계

무지와 집착의 고리를 완전히 끊어냄으로써 끝없이 환생을 거듭하는 윤회전생에서 벗어나는 것이 불교에서 추구하는 최종 목표이다.

영원히 반복되는 육도윤회의 세계

불교에서는 인간뿐 아니라 이 세상의 생명을 가진 모든 것이 환생을 반복한다고 믿는데, 이것을 윤회전생이라고 한다. 또 불교에서는 생명체가 죽어서 가게 되는 세계는 총 여섯 종류가 있으며, 이를 육도라고 부른다.

이 육도는 천도, 인도, 아수라도, 축생도, 아귀도, 지옥도(아수라도를 빼고 다섯 개라는 설도 있음)로 나뉘며, 망자가 육도 중 어떤 세계로 환생하게 될지는 전생의 카르마(업)에 달려있다. 카르마는 기본적으로 신체행동, 언어행동, 정신행동 이렇게 세 종류의 행동을 기준으로 한다. 이 모든 것을 고려한 결과 선을 행한 사람이 정해지고 그중에서도 상중하를 분류하여 각각 천도(天導), 인도(人導), 아수라도(阿修羅導)로 가게 된다. 또한 악을 행한 자도 상중하로 분류하여 각각 축생도, 아귀도, 지옥도로 가게 된다. 축생, 아귀, 지옥의 삼도는 악행에 대한 죄를 받는 곳이라는 점에서 삼악도라고도 부른다.

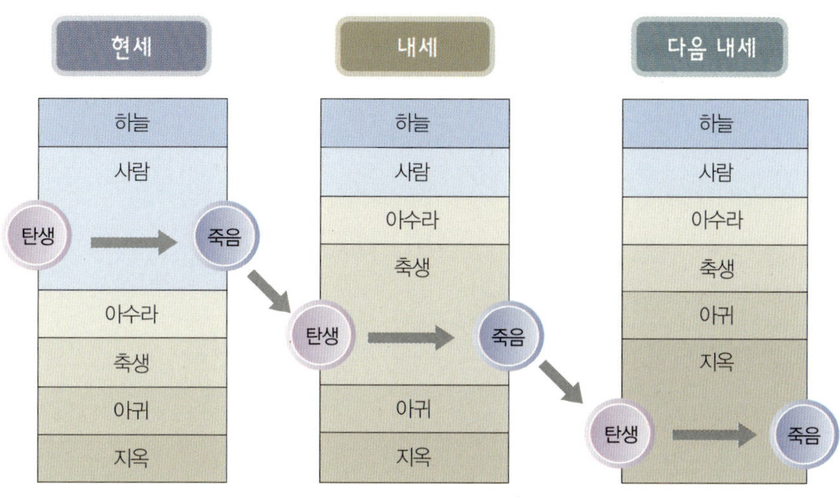

이 세상의 생명체는 모두 육도의 세계 안에서 영원히 환생을 거듭한다.

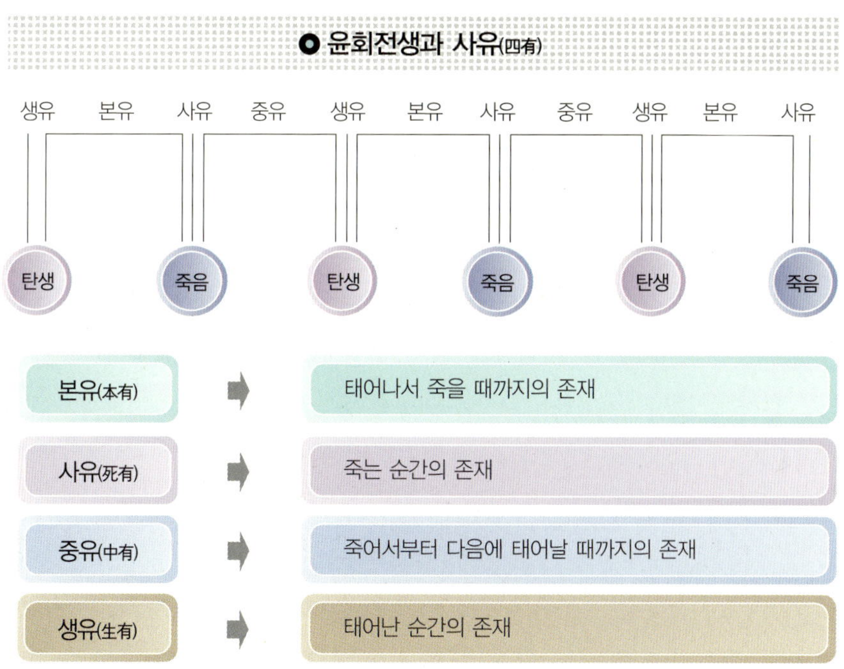

윤회는 영원히 반복되기 때문에 아무리 지옥과 천국으로 환생한 자라도 다음 생에서는 다른 세계로 환생할 수 있다.

불교에서는 윤회가 무지와 집착에 의해 일어나는 것으로 보며 육도윤회의 세계는 모든 번뇌로 넘쳐나는 고통의 세계라고 말한다. 그래서 불교는 무지와 집착을 끊고 윤회전생에서 벗어나는 것을 이상으로 여기며, 그 이상을 달성하는 것을 '열반에 든다' 거나 '해탈을 얻는다' 고 표현한다.

불교에서는 생명체의 윤회전생 과성을 본유(本有), 사유(死有), 중유(中有), 생유(生有)의 4단계로 구분하여 사유(四有)라고 한다. 이 중 중유를 인정하지 않는 불교 종파도 있다.

중유를 인정하는 종파에서는 죽은 자가 중유의 문에서 십왕이라고 불리는 열 명의 염라대왕에게 재판을 받는다고 한다. 티베트 밀교에서는 망자가 중유에서 어떻게 지내느냐에 따라 해탈이 가능하다고 여기기도 했다.

불교

석가가 창시한 종교. 석가가 태어나고 죽은 해는 기원전 565년~기원전 486년 또는, 기원전 465년~기원전 386년으로 본다. 석가는 현재 인도의 네팔 국경 근처에 있는 카필라바스트 성의 왕자였는데 6년 동안 고행과 명상을 한 끝에 35세에 깨달음을 얻어 이후 죽기 전까지 갠지스 강 중류에서 사람들에게 가르침을 전파했다.

윤회전생(輪廻轉生) : 윤회와 같은 말로 중생이 번뇌와 업에 의해 생과 사의 세계를 수레바퀴가 끊임없이 구르는 것과 같이 그치지 아니하고 돌고 도는 일을 가리킴.

아귀(餓鬼) : 계율을 어겨 아귀도에 떨어진 귀신

059. 육도와 수미산의 세계

불교에서는 생물체가 윤회하는 천도, 인도, 아수라도, 축생도, 아귀도, 지옥
도의 육도가 수미산에 있다고 믿었다.

수미산에 공존하는 육도

불교에서 사후에 인간이 환생한다고 믿은 육도는 대부분이 수미산이라고
부르는 우주 내부에 있다고 한다.

몇 개의 경전을 참고로 수미산의 모양을 살펴보면, 수미산세계 그 중심
에는 수미산이라는 높이 16만 유순(고대 인도의 거리를 재는 단위, 1유순=7km 혹은
14km)의 산이 서 있다. 정사각 형태의 일곱 개 산맥이 일곱 겹으로 수미산
을 둘러싸고 있으며 그 주변은 광대한 바다로 또 바다 주변은 철주산이 둘
러싸고 있다. 이 철주산이 세계의 끝이며 그 형태는 원통 모양으로 아랫부
분까지 이어져 있다. 그런데 이 규모가 엄청나다. 직경이 약 120만 유순이
나 되며 원주 두께는 약 110만 유순이나 된다. 상부를 금륜(金輪, 두께 32만 유
순), 하부를 수륜이라고 부른다. 수륜 아래에는 풍륜이라는 또다른 거대한
원주가 있다. 풍륜은 허공에 떠 있는데, 이 풍륜이 앞서의 수미산세계의 모

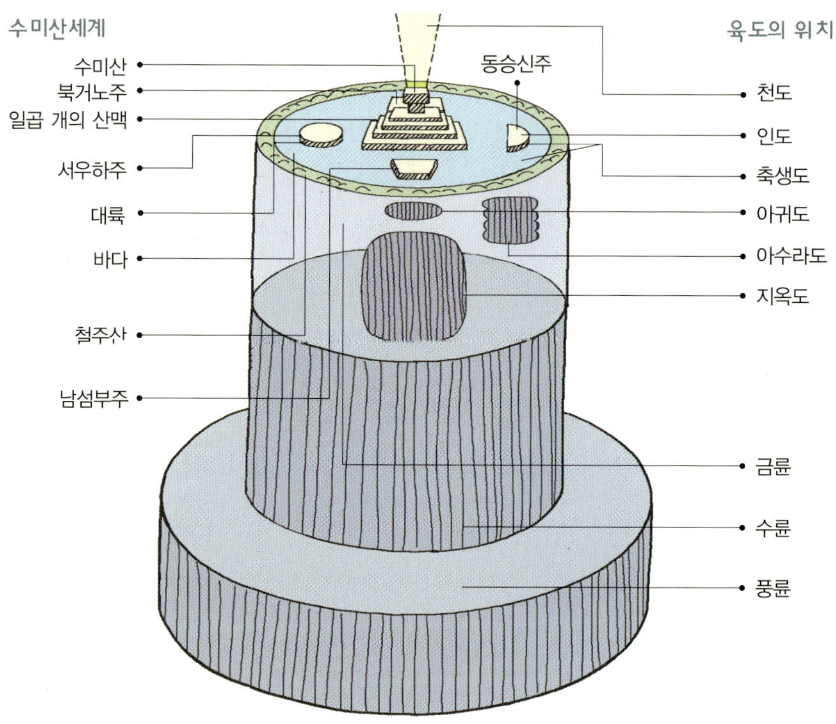

수미산세계
육도의 위치
수미산
북거노주
일곱 개의 산맥
서우하주
대륙
바다
철주산
남섬부주
동승신주
천도
인도
축생도
아귀도
아수라도
지옥도
금륜
수륜
풍륜

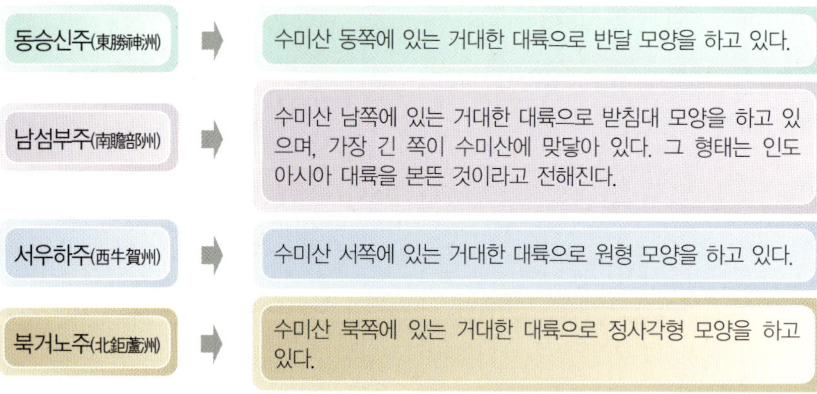

동승신주(東勝神洲)
수미산 동쪽에 있는 거대한 대륙으로 반달 모양을 하고 있다.

남섬부주(南贍部洲)
수미산 남쪽에 있는 거대한 대륙으로 받침대 모양을 하고 있으며, 가장 긴 쪽이 수미산에 맞닿아 있다. 그 형태는 인도 아시아 대륙을 본뜬 것이라고 전해진다.

서우하주(西牛賀洲)
수미산 서쪽에 있는 거대한 대륙으로 원형 모양을 하고 있다.

북거노주(北鉅蘆洲)
수미산 북쪽에 있는 거대한 대륙으로 정사각형 모양을 하고 있다.

든 것을 지탱하고 있다.

철주산으로 둘러싸인 바다에는 동승신주(東勝神洲), 서우하주(西牛賀洲), 남섬부주(南贍部州), 북거노주(北鉅蘆洲)라는 네 개의 대륙이 떠 있다. 이들 대륙에는 인간이 살고 있으며 현세의 인도로 여겨진다. 또한 동물, 곤충, 물고기의 세계인 축생도에는 이들 4대륙과 함께 바다가 펼쳐져 있다.

아귀도와 지옥도는 남섬부주의 지하에 위치해 있다. 아귀도는 그렇게 깊지 않는 지하(500유순)에 있으며, 지옥은 지하 5,000유순 깊이에 팔대지옥이 세로로 겹쳐져 있다. 아수라도가 있는 곳도 지하세계이지만, 이곳은 남섬부주의 지하가 아니라 해저 깊은 곳으로 네 개의 층이 있다.

육도의 마지막 중 하나인 천도는 수미산 상공에 있다. 다만 천도에는 약 30개의 층이 있어서, 그중 절반 이상이 수미산세계 바깥까지 나와 있다고 한다.

이것이 이 세상의 모든 생물체가 윤회전생하는 세계인데, 이 세계 전체를 '삼계(三界)'라고 부른다. 아래부터 순서대로 욕계(欲界), 색계(色界), 무색계(無色界)로 구분하는 경우도 있다.

사천왕상, 룽먼석굴 펑셴쓰(奉善寺, 봉선사)
수미산 중턱에서 살면서 우주의 사방을 지킨다는 사천왕상. 그중 북방을 지키며 겨울을 관장하는 다문천왕은 야차와 나찰을 거느리고 사귀를 관리한다. 다문천왕은 사귀를 발로 밟고 손에는 사리탑을 들고 있는 모습으로 표현된다.

060. 염라대왕의 심판

염라대왕이 사는 훌륭한 왕궁은 일곱 겹의 성벽으로 겹겹이 둘러싸인 지옥이다. 염라대왕은 인생을 방탕하게 보낸 자들의 죄를 심판하고 그들을 지옥으로 떨어뜨린다.

죄의 경중에 따라 갈 곳을 정하는 염라대왕

불교에서는 모든 인간이 사후에 지옥의 왕인 염라대왕에게 생전의 죄를 심판 받는다고 믿었다.

염라대왕이 살고 있는 곳에 대해서는 여러 가지 설이 있다. 그중 〈세기경(장아함경, 長阿含經)〉에 의하면 염라대왕은 인간이 사는 남섬부주(염부제)의 남쪽, 대금강산(大金剛山) 안에 살고 있다고 한다. 대금강산에는 일곱 겹의 성벽으로 둘러싸인 훌륭한 왕궁이 있으며 그 넓이는 가로 세로 6,000유순 정도이다.

염라대왕은 보통 이 거대한 왕궁에서 시중을 드는 여자들과 함께 즐거운 생활을 영위하지만, 때때로 대옥졸의 역할을 하여 지옥에서 고통 받는 망자들의 입 안에 뜨겁게 녹인 동을 흘려 넣는 고문을 하기도 한다.

그러나 이러한 대옥졸의 역할은 어디까지나 일시적인 것으로, 염라대왕

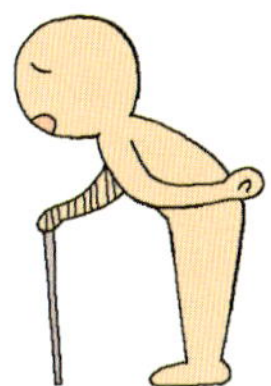

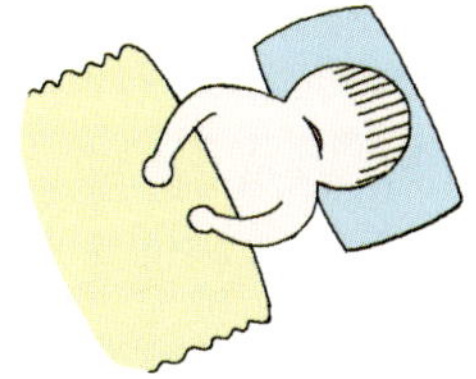

노인

머리가 하얗고, 이가 빠지고, 눈은 흐릿하고, 피부는 처지고, 등은 굽고, 지팡이를 짚고 끙끙거리며 몸을 떠는 기력이 쇠한 노인

병든 자

병들어서 바닥에서 괴로워하며, 냄새나는 곳에서 자고, 고통으로 끙끙거리며 우는 병자

죽은 자

수명이 다하고, 몸은 마른 나무처럼 되어서 불 태워지는 죽은 자

살아있는 동안에 이들을 봤음에도 불구하고, 자신도 또한 그들과 마찬가지라고 깨닫지 못했기 때문에 지옥으로 떨어진다.

◉ 정파리경

의 주 역할은 옥졸이 죄인을 데려오면 지옥의 왕으로서 그들을 재판하는 일
이다.

이 재판에서 중요한 역할을 맡고 있는 세 명의 사자가 있다. 염라대왕은
노인, 병든 자, 죽은 자를 의미하는 세 명의 사자에 관해 망자에게 질문을 하
면서 그들의 죄를 조사한다. 예를 들어 노(老)에 관한 염라대왕의 질문은 이
러하다. '너는 살아있는 동안에 늙어서 머리카락이 하얗게 되고, 약해 빠져
있는 자를 보지 못했는가?'라고 질문을 던진다. 살면서 그를 보지 못한 사람
은 없으므로 망자들은 모두가 보았다고 대답한다. 이에 염라대왕은 '실제로
봤음에도 불구하고 인생의 무상을 깨닫지 못하고 방탕하게 보낸 것은 왜인
가?'라고 질문한다. 이에 대한 죄인의 대답을 듣고 죄의 경중을 논의한 후
염라대왕이 최종적으로 망자가 지은 죄의 무게를 증명한다.

망자는 이런 식으로 노(老), 병(病), 사(死) 세 명의 사자에 관해 질문을 받는
다. 재판 결과 인생을 방탕하게 보낸 죄인들은 지옥으로 보내지고 옥졸이 이
들을 넘겨받는다.

여기에서 소개한 재판 방법은 〈세기경〉에 기초한 것으로 〈시왕경〉에서 말
하는 재판 방법은 조금 다르다. 〈시왕경〉에 의하면 염라대왕은 정파리경(淨坡
璃鏡)이라는 특별한 거울을 가지고 있어서, 그 거울을 통해 사자의 일생을 구
석구석까지 비춰보고, 망자의 죄에 따라 그가 사후에 가게 될 곳을 정한다고
한다.

061. 〈시왕경〉으로 보는
사후여행

> 〈시왕경〉에 의하면 영혼은 사후 3년 동안 사출의 산을 넘고, 삼도의 천을 건너며 명부의 왕 열 명을 찾아다닌다.

산 넘고, 강 건너는 사자의 여행

인간은 사후에 어떤 경로를 거쳐 명부를 여행하는 것일까. 여기 중세의 중국에서 성립된 〈불설지장보살발심곤록시왕경(佛說地藏菩薩發心困綠十王經 이하 시왕경)〉을 통해 그 과정을 살펴본다.

〈시왕경〉은 인간이 죽은 후에 정해진 기일 동안 염라대왕의 분신과 같은 명부의 왕 10인을 찾아가 다양한 심판을 받는다는 내용이다. 여행 도중에 명계의 이곳저곳이 다양하게 등장하며, 이는 한국의 민간신앙에도 큰 영향을 주었다.

〈시왕경〉에 따르면 사람이 죽으면 염라대왕은 바로 탈혼귀(奪魂鬼), 탈정귀(奪精鬼), 박백귀(縛魄鬼)라는 3인의 염라졸을 파견한다고 한다. 사자의 영혼은 이들에게 끌려가서 험한 사출산을 넘어서 명부로 향하게 된다.

사자는 먼저 초칠일(7일)에 진광왕(秦廣王)이 있는 곳을 찾아가 생전에 선행

탈혼귀, 탈정귀, 박백귀가 사자들을 데리러 온다.
사출산
진관왕
초칠일
생전에 선행을 쌓지 못한 것을 추궁 당한다.
삼도천
탈의파
현의옹
의령수
초강왕
14일째
고양이와 뱀의 땅
송제왕
21일째
오관왕
28일째
죄를 재는 저울
염라대왕
35일째
모든 죄를 비추는 정파리경
철환소
큰 돌이 사자를 괴롭힌다.
변성왕
42일째
암철소
깜깜하고 창이 솟아 있는 길
태산왕
49일째
환생의 세계를 결정하는 여섯 개의 관청 앞 기둥문
철빙산
매우 추운 강가
평등왕
100일째
도시왕
1주년
죄의 무게를 재는 상자
오도전륜왕
3주년
여기까지 올 동안 환생할 곳이 정해지지 않은 사자들은 이곳에서 최종으로 결정을 받는다.

을 쌓지 못한 것에 대해 추궁을 당한다.

　사자가 두 번째로 찾아가는 곳은 초강왕의 관청인데 이곳으로 가려면 삼도천을 건너야 한다. 삼도천을 건널 수 있는 곳이 세 군데 있는데, 이는 산수뢰(山水瀨, 잔잔한 물이 흐름), 강심연(江沈淵, 급류가 흐름), 유교도(有橋渡, 금은칠보로 덮인 다리)로 지은 죄의 무게에 따라 영혼마다 건널 수 있는 장소가 달라진다.

　삼도천을 건너면 의령수(衣領樹)라는 커다란 나무가 나타난다. 그 아래에는 탈의파(奪衣婆)와 현의옹(懸衣翁)이라는 남녀귀신이 사자들을 기다리고 있다. 사자가 도착하면 먼저 탈의파는 사자의 양손 손가락을 부러뜨리고, 현의옹은 우두(牛頭, 몸은 사람이고 머리는 소 모양을 한 지옥 옥졸)와 함께 사자들을 의령수 밑으로 모은다. 이곳에서 탈의파가 사자들의 옷을 벗기면 현의옹이 그 옷을 의령수에 건다. 옷이 늘어지는 정도에 따라 사자들의 죄의 무게가 결정된다.

　네 번째 오관왕이 있는 관청에는 죄의 무게를 재는 저울이 있어서 그 무게에 따라 축생, 아귀, 팔한팔열 지옥으로 사자의 행방이 갈린다.

　이처럼 모든 영혼은 사후에 명부의 왕 10인을 찾아 여행을 하게 되고 여행이 끝나면 사자들은 어디로 환생할 것인지가 결정된다.

삼도천(三途川)
사자가 저승으로 가는 도중에 건너게 되는 개울로 그리스신화에서 보면 스틱스 강에 해당하는 셈이다.

염라졸 : 염라대왕의 부하 귀신으로, 염라대왕의 명을 받아 죄인을 벌하는 옥졸
진광왕 : 명도에서 사람이 죽으면 초칠일에 그 죄를 재판하는 명관
산수뢰(山水瀨), 강심연(江沈淵), 유교도(有橋渡) : 죄가 가벼운 자는 산수뢰, 무거운 자는 강심연, 아주 가벼운 자는 유교도에 있는 다리를 건넌다.

062. 천도

육도 중 가장 높은 곳에 위치한 천도는 신이 사는 세계다. 천도는 대지의 중심에 있는 수미산 상공에 있으며 전부 27개의 충으로 구성되어 있다.

천도는 최상의 영혼이 환생하는 세계

불교에서는 전생에 최고의 선행을 쌓은 인간이라면 사후에 육도 중에서도 가장 상위에 위치하는 천도로 환생할 수 있다고 믿었다. 천도는 신이 사는 세계이며 '천(天)'은 신을 의미한다. 그러나 신이 되어 천도로 환생했다고 해서, 완전한 존재가 된 것은 아니다. 불교에서는 누구든 해탈할 때까지 윤회를 피할 수 없기 때문에 아무리 신이라 해도 득도하지 못하면 죽은 후에 다른 세계로 환생할 가능성이 있다고 한다.

천도에는 많은 층의 하늘이 있는데 각 층마다 다른 세계가 펼쳐진다. 일반적으로 천도는 수미산 중턱에서 시작되며 수미산의 상공 너머까지 여러 층이 겹겹이 쌓여 전부 27천이 있다고 한다. 이들 하늘은 원칙적으로 위로 갈수록 넓어지며 그만큼 위로 갈수록 그곳에 사는 자의 몸 부피도 커진다. 또한 27천 중 대범천(大梵天)의 세계까지는 수미산 안에 있지만 그보다 상위의

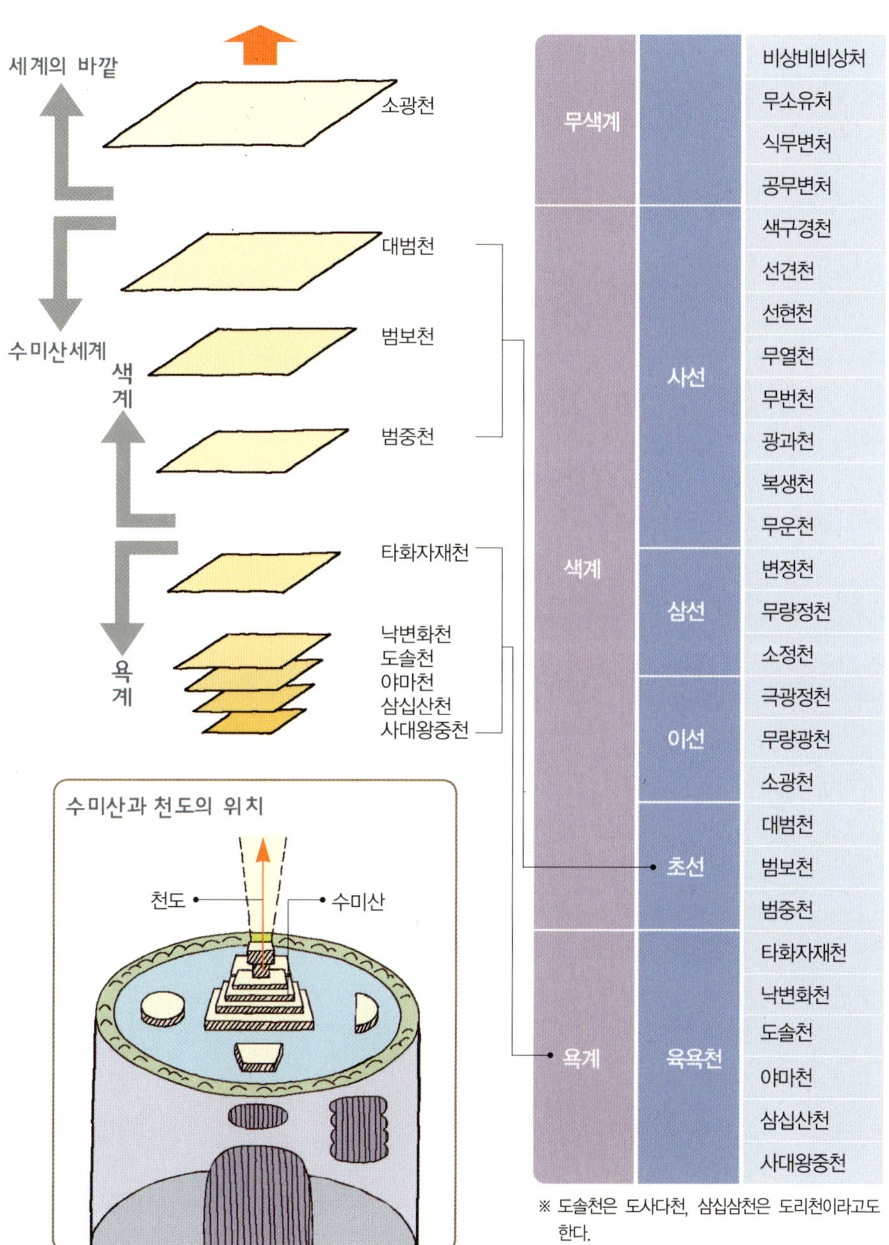

※ 도솔천은 도사다천, 삼십삼천은 도리천이라고도 한다.

천계는 수미산 밖으로 튀어나와 있다고 한다. 천계에 사는 자는 신이기 때문에 모두 비슷비슷하다고 생각할 수 있지만 천계도 여러 종류가 있기에 신의 모습은 각각 천차만별이다.

불교에서는 이 세상에 태어난 생명이 윤회전생하는 세계 전체를 삼계라고 부르며 아래부터 순서대로 욕계, 색계, 무색계로 분류하는 경우가 있는데 천도에는 이 세 종류의 세계가 모두 갖춰져 있다.

육욕천(六欲天, 욕계의 여섯 하늘) 중 최고인 타화자재천보다 아래에 있는 천계는 지옥도와 마찬가지로 욕계에 포함된다. 욕계는 아직도 욕망을 끊지 못한 자들의 세계다. 그리고 색계는 욕망을 끊었으나, 형태는 남아있는 자들의 세계로 초선(初禪)의 최하위인 범중천부터 최고 위치에 있는 색구경천까지가 포함된다. 이들보다 더 위는 무색계로 욕망도 끊고 형태도 남아있지 않은, 순수하게 정신으로 남은 사자들의 세계이다.

무색계까지 도달한 자들은 상당히 신다운 모습을 갖추었지만 그래도 아직 해탈에는 이르지 못한 상태다.

초선 : 욕계(欲界)를 떠나 색계(色界)에서 도를 닦는 네 단계 중 첫 번째 단계

보로부두르 불교 사원
보로부두르의 기단은 욕계, 5개의 사각 기단은 색계, 3개의 원형 기단은 무색계를 나타낸다. 보로부두르 사원은 욕망과 죄악의 세계에서 선정의 세계로 들어감을 상징한다.

063. 아수라도

> 가장 적은 선을 행한 자들이 환생하는 아수라도는 전쟁이 끊이지 않는 세계다. 아수라들은 하루에 세 번이나 전쟁에 끌려가 필사적으로 싸워야만 한다.

마음에도 없는 선을 행한 자가 환생하는 세계

아수라도는 육도 중에서 가축으로 환생하는 세계와 사람으로 환생하는 세계 사이에 위치한다. 선을 행한 자가 전생하는 세계이기는 하지만 아수라도로 환생하는 영혼은 전혀 마음에 없는 선을 행한 자이며 그들의 선행은 최저수준의 선이다. 예를 들어 왕이 자신의 권력을 과시하기 위해서 사람들에게 동물을 죽이는 것을 금지하거나, 도박으로 딴 돈을 장난처럼 보시(布施)를 하는 행위 등이 최저 수준의 선행에 포함된다.

〈정법념처경(正法念處經)〉에 의하면 아수라도가 있는 장소는 크게 두 종류로 나뉜다. 그중 하나는 아수라도가 아귀도 안에 포함되어 있다는 설인데 이 아수라도에 떨어진 자들은 마신 아귀라는 신통력이 있는 아귀가 된다. 원신(源信, 942년~1017년, 천태종 승려)의 〈왕생요집〉은 아수라 중에서도 다른 자들에 비해 뒤떨어지는 자가 이곳에 떨어진다고 설명하고 있다.

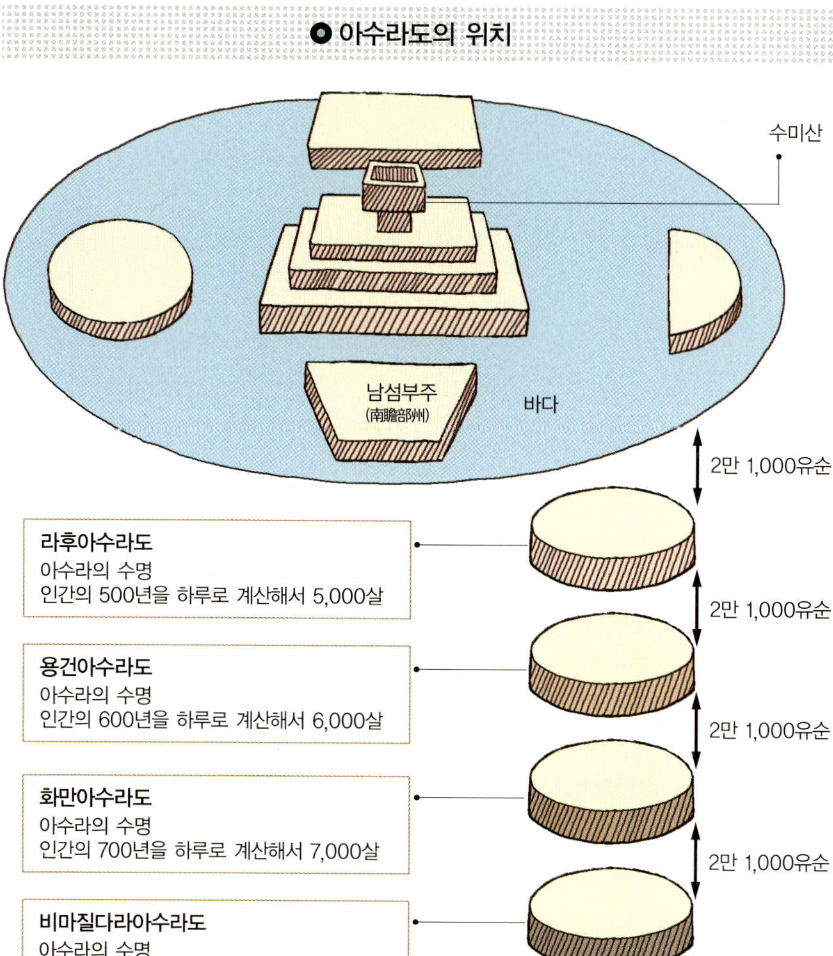

아수라

아수라는 인도에서 오래전부터 믿어왔던 악신으로 베다시대에는 아스라라고 불렸으며 기본적으로 선신들과 대적관계에 있다. 이 이야기는 불교에도 영향을 미쳐 네 명의 아수라왕 연합군이 제석천(帝釋天)의 군단과 격렬하게 싸우다가 최후에 패배했다고 전해진다. 불교의 육도에서 아수라도는 인도보다 하위에 위치하지만 아수라왕들의 힘은 인간을 넘어서서 거의 신의 경지에 이른다고 한다.

또 하나는 아수라도를 고유의 세계로 취급하는 설이다. 본래의 아수라도는 수미산 옆의 큰 바다 아래에 있으며, 네 종류의 아수라도가 세로로 겹쳐 있다고 한다. 가장 위부터 라후아수라왕이 지배하는 라후아수라도, 용건아수라도, 화만아수라도, 비마질다라아수라도 순

인도신화에서 탄생한 아수라
앙코르톰 남문 앞에 줄지어 서있는 조각상. 잔뜩 찌뿌린 얼굴에 무사의 투구를 쓴 조각이 선신(善神) 인드라와 대결하는 악신(惡神) 아수라이다. 아수라는 불교에 흡수되면서 부처의 설법에 감화되어 불교에 귀의하여 아수라도를 관장하는 호법신이 된다.

이다. 해저에서 아수라도까지의 거리나 각 아수라도 사이의 거리는 전부 2만 1,000유순으로 전해진다.

아수라도에 떨어진 자들의 수명은 아수라도의 종류에 따라 다르다. 라후아수라도에서는 인간의 500년을 하루로 계산해서 5,000살을 살고, 용건아수라도에서는 인간의 600년을 하루로 계산한 6,000살을, 화만아수라도에서는 인간의 700년을 하루로 계산해서 7,000살을 산다고 한다. 비마질다라아수라도에서는 계산할 수도 없는 많은 세월을 누리게 된다고 알려져 있다.

그리고 아수라도에 떨어진 자들은 하루에 세 번 전쟁터에 나가 필사적으로 싸우기를 강요당한다. 그러나 아무리 낮은 수준의 선이라도 기본적으로는 선을 행한 자들이 모여 있기 때문에 아수라도에서의 생활이 괴로운 것만은 아니다. 사자들이 거하는 성은 훌륭하고, 아수라도의 풍경 또한 아름답다고 한다. 특히 남자들은 아름다운 여성들에게 둘러싸여 향락을 즐기기도 한다.

정법념처경 : 4~5세기의 인도에서 성립된 소승경전 중 하나이다.
왕생요집 : 일본의 겐신(源信, 942년~1017년)이 편찬한 불교서적으로 극락왕생을 위해 한결같은 마음으로 염불하자는 마음을 전하고 있으며, 여기에 묘사된 지옥의 모습 등은 〈정법념처경〉를 기초로 한다.

064. 축생도

축생도에 떨어진 자들은 가축, 새, 물고기, 곤충 등으로 환생하게 된다. 축생도는 육지, 바다, 하늘(허공)에 걸쳐 펼쳐져 있다.

지옥도, 아귀도에 이은 삼악도 중 하나

사후에 가축이나 새, 물고기, 곤충 등의 형태로 다시 태어나는 자들은 모두 축생도에 떨어진 자들이다. 때문에 축생도의 세계는 인간이 살고 있는 인도와 비슷한 부분이 많다. 다만 인도보다 축생도가 넓고 육지와 바다, 하늘(허공)에 걸쳐 광범위하게 구성되어 있다는 점이 다를 뿐이라고 한다.

이러한 축생도의 본래 거처는 바다였지만, 나중에는 육지와 허공으로 넓어졌다고 한다.

축생도는 육도 중에서 지옥도와 아귀도 다음으로 위치한 나쁜 세계로, 전생에 나쁜 짓을 일삼은 인간의 영혼이 떨어지는 세계이다. 그래서 불교에서는 축생도, 아귀도, 지옥도를 삼악도 혹은 삼악취라고 부른다.

〈정법념처경〉에는 축생의 종류가 34억 개나 있으며, 그 이유는 각각 다르다고 기록되어 있다. 그 이유에 관한 몇 개 정도의 예를 살펴보면 다음과 같다.

지옥도

아귀도

축생도

삼악도
(三惡道)

➡ 전생에 나쁜 짓을 한 인간이
떨어지는 사후세계

◐ 축생도의 세계

축생도에 떨어진다.

➡ 가축이나 새, 물고기, 곤충 등으로 환생한다.

※ 이 세계는 인간이 살아있는 세계와 비슷하다.

가축·새·물고기가 살고 있는 육지, 하늘, 바다 등이
축생도에 해당한다.

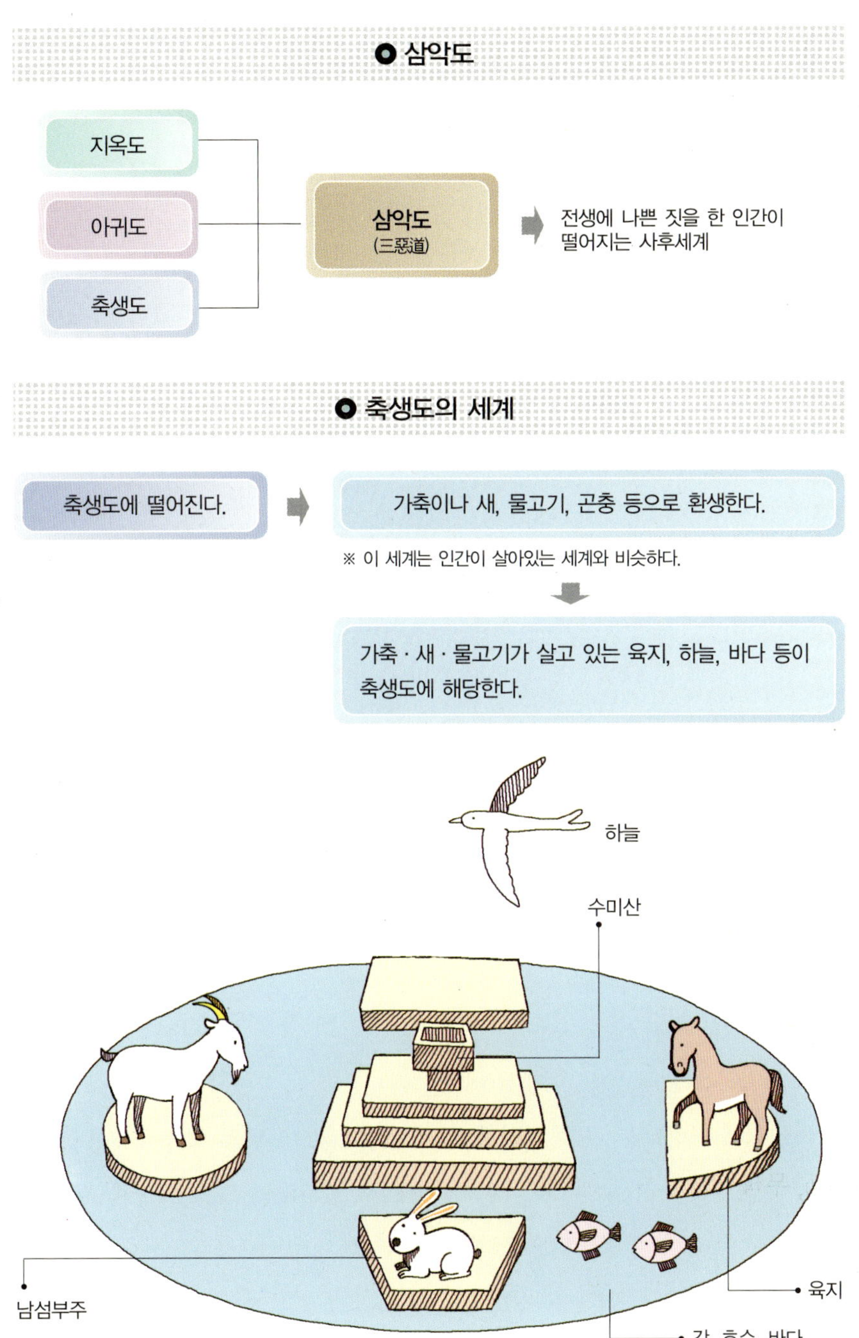

다쭈(大足)의 불상 암각군 중 육도윤회도
윤회를 상징하는 원판은 부처를 중심으로 윤회전생을 하게 되는 여섯 갈래 길
(六道, 육도)을 설명한다. 위는 즐겁게 생활하는 모습을 보여주는 삼선도(三善
道), 아래는 고통스러운 지옥을 보여주는 삼악도(三惡道)를 나타낸다.

생전에 잘못된 사상을 배워 자만을 떨고 타인과 논쟁을 하면서도 조금이라도 이익을 낳지 못한 자는 지옥으로 떨어진 다음에 다시 축생도로 떨어져서 살모사나 족제비가 된다고 한다. 그리고 생전에 죄를 지었지만 보시(布施)를 해서 다음 생에 부부가 되기를 맹세한 연인은 원앙이나 비둘기로 환생한 후 한 쌍을 이루어 즐겁게 살아간다.

북을 치거나, 고동을 불면서 이 마을 저 마을을 공격한 강도는 먼저 지옥에 떨어져서 고통을 겪은 후에 이곳 축생도에 떨어진다. 그는 사슴으로 환생해 항상 인간에게 사냥을 당할까 봐 공포에 떨면서 살아가야 하는 벌을 받는다. 또한 재물을 탐하며 거북이, 자라, 물고기, 게, 대합 등을 죽인 자는 지옥에 떨어져서 고통을 받은 후에 거머리, 벼룩, 이 등으로 환생하게 된다.

불교에서 말하는 지옥은 사자들이 죄질에 따라 한 번의 고통을 당하는 것으로 끝나지 않으며 계속 다음 세계로 윤회를 거듭하며 고통을 받게 되는 곳이다.

065. 아귀도

생전에 정신적이나 물질적으로 탐욕스러운 인생을 보낸 자들은 아귀도로 환생한다. 아귀가 된 그들은 굶주림과 갈증의 고통을 받는다.

탐욕스럽게 산 자가 환생하는 지옥세계

불교에서는 정신적, 물질적으로 탐욕스럽게 살아온 자들은 죽은 후에 아귀도로 환생한다고 믿었다. 아귀도는 지옥 다음으로 고통이 큰 세계이며 수미산세계의 남섬부주 아래 500유순(약 3,500km) 정도의 지하에 있다. 지옥보다는 얕지만 꽤 깊은 곳에 위치한 이곳 아귀도로 환생한 자를 아귀라고 한다.

전해지는 기록을 통해 아귀의 모습을 보면 배는 산처럼 부풀어 있지만 나머지 부분 즉, 팔 다리 등은 바싹 말라 있는 것을 알 수 있다. 아귀의 원어는 프레타(Preta) 혹은 페타(Peta)로, 원래는 조령 정도의 의미였다. 조령이라 일컬을 때는 나쁜 의미가 없었다. 염라대왕이 야마라고 불리던 시대에는 아귀들이 하늘에 산다고 믿었지만 시간이 흐르면서 조령이 사는 곳은 지하로 옮겨졌다.

그리고 후에 불교가 번성하고 인과응보사상이 널리 퍼지면서 아귀들이 사

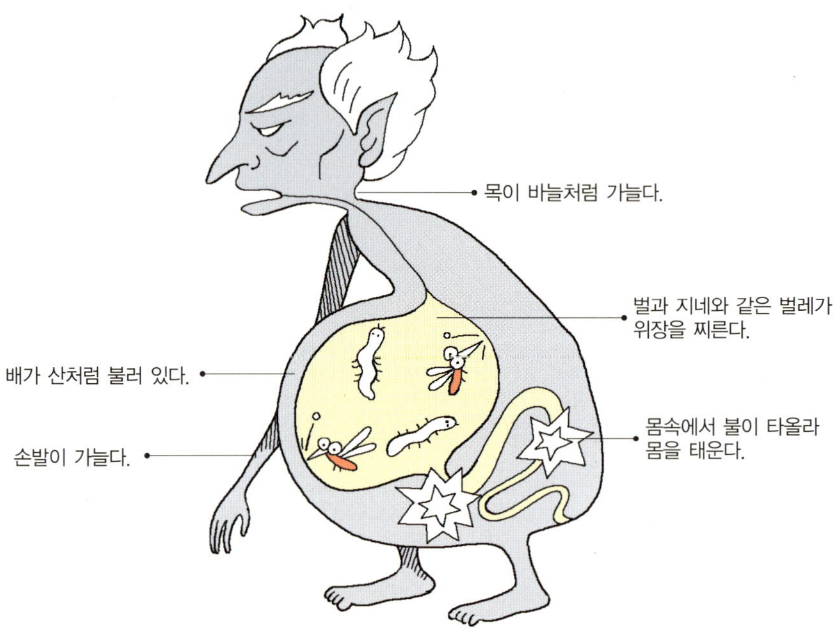

◉ 〈정법념처경〉에 기록된 36종류의 아귀

확신아귀(鑊身餓鬼)	식육아귀(食肉餓鬼)	식인정기아귀(食人精氣餓鬼)
침구아귀(針口餓鬼)	식향아귀(食香餓鬼)	라찰아귀(羅刹餓鬼)
식토아귀(食吐餓鬼)	질행아귀(疾行餓鬼)	화로소식아귀(火爐燒食餓鬼)
식분아귀(食糞餓鬼)	사편아귀(伺便餓鬼)	주불정항맥아귀(住不淨巷陌餓鬼)
무식아귀(無食餓鬼)	지하아귀(地下餓鬼)	식풍아귀(食風餓鬼)
식기아귀(食氣餓鬼)	신통아귀(神通餓鬼)	식화탄아귀(食火炭餓鬼)
식법아귀(食法餓鬼)	치연아귀(熾燃餓鬼)	식독아귀(食毒餓鬼)
식수아귀(食水餓鬼)	사영아편아귀(伺嬰兒便餓鬼)	광야아귀(曠野餓鬼)
희망아귀(希望餓鬼)	욕식아귀(欲食餓鬼)	주총간식열회토아귀(住塚間食熱灰土餓鬼)
식타아귀(食唾餓鬼)	주해저아귀(住海渚餓鬼)	수중주아귀(樹中住餓鬼)
식만아귀(食鬘餓鬼)	집장아귀(執杖餓鬼)	사교도아귀(四交道餓鬼)
식혈아귀(食血餓鬼)	식소아아귀(食小兒餓鬼)	살신아귀(殺身餓鬼)

는 '아귀도' 라는 특별한 장소 개념이 생겨났다.

아귀도에서 겪는 고통은 기본적으로는 굶주림과 갈증이기 때문에 아귀들은 언제나 물과 음식을 찾아 헤맨다. 그러나 모든 아귀가 기갈(굶주림과 목마름)의 고통을 받는 것은 아니다. 아주 드물긴 하지만 생전의 인과응보에 따라 특정한 시간대를 행복하게 살고 있는 자도 있다. 낮에는 범죄를 범했는데 밤에는 불교의 규율을 지키며 살아 온 자가 아귀도에 떨어진 경우, 낮에는 고통을 받지만 밤에는 즐겁게 살아간다.

아귀의 종류도 다양하다. 몸이 인간의 두 배나 되면서도 손발이 괴상하게 생긴 가느다란 확신아귀, 산처럼 부른 배를 하고 있으면서 입이 바늘구멍처럼 작아서 마음껏 먹고 마시지 못하는 침구아귀, 먹지는 못하고 냄새를 맡기만 하는 식기아귀, 무서울 정도로 거대한 몸을 하고 먹는 족족 다 토해버리는 식토아귀, 구더기와 분뇨를 먹어야만 하는 식분아귀 등이 있다. 〈정법념처경〉에는 전부 36종류의 아귀가 기록되어 있다.

감로를 베풀어 아귀를 구해내는 부처들
아귀도에서 전생의 업으로 고통받고 있는 중생의 모습을 묘사한 그림으로 중앙에 커다랗게 자리하고 있는 것이 아귀이다. 여러 부처들이 이들을 구제하기 위해 아귀도로 내려가고 있다.(국립중앙박물관 소장)

인과응보사상 : 선한 행동은 선한 결과를 낳고, 나쁜 행동은 나쁜 결과를 낳는다는 사상

066. 지옥도

불교에는 팔열지옥, 팔한지옥, 16소지옥 등 다양한 지옥이 있어서 전생에 나쁜 행동을 한 자들을 질리도록 괴롭힌다.

128개의 소지옥이 있는 팔대지옥

불교에서는 전생에 악행을 행한 자는 사후에 지옥도로 환생한다고 믿었다. 악행은 살생을 기본으로 도둑질을 한 죄, 아내나 남편이 아닌 자와 불륜을 저지른 죄, 술을 매매한 죄, 거짓말을 한 죄, 올바르지 못한 생각을 한 죄(邪見, 사견), 여자 아이나 비구니 등 깨끗하고 성스러운 자를 범한 죄(犯持戒人, 범지계인), 부모를 살해한 죄, 아라한(성자)을 살해한 죄 등을 들 수 있으며 악행의 수가 많을수록 죄는 더 무거워진다.

그 죄에 따라 사자들에게는 등활지옥(等活地獄), 흑승지옥(黑繩地獄), 중합지옥(衆合地獄), 규환지옥(叫喚地獄), 대규환지옥(大叫喚地獄), 초열지옥(焦熱地獄), 대초열지옥(大焦熱地獄), 무간지옥(無間地獄)이라는 여덟 개의 거대한 지옥이 준비되어 있다. 이것을 팔대지옥 혹은 팔열지옥이라고 한다.

팔대지옥이 어디에 있는지, 크기는 어느 정도인지는 경전에 따라 다르다.

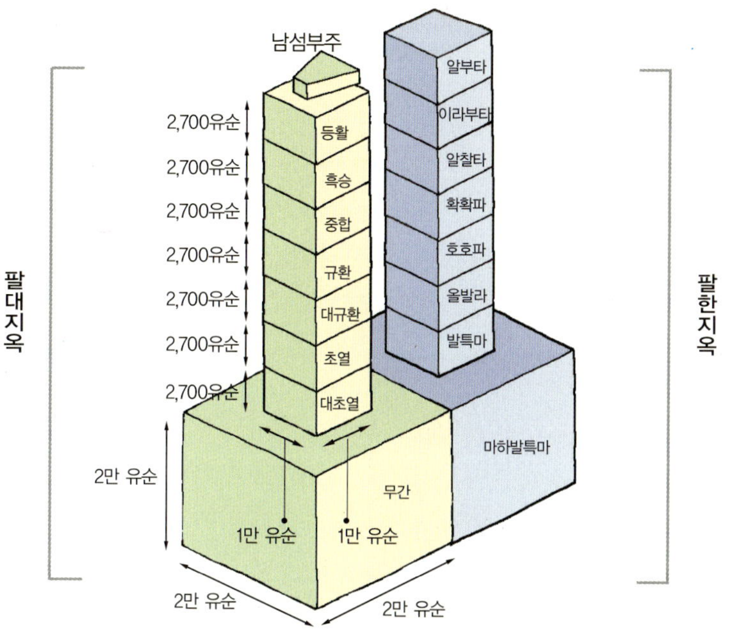

팔대지옥은 팔열지옥이라고도 부른다. 아주 뜨거운 불꽃과 더위로 죄인을 괴롭히는 지옥으로 아래로 내려갈수록 고통의 강도가 심해진다. 팔대지옥의 옆에는 팔한지옥도 있다.

● 각 지옥의 구조

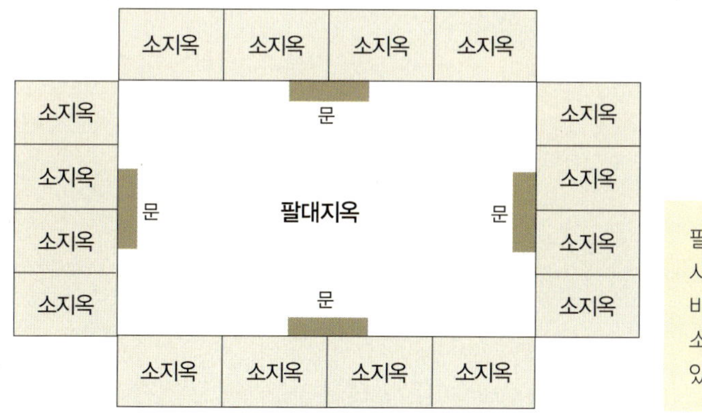

팔대지옥의 각각에는 사방에 문이 있고, 그 바깥쪽에 열여섯 개의 소지옥이 부속되어 있다.

〈구사론(俱舍論)〉, 〈대비파사론(大毘婆沙論)〉에 의하면 팔대지옥은 인간이 생활하는 남섬부주의 지하에 있다. 등활지옥부터 대초열지옥까지 일곱 개의 지옥은 각각 가로세로 1만 유순의 넓이이며, 이것이 세로로 겹쳐져서 지하 1,000유순에서 2만 유순에 이른다. 각각의 지옥 높이는 약 2,700유순에 이른다. 무간지옥은 일곱 개의 지옥 아래에 있으며, 가로세로 높이는 각각 2만 유순이나 된다고 한다.

〈정법념처경〉에 의하면 팔대지옥은 남섬부주에서도 36억 유순이나 떨어진 먼 곳에 있으며, 10억 유순이나 되는 깊이의 지하에 있다고 한다. 이뿐만이 아니다. 팔대지옥은 전부 정사각형 모양이며 각 지옥마다 그 주변에 16소지옥 혹은 사문지옥이라고 불리는 소지옥이 딸려 있어서, 총 128개의 소지옥을 갖고 있는 거대 지옥이다.

팔대지옥은 기본적으로 불로 고통 받는 지옥이기 때문에 팔열지옥이라고도 불리는데 팔대지옥에 견줄만한 팔한지옥이 있으며, 그곳에도 128개의 소지옥이 딸려 있다.

지옥의 여덟 번째 왕
팔한지옥, 팔열지옥을 다스리는 지옥의 왕으로 평등대왕(平等大王)이라 불린다. 이 그림은 열탕에 빠져 고통스러워하는 장면이나 몸이 잘리는 고통을 받는 사자들이 묘사되어 있다.(국립중앙박물관 소장)

구사론 : 정확하게는 아비달마구사론으로 소승불교의 대성서인 〈대비파사론〉 등을 근거로 불교의 기초학을 정리한 개설서다.
대비파사론 : 전통적 교의를 지키는 부파불교 중 설일절유부(說一切有部)의 대표적인 경전이다.

067. 등활지옥(等活地獄)

살생의 죄를 범한 자들은 등활지옥으로 환생한다. 그곳에서 환생한 살인자들은 서로를 죽이려 들면서 끊임없이 살육의 고통을 맛보게 된다.

무턱대고 살해를 저지른 자들이 떨어지는 지옥

등활지옥은 불교의 팔대지옥 중 하나로 상지옥이라고도 한다. 팔대지옥 중에서도 가장 위쪽에 있으며 지표와의 거리는 1,000유순, 가로세로 1만 유순의 정사각형으로 한 변의 높이가 약 2,700유순에 달하는 지옥이다.

〈정법념처경〉에 의하면 등활지옥은 생전에 살아있는 생명체를 무턱대고 죽인 자들이 떨어지는 지옥이다. 여기에 떨어진 망자들은 서로를 죽이려 들면서 살육의 고통을 겪어야 한다.

등활지옥에서 사는 망자들은 날카롭고 긴 철로 된 손톱을 기르고 있는데, 어떤 자들은 그 손톱으로 서로를 잡아 뜯으며 싸운다. 이들의 상처는 점점 심해져서 나중에는 살이 거의 남아 있지 않은 상태로 죽을 지경에 다다른다. 또 어떤 자들은 날카로운 칼로 서로를 베면서 상처를 입혀 죽음에 이르게 한다. 그렇지 않은 자들은 옥졸들이 굵은 철사와 철봉으로 머리부터 발끝까지

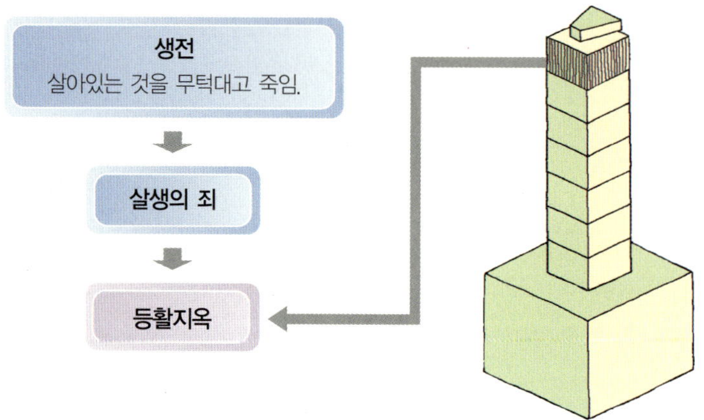

고통

• 서로를 죽이면서 살육의 고통을 맛본다.
• 옥졸들이 굵은 철사로 망자들을 때려 가루 상태로 만들어버린다.
• 아주 뜨거운 불로 태우거나, 뜨거운 물에 삶거나 한다.

기간

• 등활지옥에서 500년을 보낸다.
• 등활지옥의 하루는 4대왕중천의 500년이다.
• 4대왕중천의 하루는 인간세계의 50년이다.

◎ 등활지옥 부속의 소지옥

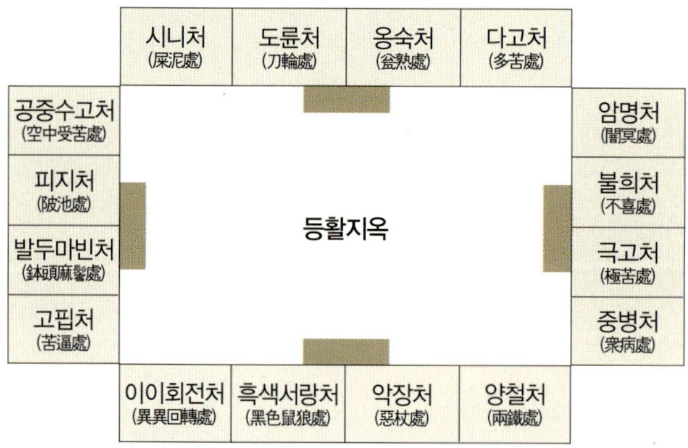

두들겨서 가루처럼 만들어버린다. 이 외에도 거세게 타오르는 불로 망자들을 불태우거나, 뜨거운 물속에서 망자들을 삶아 고통을 주는 열즙(熱汁)의 고통이 기록을 통해 전해진다.

그러나 아무리 괴로워도 망자들은 죽을 수 없다. 어딘가에서 차가운 바람이 불어오면 죽기 일보 직전에 새로운 살과

다쭈(大足)의 석각(石刻)
중국 다쭈현 주위에 있는 석각군 중의 하나인 바오딩산(寶頂山
보정산) 조각이다. 암벽을 파들어가면서 불교 교리를 조각하는
석각(石刻) 중 지옥을 묘사한 것으로 생전에 저지른 악행에 대한
대가를 혹독하게 치루는 모습을 볼 수 있다.

가죽이 돋아난다. 그들은 어쩔 수 없이 다시 살아나서 계속해서 똑같은 고통을 겪게 된다. 바람이 불지 않는 경우에도 옥졸들이 사체를 향해 '살아나라, 살아나라' 라고 주문을 외우면 망자들은 다시 살아나며 다시 끝없는 죽음의 고통을 맞닥뜨려야 한다. 이곳에서 망자들은 약 1조 6653억 년 동안을 머무르며 벌을 받는다.

등활지옥의 사방에는 네 개의 문이 있고, 그 바깥쪽에는 16개의 소지옥이 있어서 도망가려고 갈팡질팡하는 망자들은 이곳에서 길을 잃고 헤매다가 결국은 붙잡혀 와서 벌을 받게 된다.

068. 흑승지옥(黑繩地獄)

살생에 도둑질까지 범한 자들은 흑승지옥으로 환생한다. 흑승지옥에 떨어진 망자의 몸은 불에 달군 쇠줄에 묶여 톱과 칼로 무수하게 찢기는 고통을 받는다.

흑승으로 망자의 몸에 선을 긋고 갈기갈기 찢는 지옥

흑승지옥은 불교의 팔대지옥 중 하나로, 살생과 도둑질을 동시에 한 자가 떨어지는 지옥이다. 이런 흑승지옥은 팔대지옥 중 위에서 두 번째에 위치하는 장소로, 가로세로 1만 유순 넓이의 정사각형 모양이며 높이는 약 2,700유순에 이른다.

흑승은 직선을 긋기 위해 끈에 먹물을 묻혀서 목수들이 사용하던 도구인데, 흑승지옥의 고통은 이 도구와 연관되어 있다.

죄인이 지옥에 떨어지면 옥졸들은 이들을 뜨겁게 달군 철판 위로 밀어 넘어뜨린 후, 역시 뜨겁게 달궈놓은 쇠줄 흑승을 사용해서 몸에 수백 수천 개의 직선을 긋는다. 그리고 나서 옥졸들은 죄인들의 몸에 그어진 선을 따라 도끼나 톱, 칼 등으로 망자의 육체를 갈기갈기 자른다.

이곳에는 위와 같은 고통에 처한 망자 외에도 뜨거운 철판과 철판 사이에

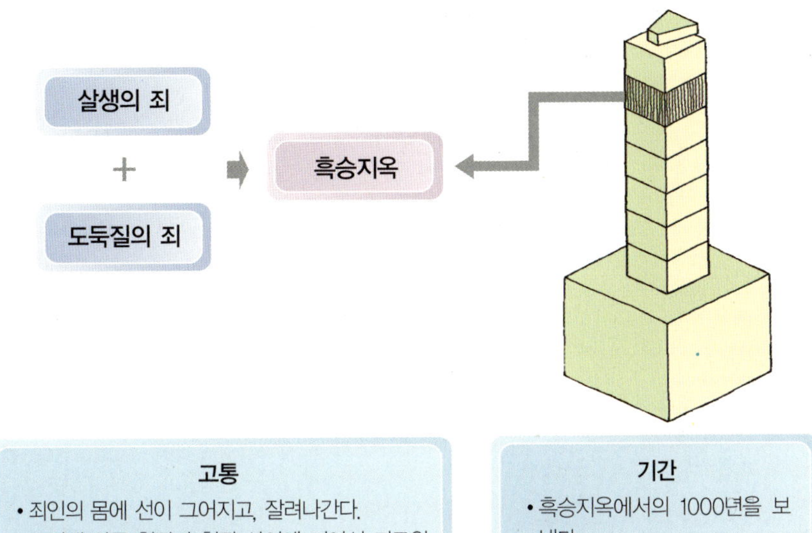

고통	기간
• 죄인의 몸에 선이 그어지고, 잘려나간다. • 뜨겁게 달군 철판과 철판 사이에 끼어서 괴로워한다. • 뜨겁게 달군 쇠줄로 만든 옷을 입고 괴로워한다. • 뜨거운 물이 부글부글 끓고 있는 큰 냄비 위에 줄을 걸치고 줄타기를 한다.	• 흑승지옥에서의 1000년을 보낸다. • 흑승지옥의 하루는 도리천의 1000년이다. • 도리천의 하루는 인간세계의 100년이다.

◉ 흑승지옥에 부속된 16소지옥

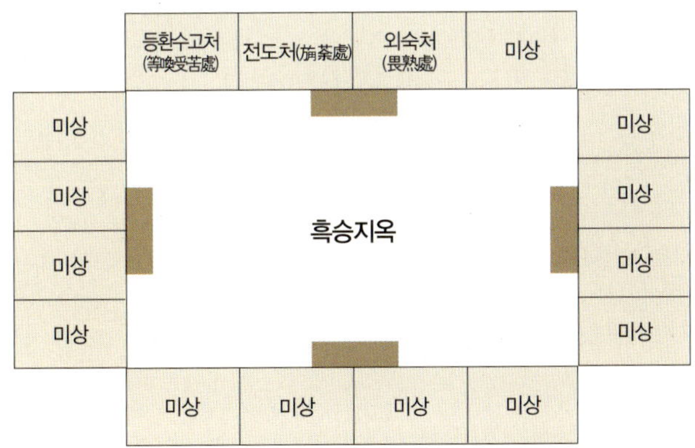

끼인 죄인도 있고, 뜨겁게 달군 쇠줄로 옷을 만들어 입은 죄인도 있다. 형벌이 약간은 달라도 죄인 모두는 가죽, 살, 뼈에 이르기까지 전부 불타버리며 골수까지 녹아버리는 뜨거운 고통을 견뎌내야 한다.

이외에도 커다란 철판 사이에 쇠줄을 치고, 죄인에게 줄타기를 시키는 고문도 있다. 줄 아래에는 큰 냄비 안에 물이 부글부글 끓고 있는데, 줄을 타는 죄인들은 결국 모두 줄에서 떨어져 뜨거운 물속에서 삶아진다. 망자는 이런 흑승지옥에서 약 13조 년간이나 잡혀 있게 된다.

흑승지옥의 사방에는 네 개의 문이 있으며, 그 바깥쪽에는 다른 지옥처럼 16개의 소지옥이 부속되어 있다. 〈정법념처경〉에는 등환수고처(等喚受苦處), 전도처(旃荼處), 외숙처(畏熟處)의 이름밖에 기록되어 있지 않다.

흑승지옥(黑繩地獄)에 속한 16소지옥

- **등환수고처(等喚受苦處)** : 생전에 잘못된 법을 말한 자들이 떨어지는 지옥. 죄인은 활활 타오르는 검은 밧줄에 묶여서, 높이를 잴 수 없을 정도로 높은 낭떠러지 위에서 날카로운 철검이 솟아있는 뜨거운 지면으로 떨어진다. 지면에 떨어지면 불타는 이빨을 가진 개가 죄인들을 물어뜯어 먹는다.
- **전도처(旃荼處)** : 환자가 사용해야 할 약물을 환자도 아닌데 사용한 약물중독 환자가 떨어지는 지옥. 까마귀, 독수리, 돼지 등이 죄인의 안구와 혀를 쪼아서 빼낸 후에 옥졸들이 절굿공이와 큰 도끼로 죄인을 내려친다.
- **외숙처(畏熟處)/외취처(畏鷲處)** : 탐욕 때문에 사람을 죽이고 음식물을 빼앗아서 굶기고 목마르게 한 자가 떨어지는 지옥. 옥졸들이 절굿공이, 불꽃의 철검, 화살 등을 갖고 뒤쫓아와서 죄인들은 쉴 틈도 없이 계속해서 달려야 한다.

069. 중합지옥(衆合地獄)

살생, 도둑질, 사음의 죄를 범한 자들은 중합지옥으로 환생한다. 망자들은 여기에서 옥졸들에게 사지가 가루가 되는 고통을 겪는다.

죄인을 눌러서 가루로 만드는 지옥

중합지옥은 불교의 팔대지옥 중 하나로 살생, 도둑질뿐만 아니라 아내와 남편이 아닌 자와 부정(사음의 죄)을 범한 자가 떨어지는 지옥이다. 이 지옥은 팔대지옥 중에서 세 번째 층에 위치해 있는 장소로 그 규모는 가로세로 1만 유순 넓이에 이르며, 정사각형 모양에 높이는 약 2,700유순이다.

중합지옥의 주된 고통은 죄인을 바위로 깔아뭉개는 것인데 이로 인해 중합지옥을 퇴압(堆壓)지옥이라고도 부른다. 지옥 여기저기에는 철로 된 많은 산이 있는데 망자들이 도착하면 우두(牛頭), 마두(馬頭) 등의 옥졸이 무기를 들고 이들을 철산 사이로 몰아넣는다. 그러면 별안간 산들이 합쳐지면서 산 사이로 몰린 죄인들은 찌그러진다. 이런 형벌 외에도 중합지옥에는 수많은 압사의 벌이 죄인에게 주어진다.

또 다른 장소에서는 옥졸들이 커다랗고 평편한 돌 위에 죄인들을 올려놓

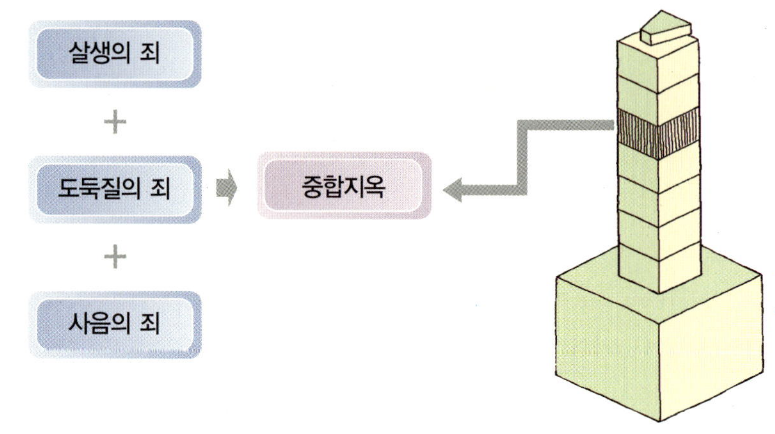

고통

- 거대한 돌과 바위 등으로 죄인을 찌그러뜨린다.
- 철 절구로 갈아 버린다.
- 구리가 펄펄 끓는 강에 빠뜨린다.
- 칼처럼 날카로운 잎이 잔뜩 달린 나무를 올라가게 한다.

기간

- 중합지옥에서 2000년을 보낸다.
- 중합지옥의 하루는 야마천의 2000년이다.
- 야마천의 하루는 인간세계의 200년이다.

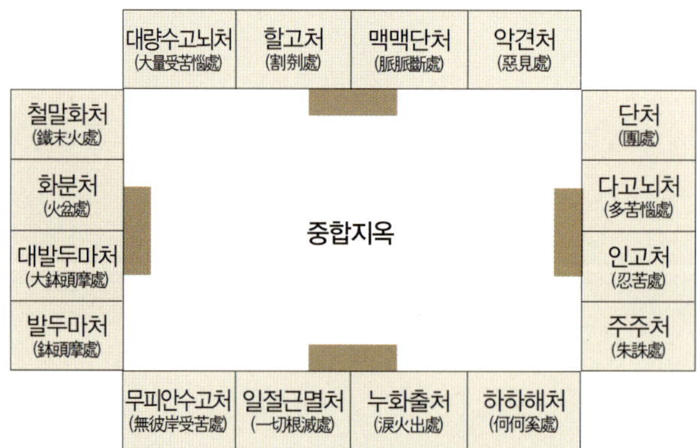

고 거대한 돌덩이를 떨어뜨려서
그들을 압사시킨다. 철로 된 절구
가 있는 곳에서는 옥졸들이 절구
에 죄인들을 담아 철로 된 절굿공
이를 치켜들고 죄인들을 빻고, 펄
펄 끓는 구리가 흐르는 강에서는
옥졸들이 갈고리 모양의 무기로
죄인들을 찍어서 강 속으로 빠뜨
린다.

또 다른 형벌로 몸이 찢겨지는
고통을 당하는 것도 있다. 칼처럼
날카로운 잎을 가진 나무도 있어
서 아름다운 미인이 나무 위에 걸

망령된 말의 죄를 다스리는 오관대왕
망령된 말을 함부로 내뱉은 죄인들에게 가해지는 형벌(칼
날이 솟아있는 들판에 내던져짐)을 볼 수 있다.(국립중앙박
물관 소장)

터앉아 있다가 나무 아래에 있는 죄인들을 유혹한다. 그러면 죄인들은 이 여
인에게 다가가기 위해 나무 위를 오르기 시작한다. 하지만 오르는 도중에 칼
처럼 날카로운 잎에 점점 살이 찢긴다. 그래도 너덜너덜해진 몸으로 나무 위
까지 올라가면 이번에는 다시 나무 아래에서 미인이 나타나 또다시 그들을
유혹한다. 그러면 그들은 다시 여인을 향해 나무에서 내려온다. 이 숲에서는
이런 일이 영원히 반복되며, 나무를 오르락내리락하면 할수록 죄인의 몸은
피투성이가 되어간다. 죄인들은 이곳에서 2000년을 보내야만 한다.

070. 규환지옥(叫喚地獄)

살생, 도둑질, 사음의 죄에 술에 관계되는 죄를 더한 자는 규환지옥으로 환생하여 끓여지거나 태워지는 고통을 당한다.

고통의 비명소리가 울려 퍼지는 지옥

규환지옥은 불교의 팔대지옥 중 하나로 살생, 도둑질, 사음의 죄와 더불어 타인에게 술을 먹여 범죄를 저질렀거나 취한 자에게 범죄를 저지른 자가 떨어지는 지옥이다.

술에 독약을 섞어서 살인을 하거나, 취한 자의 물품을 도둑질하거나, 타인에게 술을 먹여서 나쁜 짓을 시키거나, 혹은 취한 자에게 음란한 짓을 한 자 등이 이 지옥에 떨어지게 된다.

이 규환지옥은 팔대지옥 중에서는 위에서 네 번째에 있으며, 가로 세로 1만 유순 넓이의 정사각형 모양에 높이는 약 2,700유순이다.

규환지옥에는 금발머리를 하고 눈에서 불을 뿜고 있는, 빨간 옷을 입은 거대한 옥졸이 있으며 이 옥졸은 도망치는 죄인을 따라다니며 활을 쏜다.

그러나 이 지옥이 주는 고통의 핵심은 죄인을 끓이거나 태우거나 볶는 것

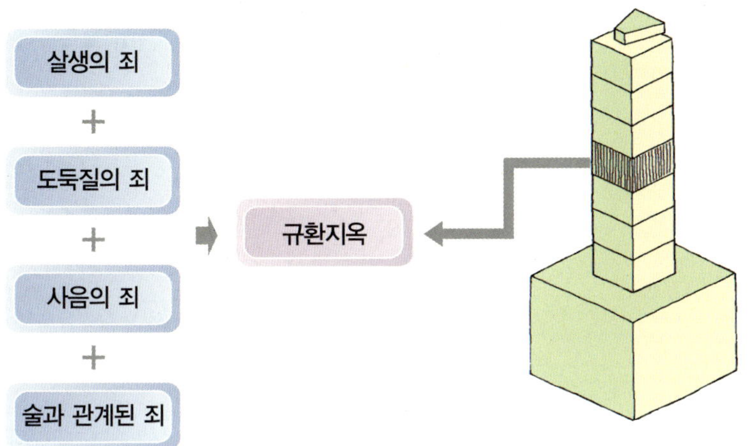

고통

- 죄인을 삶거나 굽거나 볶거나 한다.
- 금발머리에 눈에서 불을 뿜고 빨간 옷을 입은 거대한 옥졸이 활을 쏜다.

기간

- 규환지옥에서 4000년을 보낸다.
- 규환지옥의 하루는 도솔천의 4000년이다.
- 도솔천의 하루는 인간세계의 400년이다.

◉ 규환지옥에 붙어 있는 16소지옥

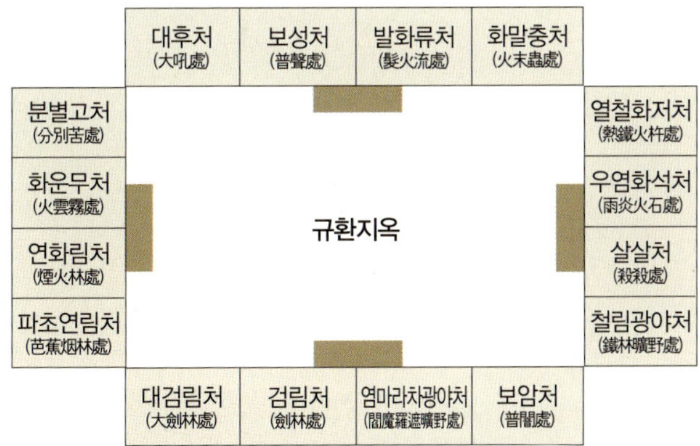

다쭈(大足)의 지옥변상도(地獄變相圖)

지옥의 모습이 공포스러울 정도로 과감하게 표현된 지옥변상도는 높이 12.7m, 너비 20m에 달한다. 스님에게 술을 마시게 한 이가 무릎을 잘리는 장면도 있다. 펄펄 끓는 가마를 중심으로 웃음을 띠고 있는 듯한 마두 옥졸과 공포에 질린 죄인들의 표정이 대조를 이룬다.

이다. 어떤 자는 속이 깊은 냄비에, 어떤 자는 가마에, 어떤 자는 얕은 냄비에 던져져서 구워지거나, 삶아진다. 죄인의 입에 뜨겁게 달궈 녹인 구리를 부어서 내장까지 태워버리는 상상도 못할 형벌도 있었다.

뜨거움을 참지 못한 죄인들은 계속해서 큰소리로 아우성을 치는데, 그 비명소리가 무시무시하다고 해서 규환지옥이라고 불린다. 죄인들은 이 지옥에서 4000년을 보내야만 하는데, 이것은 인간계의 852조 6400억 년에 해당한다.

여타의 지옥처럼 규환지옥 사방에도 네 개의 문이 있고 그 바깥쪽에는 대후처(大吼處), 보성처(普聲處), 발화류처(髮火流處) 등의 16개 소지옥이 부속되어 있다.

071. 대규환지옥(大叫喚地獄)

> 대규환지옥에서는 등활지옥, 흑승지옥, 중합지옥, 규환지옥 각각의 고통을 합한 것보다도 열 배나 큰 고통을 받는다.

규환지옥 열 배의 고통이 있는 지옥

대규환지옥은 불교의 팔대지옥 중 하나로 살생, 도둑질, 사음, 술 매매에 관한 죄 외에도 거짓말을 한 자들이 떨어지는 지옥이다. 즉, 규환지옥의 죄에 거짓말의 죄가 더해진 죄인이 이곳에 떨어지게 된다.

대규환지옥은 팔대지옥 중에서는 위에서 다섯 번째에 위치하는 곳으로, 가로 세로 1만 유순 넓이의 정사각형 모양에 높이는 약 2,700유순이다.

대규환지옥의 고통은 규환지옥의 고통에서 그 규모를 키운 것이 대부분이다. 대규환지옥은 규환지옥에서 사용된 것보다 더 커다란 냄비와 가마에서 죄인들을 삶는다. 도구가 커지는 만큼이나 고통도 커지는데, 이곳에서 죄인들은 등활, 흑승, 중합, 규환 각 지옥의 고통과 부속으로 딸린 16개 소지옥의 고통을 합한 것보다도 열 배나 큰 고통을 경험하게 된다.

또한 거짓말쟁이가 떨어지는 지옥이기 때문에 입이나 혀, 목에 관련한 고

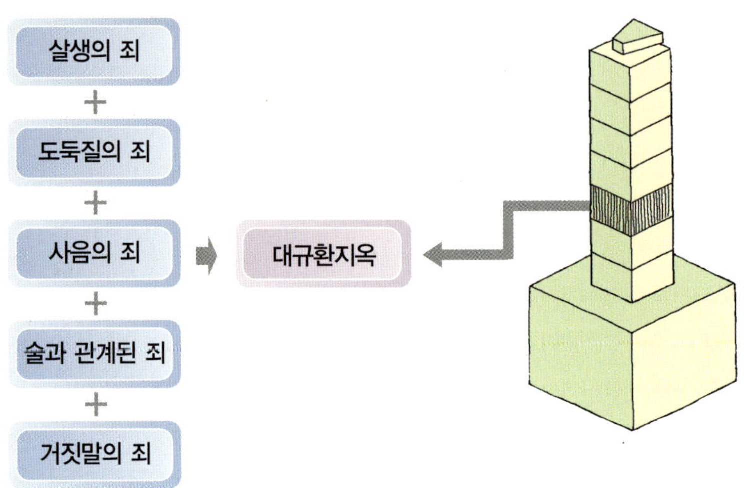

고통

- 죄인을 삶거나 굽거나 볶는다.
- 뜨거운 구리 액체를 입에 흘려 넣는다.
- 불꽃의 주둥이를 가진 곤충이 혀와 목을 먹는다.

기간

- 대규환지옥에서의 8000년을 보낸다.
- 대규환지옥의 하루는 화락천의 8000년이다.
- 화락천의 하루는 인간세계의 800년이다.

◉ 대규환지옥 소속의 18개 소지옥

문들이 특별히 많다. 구리를 녹인 뜨거운 액체를 입에 흘려 넣거나, 불꽃 주둥이를 가진 곤충들이 죄인들의 혀와 목을 먹어버리는 등의 고문도 있다. 죄인들은 이러한 고문을 인간세계의 시간으로 6821조 1200억 년에 해당하는 시간 동안 이런 고문을 겪어야 한다. 인간세계의 800년이 화락천의 하루에 해당하며, 화락천의 8000년이

끓는 물에 삶는 벌
조선시대에 그린 지옥의 시왕 중 두 번째 왕을 그린 그림으로 하단에 옥졸이 죄인을 물이 끓고 있는 가마에 집어넣는 장면을 묘사하고 있다.(국립중앙박물관 소장)

대규환지옥의 하루인데, 죄인들은 이곳에서 8000년을 보내야만 한다.

대규환지옥의 사방에는 네 개의 문이 있고, 그 바깥쪽에 후후처(吼吼處), 수고무유수량처(受苦無有數量處), 수견고뇌불가인내처(受堅苦惱不可忍耐處)를 비롯한 18개의 소지옥이 있다.

다른 팔대지옥과 달리 대규환지옥에 딸린 소지옥은 18개로 그 수가 더 많은데 이유에 대해서는 아직까지 명확한 설명이 없다.

072. 초열지옥_(焦熱地獄)

살생, 도둑질, 사음, 술 매매, 거짓말에 사견(邪見, 인간의 도리를 무시한 잘못된 생각)이 죄를 범한 죄인들은 초열지옥으로 환생해서, 철판 위에서 태워지거나 구워지는 형벌을 받는다.

특별한 불로 구워 괴롭히는 지옥

초열지옥은 불교의 팔대지옥 중 하나로 살생, 도둑질, 사음, 술 매매, 거짓말 외에도 불교의 가르침과는 다른 생각을 말하는 사견의 죄를 범한 자들이 떨어지는 지옥이다. 즉, 대규환지옥의 죄에 사견의 죄가 더해진 죄인들이 가게 된다.

팔대지옥 중에서 위로부터 여섯 번째에 위치한 초열지옥은 가로 세로 1만 유순 넓이의 정사각형 형태에 높이는 약 2,700유순이다.

초열지옥은 이름 그대로 죄인들을 굽고 태우는 지옥이다. 초열지옥의 옥졸들은 벌겋게 달군 철판 위에 죄인들을 올려놓고 겉과 속을 태운다. 어떤 죄인은 항문부터 머리 꼭대기까지 꼬치를 끼워 불 위에서 돌리면서 굽기도 한다. 눈, 코, 입, 혀, 손, 발 등으로 신체를 분해해서, 각각을 불로 태우는 고통을 주는 형벌도 있다. 또 죄인의 살을 철봉으로 고정시켜서 마치 고기완자

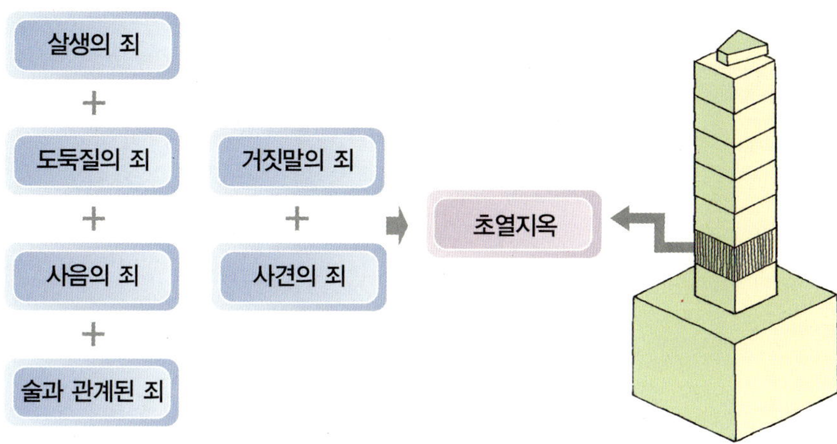

고통
- 철판에서 겉과 속을 모두 태운다.
- 꼬치에 꽂아서 굽는다.
- 죄인의 살을 완자처럼 만들어서 굽는다.
- 철의 성이나 철의 감옥에 가두고 태운다.

기간
- 초열지옥에서 16000년을 보낸다.
- 초열지옥의 하루는 화락천의 16000년이다.
- 화락천의 하루는 인간세계의 1600년이다.

◉ 초열지옥 부속의 16소지옥

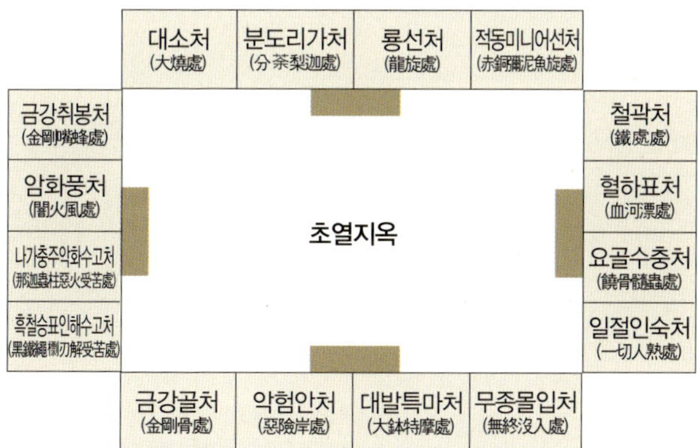

욕하고 비방하는 자들이 떨어지는 지옥

발설지옥이라 일컫는 지옥을 묘사한 불화. 죄인의 혀를 길게 빼내 그 위로 소를 몰아 밭을 가는 끔찍한 장면이 묘사되어 있다. 평소 남을 욕하고 비방하는 등 입으로 나쁜 짓을 저지른 사람들이 죽은 뒤 받게 되는 형벌이다.(국립중앙박물관 소장)

처럼 굽기도 한다. 철로 된 성이나, 철로 된 감옥에 가둬놓고 통째로 굽는 경우도 있다.

초열지옥의 불은 다른 지옥의 불에 비해 뜨겁기가 상상을 초월한다. 초열지옥의 불에 비교하면 등활지옥부터 대규환지옥에 이르는 다섯 곳의 대지옥 불은 이슬이나 눈처럼 차가운 느낌이 들 정도라고 한다.

그렇다면 초열지옥에서 죄인은 얼마나 고통을 받을까? 죄인들은 이 지옥에서 16000년을 보내야만 한다. 이것을 인간계의 시간으로 환산하면 5경 3084조 1600년, 죄인이 초열지옥에서 죽지도 못하면서 고통을 감내해야 하는 시간이다.

초열지옥도 다른 지옥과 마찬가지로 지옥의 사방에는 네 개의 문이 있으며, 그 바깥쪽에는 대소처(大燒處), 적동미니어선처(赤銅彌泥魚旋處), 혈하표처(血河漂處), 요골수충처(饒骨髓蟲處), 일절인숙처(一切人熟處), 무종몰입처(無終沒入處) 등의 소지옥이 부속되어 있다.

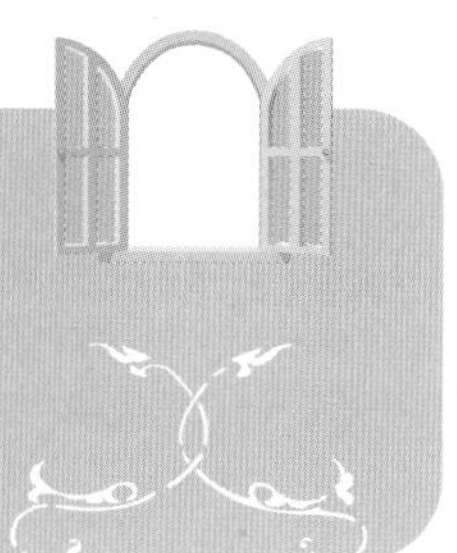

073. 대초열지옥(大焦熱地獄)

대초열지옥에 떨어진 죄인들은 초열지옥보다도 더 큰 고통을 받으며, 그곳에서 지내야 할 기간은 거의 반중겁(半中劫)에 이른다.

살아있을 때부터 시작되는 지옥

대초열지옥은 불교의 팔대지옥 중의 하나로, 살생, 도둑질, 사음, 술 매매, 거짓말, 사견의 죄 이외에 아직 한 번도 계율을 어긴 적이 없는 여자 아이나 비구니 등 깨끗하고 성스러운 자를 범한 자들이 떨어지는 지옥이다.

팔대지옥 중 위에서 일곱 번째 층을 점하는 대초열지옥은 가로세로 1만 유순 넓이의 정사각형 형태에 높이는 2,700유순이나 된다.

대초열지옥의 고통은 죄인을 굽고 태운다는 점에서 초열지옥과 같지만 죄인이 느끼는 고통은 훨씬 더 크다. 등활지옥에서 초열지옥까지 각 지옥에 딸린 소지옥의 고통을 전부 합한 것의 열 배에 해당하는 고통을 받게 된다. 죄인을 태우기 위한 불은 자그마치 500유순의 높이와, 200유순의 넓이에 이른다. 때문에 대초열지옥에서 3,000유순이나 떨어진 장소에서도 죄인들이 고통스러워 내지르는 목소리를 들을 수 있을 정도라고 한다.

또한 이 지옥에 떨어진 죄인들은 등활지옥에서 초열지옥까지의 지옥에 떨어지는 죄인과는 죽는 방법부터가 다르다. 대초열지옥에 가게 될 죄인은 죽기 3일 전부터 지옥의 고통을 느끼게 된다. 게다가 죄인들은 죽음과 환생의 중간 상태에 있는 중유 단계에서도 염라대왕의 옥졸들에게 고문을 당해 마치 지옥에 있을 때처럼 괴로워한다.

지옥에 떨어진 죄인들은 이곳에서 반중겁(半中劫)의 시간 동안 고통을 받는다. 이는 거의 영원에 가까운 시간이다.

대초열지옥의 사방에도 네 개의 문이 있고, 마깥쪽에는 일절빙초열처(一切方焦熱處), 대신악후가외지처(大身惡吼可畏之處), 화계처(火髻處), 우루만두수처(雨縷鬘抖擻處), 타타타제처(咤咤咤齊處), 우사화처(雨沙火處), 내열비처(內熱沸處), 보수일절자생고뇌처(普受一切資生苦惱處), 비다라니처(鞞多羅尼處), 무간암처(無間闇處), 고계처(苦髻處), 발괴오처(髮愧烏處), 비고후처(悲苦吼處), 대비처(大悲處), 무비암처(無非闇處), 목전처(木轉處)의 16소지옥이 부속되어 있다.

중겁 : 1변이 1유순 크기를 이루는 정사각형의 거대한 돌을 부드러운 면으로 100년에 한 번 가볍게 닦아내는데, 그 자극으로 돌이 마모되어 다 소멸될 때까지의 시간보다도 길다.

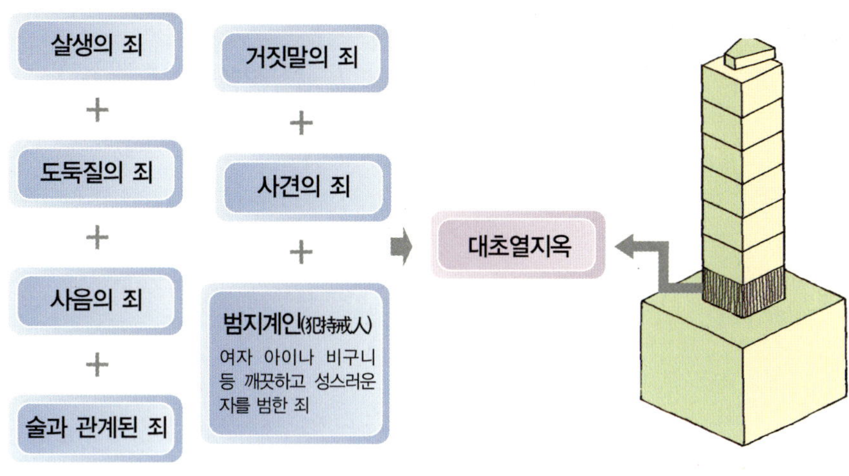

고통
• 초열지옥 이상으로 죄인을 굽고 태운다.
• 죽기 3일전부터 고통을 받기 시작한다.
• 중유 단계에서도 고통을 받는다.

기간
거의 영원에 가까운 시간

◉ 대초열지옥 부속의 16소지옥

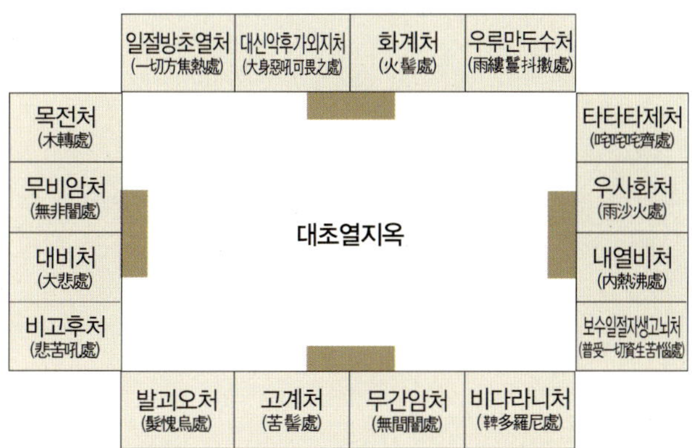

074. 무간지옥(無間地獄)

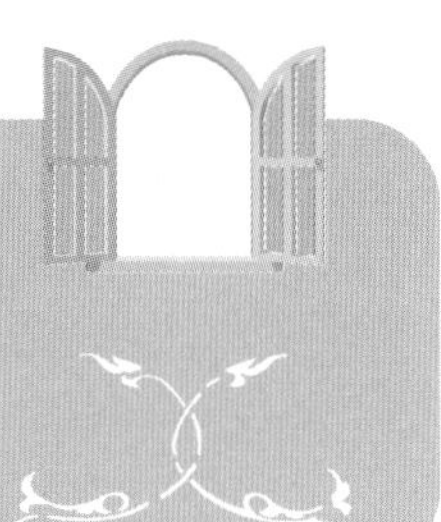

팔대지옥 중 최악의 지옥은 바로 무간지옥이다. 고통의 위력에 관해서도 악명이 높다. 심지어 무간지옥의 고통에 비하면 대초열지옥의 고통은 행복으로 느껴질 정도라고 한다.

팔대지옥 중 최악의 지옥

무간지옥은 아비지옥이라고도 부른다. 무간지옥은 불교의 팔대지옥 중 최악의 지옥으로 살생, 도둑질, 사음, 술 매매, 거짓말, 사견, 범지계인 외에 부모 살해와 아라한(성자) 살해 등 불교에서 가장 큰 죄라고 여기는 무거운 죄를 범한 자들이 떨어지는 지옥이다.

팔대지옥 중에서 최고 아래에 위치한 무간지옥은 크기도 다른 지옥보다 크다. 가로세로가 2만 유순의 정사각형에 높이도 2만 유순이나 된다.

최악의 지옥이라는 명성답게 무간지옥에 떨어지는 죄인들은 중유 기간부터 많은 벌을 받게 된다. 그리고 나서 죄인들은 지옥을 향해 떨어지기 시작하는데 무간지옥은 지상에서 2만 유순이나 떨어진 깊은 곳에 위치해 있기 때문에 지옥의 상부에 도착할 때까지 약 2000년이라는 세월이 소요된다. 게다가 완전히 거꾸로 고꾸라진 상태로 떨어지기 때문에 그 고통도 만만치 않다.

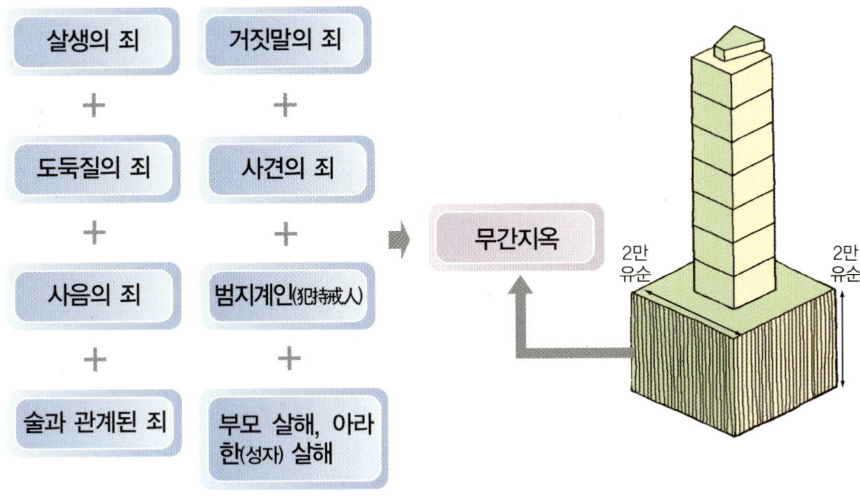

고통

- 팔대지옥 중 최대의 고통을 준다.
- 뜨겁게 달궈진 철산을 오르락내리락 한다.
- 혀를 뽑아서 100개의 철침을 꽂는다.

기간

1중겁

◉ 무간지옥 소속의 16소지옥

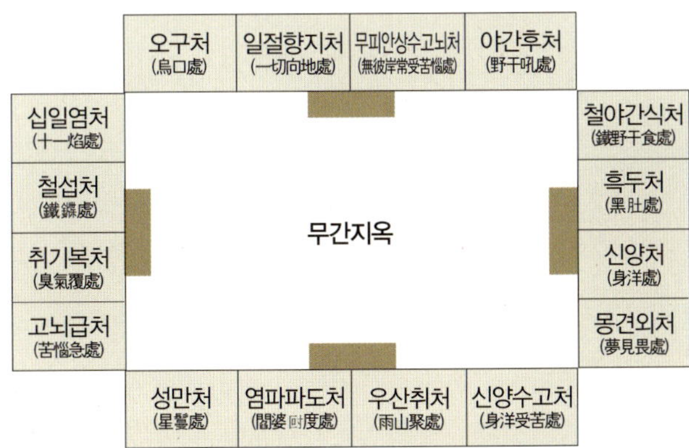

무간지옥에 도착한 죄인들을 기다리는 것은 다른 지옥과는 비교도 안 될 정도의 커다란 고통이다. 발길이 닿는 곳마다 불길이 없는 곳이 없으며 최악의 옥졸인 우두, 마두 등이 기다리고 있음은 물론이고 신장이 4유순이나 되고 눈이 64개나 달렸으며, 입에서 불을 뿜는 기괴한 귀신도 살고 있다. 죄인들은 이 귀신들에게 쫓기며, 뜨겁게 달궈진 산을 영원히 오르락내리락 한다. 귀신 외에도 독과 불을 내뿜는 거대한 뱀과 곤충들이 시시때때로 죄인들을 괴롭힌다.

무간지옥의 고문들을 보면 단순히 육체에 가해지는 끔찍한 고통 외에도 쫓기고 두려움에 시달리는 정신적인 고통까지 가해지기 때문에 대초열지옥의 고통이 행복하게 느껴질 정도이다. 죄인들이 지옥에 머무는 기간도 1중겁에 이를 정도로 길다.

무간지옥 사방에도 여느 지옥처럼 네 개의 문이 있고, 그 바깥쪽에는 오구처(烏口處), 일절향지처(一切向地處), 무피안상수고뇌처(無彼岸常受苦惱處), 야간후처(野干吼處), 철야간식처(鐵野干食處), 신양처(身洋處), 몽견외처(夢見畏處), 신양수고처(身洋受苦處), 우산취처(雨山聚處) 등의 16소지옥이 있다.

무간지옥에서의 고통
살인, 역적, 강도, 고문, 도둑질을 한 죄인들이 겪는 고통(독사들에게 온 몸을 물어 뜯기는 고통)의 몇 천 배에 달하는 형벌을 1중겁의 시간 동안 받아야 한다.

075. 〈장아함경〉 속의 지옥

〈장아함경〉에서는 수미산세계의 가장자리에 이중으로 된 철주산이 세계 전체를 감싸고 있으며, 안쪽 철주산과 바깥쪽 철주산 사이에 팔대지옥과 십지옥이 존재한다고 쓰여 있다.

수미산세계를 둘러싸고 있는 지옥

팔대지옥은 대지 아래에 세로로 겹쳐져 있다는 설이 일반적인 통념이지만, 그와 다른 의견을 제시하는 기록도 있다.

원시불교의 경전인 〈장아함경〉에 의하면 수미산세계의 둘레에 광대한 바다가 흐르고 있으며 그 바다의 바깥쪽에 철주산이 서 있다고 한다. 이 철주산은 두 겹으로, 수미산세계 전체를 둘러싸고 있으며 철주산 사이, 즉 안쪽 철주산과 바깥쪽 철주산 사이에는 태양과 달빛이 전혀 들지 않

티베트의 카일라스산(Kailas Mt)
산스크리트어로는 '신의 천당'을 의미한다는 카일라스산은 불교나 라마교, 힌두교에서 성지로 여기는 곳으로 아시아 문명을 형성한 네 강의 발원지이다. 불교도와 힌두교들이 '수메루(Sumeru)'라고 부른 데서 유래, 불교도들은 이 산을 수미산이라고도 한다.

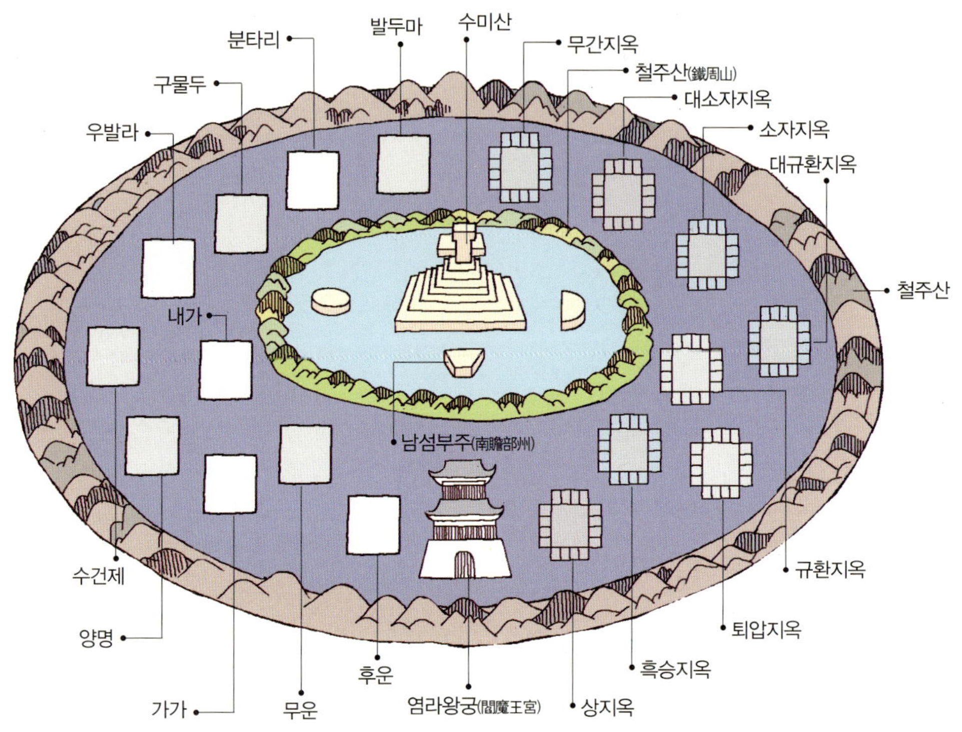

◉ 팔대지옥에 소속되어 있는 16소지옥

는 황량하고 어두운 세계가 있다고 한다. 산과 산 사이의 넓이도 확실하지 않은 이 어두운 곳에 팔대지옥이 위치해 있다는 기록이 〈장아함경〉에 전해진다.

팔대지옥의 이름은 제1지옥부터 순서대로 상지옥(想地獄) - 흑승지옥 - 퇴압지옥 - 규환지옥 - 대규환지옥 - 소자지옥(燒炙地獄) - 대소자지옥 - 무간지옥이다.

각 대지옥에는 각각 16소지옥이 소속되어 있는데, 그 이름은 모든 대지옥이 공통적으로 흑사(黑沙), 비시(沸屎), 오백정(五百釘), 기(飢), 갈(渴), 일동부(一銅釜), 다동부(多銅釜), 석마(石磨), 농혈(膿血), 량화(量火), 회하(灰河), 철환(鐵丸), 근부(斤斧), 시랑(豺狼), 검수(劍樹), 한빙(寒氷)이다.

또한 〈장아함경〉에서는 철주산 사이에 십지옥이 있다고 했다. 이 십지옥의 이름은 후운(厚雲), 무운(無雲), 가가(呵呵), 내가(奈呵), 양명(羊鳴), 수건제(須乾提), 우발라(憂鉢羅), 구물두(拘物頭), 분타리(分陀利), 발두마(鉢頭摩)이다.

염라왕궁 역시 철주산 사이에 있으며, 정확히 남섬부주의 남방에 해당하는 방향으로 가로세로 6,000유순의 넓이에, 일곱 겹의 성곽으로 둘러싸여 있다고 전해진다.

철주산 사이에는 큰 바람이 부는데, 이 바람이 만약 철주산을 넘어 인간이 사는 세계로 불어오면 모든 것을 가루 상태로 만들어버릴 정도로 강력하다는 이야기가 기록되어 있다. 게다가 이 바람은 불 그 자체여서 불길이 닿는 모든 것을 다 태워버릴 정도로 뜨겁고, 견디기 힘든 악취까지 풍긴다고 한다. 즉, 광대한 철주산 사이 전체가 무서운 지옥지대인 것이다.

장아함경 : 불교의 가장 초기의 가르침이 담긴 경전을 총칭하며 아함경이라고 한다. 장아함경은 그중 하나이다.
철주산 : 장아함경에서는 금강산(金剛山)이라고 부르고 있다.

앙코르 와트
태양을 상징하는 해자, 히말라야 영봉을 상징하는 벽, 세
계의 중심 메루산(수미산)을 상징하는 사원 중앙의 탑당
등 앙코르 와트는 그야말로 지상에 구현된 선의 세계이다.

앙코르 와트 남면 동쪽 회랑. 사후세계로 향하는 죽은 이들의 행렬과 야마의 재판, 지옥에서 고통 받는 장면을 새긴 부조가 회랑 가득 펼쳐져 있다.(위, 아래)

076. 극락과 정토

> 대승불교의 가르침에서는 석가 이외에도 많은 부처가 있으며, 그 각각이 일종의 이상향인 정토를 다스리고 있다.

불교의 이상이 실현되기 쉬운 청정한 세계

인도에서는 기원 전후부터 대승불교가 유행했다. 이로 인해 전생에 열심히 불교를 신봉하면 사후에 극락정토라는 일종의 천국으로 환생할 수 있다는 믿음이 생겨났다. 그 이전의 불교에서 부처(깨달음을 얻은 자)는 석가를 지칭하는 것이었지만, 대승불교에 의하면 석가 이외에도 많은 부처가 있으며 이들 부처는 모두 각각이 자신들의 우주를 주재하고 있다고 한다.

대승불교에서는 우리들이 살고 있는 이 우주 즉, 사바세계가 고뇌로 넘쳐나는 '예토(穢土, 더러운 땅)'인데 반해, 불국토(佛國土)는 청정한 '정토(淨土)'로 대승불교의 이상향이라고 생각했다.

이렇게 해서 여러 개의 정토가 생겨났다. 우리들의 세계에서 보면 머나먼 동쪽에 있는 아축불(阿閦佛)의 묘희국(妙喜國), 약사여래(藥師如來)의 정유리세계(淨瑠璃世界)와 서쪽에 있는 아미타불의 극락국, 북쪽에 있는 미륵보살의 도솔

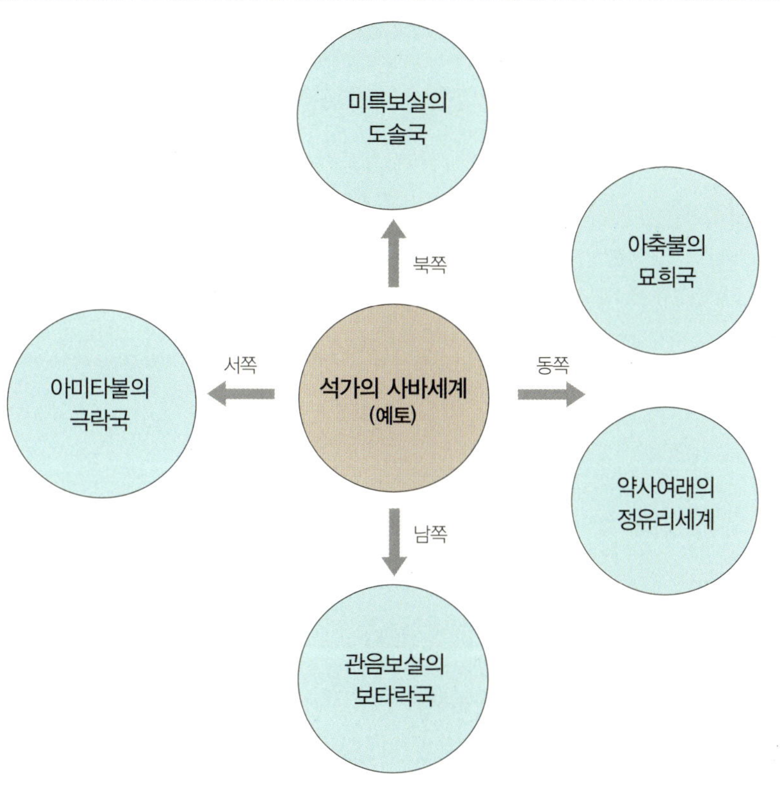

아미타불(阿彌陀佛)	인도 왕족 출신으로 세자재왕여래(世自在王如來) 밑에서 48개의 서원(誓願)을 세우고, 오랜 시간 수행을 하여 아미타불로서 극락원을 지배한다.
아축불(阿閦佛)	대일여래(大日如來) 밑에서 수행하고, 부처가 된 후에 묘희국을 지배한다.
미륵보살(彌勒菩薩)	불교의 천도 중 하나인 도솔천에 사는 대승불교의 대표적인 보살. 석가가 죽고 약 56억 년 후에 부처가 되어 중생을 구원할 것이라 믿었다.
약사여래(藥師如來)	사람들의 병을 고치고, 고뇌에서 구원해 준다고 믿는 부처로, 정유리세계(淨瑠璃世界)에서는 일광보제(日光菩薩), 월광보제(月光菩薩)를 거느리고 있다.
관음보살(觀音菩薩)	관음보살로서 예로부터 넓게 신앙의 대상이 된 부처로 다양한 모습으로 나타나서, 괴로워하는 사람들을 구제한다고 했다.

국, 남쪽에 있는 관음보살의 보타락국 등이 꽤 알려진 정토다.

이들 중에서도 특히 신자들의 열렬한 지지를 모았던 정토는 아미타불의 극락국이었다. 그래서 시간이 흐를수록 정토를 말할 때 곧 극락국을 이르는 것이 되었고, 오늘날에는 극락정토라는 말이 대중적으로 쓰이게 되었다.

당연한 것이지만 극락은 굉장히 훌륭하고 아름다운 곳이다. 말 그대로 고통이 없는, 즐거운 세계이다. 우선 외형 자체가 아름답고, 금은보석으로 장식된 누각과 나무들은 물론이고 색색의 연꽃이 핀 연못이 있으며, 어느 곳에니 향기가 가득하고, 항상 아름다운 음악이 들려온다. 이 세계에는 선한 사람들만이 살고 있으며, 누구나 아미타불의 가르침을 받고 깨달을 수가 있다.

우리들이 사는 예토에서는 깨달음을 얻는 것이 상당히 어려운 일이지만 극락에서는 그렇지 않다. 그렇기 때문에 많은 사람들이 아미타불을 믿고, 특히 극락정토로 환생하기를 바랐다.

악사와 춤추는 사람들
음악을 연주하는 악사와 즐겁게 춤을 추는 사람들, 그리고 풍성하게 열매를 맺고 있는 화사한 나무들. 극락이란 이런 곳이 아니었을까 싶은 상상을 불러일으킨다.

사바세계 : 대승불교에서는 석가의 불국토인 수미산세계를 사바세계라고 했으며, 그곳은 괴로움이 넘치는 예토라고 생각했다.

077. 티베트 밀교에서 말하는 명계

'티베트 사자의 서'는 보다 나은 환생을 얻거나, 윤회전생을 벗어나 열반에 들기 위해 중유에서 지내는 법을 가르치고 있다.

사후의 환생을 결정하는 중유에서 지내는 법

티베트 밀교에서도 불교와 마찬가지로 육도윤회의 세계를 믿는다. 그러나 티베트 밀교는 불교와 달리 사람이 죽어서 다음 생으로 환생할 때까지의 중유(티베트어로는 바르도) 기간을 잘 지내면 고통스러운 윤회환생을 벗어나 열반에 들 수 있다고 믿었다. 우리에게 '티베트 사자의 서'라는 이름으로 잘 알려진 경전은 바르도 기간을 잘 지내는 법에 대해 써놓은 기록이다.

'티베트 사자의 서'는 사자가 바르도 기간에 체험하는 일에 대하여 소개하고 그것을 어떻게 대해야 하는지에 대한 마음가짐을 자세하게 설명하고 있다. 여기에서는 현재까지 알려진 십여 종류의 '티베트 사자의 서' 중에서도 〈바르도 퇴돌(Bardo Thodol)〉이라는 경전을 참고하여 바르도에 대해 알아볼 것이다.

경전에 의하면, 바르도는 크게 3단계로 나뉜다고 한다. 제1은 죽는 순간의

제1중유 – 치카이 바르도

3일~3일 반

사람의 날숨이 멈추고, 생명의 바람(룬)이 아직 몸 안에 머물러 있는 상태로 실신상태가 계속된다.

제2중유 – 초에니 바르도

최장 14일간

생명의 바람이 육신에서 밖으로 빠져나간 후에 사자는 하나의 의식체가 되어 다양한 환시를 본다.

눈부신 빛에 싸여있는 신들

날카로운 빛에 싸여있는 육도윤회의 세계

※ 신들을 선택하면 해탈할 수 있지만, 후자를 선택하면 또다시 바르도를 헤매게 된다.

제3중유 – 시드파 바르도

바르도의 최후 단계

최장 21일간

- 사자는 카르마로 인한 무서운 환상에 괴로워하고, 염라대왕이 나타나서 그의 죄를 낱낱이 헤아린다.
- 사자의 눈앞에 육도에서 뻗어 나오는 여섯 개의 빛이 나타난다. 천도는 흰색, 아수라도는 빨간색, 인도는 청색, 축생도는 녹색, 아귀도는 황색, 지옥도는 연기색이다. 사자의 몸도 환생 전의 색으로 변해간다.

※ 여기까지 오면 해탈은 어렵지만 좋은 어머니를 선택하면 보다 나은 환생을 할 수 있다.

윤회전생

중유(치카이 바르도), 제2는 존재가 본래 가진 모습의 중유(초에니 바르도), 제3은 재생으로 향하는 혼란 상태의 중유(시드파 바드로)이다.

사람들은 죽은 후에 49일 동안 이 3단계를 순차적으로 경험하게 되는데, 이 중유 상태에서 개인마다 각각 다른 모습의 미래상을 보게 된다. 이 미래상은 사자 자신의 나쁜 카르마가 끌어내는 환시이며 사자의 마음을 혼란스럽게 만들어서 결과적으로는 꺼려야 할 윤회전생을 권하게 만든다.

이때 이 미래상들이 모두 환시임을 깨닫고, 마음을 비운 상태를 유지하면 사자는 윤회전생에서 벗어나 해탈할 수 있게 된다. 그것이 바로 '티베트 사자의 서'의 역할이다. 티베트인들은 죽어가는 자가 살아있는 동안 이 책을 통해 바르도에 대한 올바른 마음가짐을 기르거나, 또는 죽음이 가까워진 상태에서 종교적인 스승과 친한 친구들이 이 책에 쓰여 있는 기도의 말을 읽어주면 운이 좋은 경우 사자가 해탈을 할 수 있거나, 해탈까지는 아니더라도 좋은 환생을 얻을 수 있을 것이라고 믿었다.

팅카(티베트 불화)
자애로운 불보살과 분노존(忿怒尊)들이 빼곡이 그려진 티베트 탕가. 이렇게 불보살이 함께 그려진 그림은 대게 초에니 바르도와 관계된 것으로 추측한다.

티베트 밀교 : 티베트에는 오래전부터 샤머니즘적 종교인 본교가 있었다. 7세기 전반에 불교가 전파되고, 두 개의 종교가 합해지자 밀교색이 강한 티베트 불교가 생겨났다.

078. 일본 불교에서 말하는 산악지옥

일본에서는 오래전부터 산악영장에 대한 전통신앙이 있었다. 후에 이것이 불교의 지옥사상과 결합되어 현실의 산 속에 다양한 지옥이 있다는 신앙이 생겨났다.

오래된 전통신앙과 불교가 결합된 산악지옥

일본에서는 오래전부터 사람이 죽으면 그 영혼이 산으로 올라간다고 믿었다. 그리고 6세기에 불교가 전래되자 본래 있었던 산악영장과 불교의 지옥이 결합하여 산 속에 지옥이 있다는 신앙이 생겨났다. 특히 화산이 있는 산에서 하얀 연기가 피어오르거나, 뜨거운 물이 분출되면 그 지점이 지옥이라고 판단했다.

일본 명소에는 이런 산악지옥에 관련한 이야기가 여러 가지 전해지는데, 그중에도 오래전부터 많은 신앙을 모은 산이 있다. 바로 타테야마(立山)산이다. 곤자쿠모노가타리슈(今昔物語集)에도 타테야마 지옥을 주제로 한 몇 개의 이야기가 담겨있다. 그중에는 '타테야마 지옥은 정말 무섭다. 한쪽에선 불이 활활 타오르고, 또 한편에선 뜨거운 물이 부글부글 수증기를 내며 끓어오르고 있다. 멀리서 봐도 견디기 어려울 정도로 뜨겁다. 지옥의 가마 안에서 끓

1	불효자지옥(親不孝地獄)	2	아귀도(餓鬼道)	3	비방지옥(誹謗地獄)
4	대규환지옥(大叫喚地獄)	5	사견지옥(邪見地獄)	6	무간지옥(無間地獄)
7	투도지옥(偸盜地獄)	8	형제지옥(兄弟地獄)	9	대장간지옥(鍛冶屋地獄)
10	혈맥지옥(血脈地獄)	11	입문지옥(立聞地獄)	12	귀주계지옥(鬼酒戒地獄)
13	실지옥(絲地獄)	14	피의 연못지옥(血池地獄)	15	살생지옥(殺生地獄)
16	술집지옥(酒屋地獄)	17	식초집지옥(酢屋地獄)	18	염색장이지옥(紺屋地獄)
19	초열지옥(焦熱地獄)	20	참새지옥(雀地獄)	21	악구량설지옥(惡口兩舌地獄)
22	환속지옥(還俗地獄)	23	합전지옥(合戰地獄)	24	팔만지옥(八万地獄)
25	수려지옥(修羅地獄)	26	청칠지옥(淸七地獄)	27	망어지옥(妄語地獄)

◉ 유명한 산악지옥의 소재지

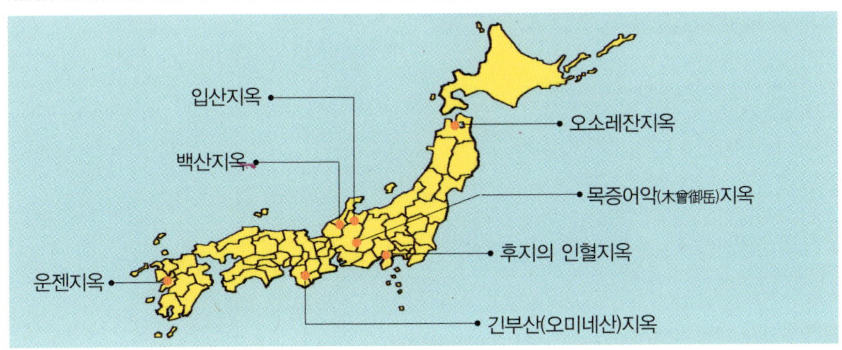

고 있는 사람은 틀림없이 죽을 만큼 괴로울 것이다.' 라고 적혀 있다. 이 기록을 통해 이때에도 지옥은 뜨거운 물이 펄펄 끓는 곳이라는 생각이 있었다는 것을 알 수 있다.

에도시대 중기에 출판된 백과사전 〈화한삼재도회(和漢三才圖會)〉에서는 지옥의 맨 처음으로 나가사키 현에 있는 운젠을 꼽는다. 이 운젠을 일명 지옥계곡이라고도 부른다. 에도후기의 문인 다치바나 난케이(橘南谿)의 기행문 〈동서유기〉에도 이 운젠지옥에 대한 기술이 있다. 그는 몇 개의 지옥 이름을 열거한 후 이렇게 운젠계곡을 묘사했다.

'대부분의 연못물이 끓고 있다. 이 물은 먹보다도 검다. 천둥 같은 소리를 내며 끓어오르고, 돌을 날리기도 한다. 자욱한 연기가 감겨 오르고, 불길이 타는 등 그 광경을 보기만 해도 엄습하는 두려움은 글로 다 적을 수가 없다.'

이 외에도 백산지옥, 긴부산(金峰山)지옥, 후지의 인혈지옥, 오소레잔(恐山地獄)지옥 등 유명한 산악지옥이 꽤 많다. 인도의 지옥은 현실세계와는 격리되고 단절된 지하 깊은 곳에 존재하는 반면에 일본의 지옥은 인간이 사는 대지 위에 함께 존재한다는 차이점이 있다.

운젠아무쿠사국립공원
일본 규슈의 세 개 현에 걸쳐 있는 국립공원으로 온천휴양지로 유명한 곳이다. 유황 증기가 분출하고 온천이 끓어 있어 이곳을 운젠지고쿠 즉, 운젠지옥이라 부른다.

곤자쿠모노가타리슈 : 평안 말기에 성립된 전 31권의 일본 설화집
화한삼재도회 : 18세기 초에 성립된 그림이 들어간 일본의 백과사전으로 오사카의 의사 테라지마 료안(寺島良安)이 편집했다.
동서유기 : 다치바나 난케이(橘 南谿, 1753년~1805년)가 1782년부터 1788년까지 일본 국내를 순회하여 쓴 견문기이다.

079. 일본 민간신앙 속의 지옥 '사이노가와라' 와 '피의 연못지옥'

일본의 민간신앙에는 어릴 때 죽은 아이의 영혼이 모여드는 '사이노가와라' 와 여성만이 가게 되는 '피의 연못지옥' 이 있다.

옛날 일본인에게는 익숙한 지옥

'사이노가와라' 와 '피의 연못지옥' 은 인도의 경전에는 등장하지 않지만, 옛 일본인에게는 익숙한 지옥이다.

사이노가와라는 중세 이후에 생겨난 일본의 민간신앙이다. 명계의 입구 부근에 있는 사출산을 넘어 삼도천 근처에 위치해 있다고 전해지는 사이노가와라에는 대개 10세가 되기 전에 죽은 아이들의 영혼이 모여든다. 어린 나이에 죽은 탓에 부모를 슬프게 한 죄를 범했으나 너무 어려서 지옥으로는 가지 못하고 사이노가와라로 오게 되는 것이다. 아이들은 이곳에서 부모형제를 그리워하면서 돌을 쌓아 탑을 만든다. 그러나 아이들이 돌을 쌓아올리면 지옥의 귀신이 찾아와 철봉으로 탑을 무너뜨리는데, 사이노가와라에서는 이런 상황이 계속해서 반복된다.

무로마치시대(室町時代)에 쓰인 이야기 〈후지의 히토아나(富士の人穴)〉에는 이

사이노가와라 ➡ 10세 미만이 되기 전에 죽은 아이의 영혼이 모이는 장소로 삼도천 근처에 있다.

사이노가와라에서는 아이들이 돌을 쌓아올리면 곧바로 귀신이 나타나서 무너뜨린다. 그러나 부모가 쌓은 돌은 무너뜨리지 못한다는 구전이 있으며 일본 각지에 아이를 공양하기 위한 사이노가와라가 있었다.

피의 연못지옥  〈혈분경〉의 유행으로 널리 퍼졌으며 여성이 떨어지는 지옥이다.

지장보살(地藏菩薩)

불교에서 보살은 각각 주재하는 정토를 갖고 있는데, 지장보살만은 달랐으며 그저 1인 지옥 혹은 육도를 거처로 삼아, 떨어지는 죄인들을 구제한다고 믿었다. 지장은 여러 명으로 분신할 수 있어서 여기저기에서 나타난다고 한다. 〈곤자쿠모노가타리슈〉에는 지장보살의 영험을 보여주는 이야기가 많이 수록되어 있다. 그중 다수는 생전에 지장보살을 믿고 따른 자가 죽어서 지옥으로 떨어지면 지장보살이 나타나 망자를 되살리고 극락왕생을 얻을 수 있는 기회를 준다는 이야기다. 지옥에 떨어져서 괴로워하는 망자의 고통을 지장보살이 대신해서 책임져준다는 이야기도 많다. 지장보살은 일본인들에게 친근한 인물로, 죽은 인간이 헤매지 않고 명계로 갈 수 있도록 길을 안내해준다는 신앙도 있다.

죄가 9000년 동안 계속 반복된다고 기록되어 있다. 그러나 아이들이 너무 가엽기 때문인지 '사이노가와라 지장화찬(地藏和讚)'과 같은 불교 가요에는 사이노가와라에 지장보살이 나타나서 아이들을 구해준다고 말하고 있다.

피의 연못지옥은 10세기 중국에서 성립된, 420문자 정도 되는 짧은 경전 〈혈분경(血盆經)〉에 근거한 지옥으로 여성만이 떨어지는 곳이다. 〈혈분경〉에 의하면 여성은 출산과 월경 등 피로 지신(地神)을 더럽혔기 때문에 죽은 후에 피의 연못지옥에 떨어져 하루에 세 번 연못의 피를 마시는 고문을 겪는다. 영산(靈山)에 여인이 출입하는 것을 금지하였듯이 당시의 여성은 구원받을 수 없는 존재였기 때문에 이런 지옥이 기록되었을 것이다. 그러나 〈혈분경〉을 믿으면 이 형벌에서 구원받을 수 있다는 신앙이 있었기 때문에 무로마치시대에 이 경전이 일본에 전래된 후 민중 사이에 빠르게 침투하기 시작했으며, 에도시대에는 여성들 사이에서 널리 퍼졌다.

일본 각지의 산악지옥에는 실제로 피의 연못지옥으로 여기는 장소도 존재했다. 그러나 〈혈분경〉을 믿으면 피의 연못지옥에서 여성을 구할 수 있다는 신앙을 만든 것과 동시에 여성차별적인 신앙을 퍼뜨린 것도 〈혈분경〉이었다. 이러한 모순 때문에 현재에는 〈혈분경〉 자체가 그다지 거론되지 않는다.

후지의 히토아나 : 무라마치시대부터 에도초기에 걸쳐 만들어진 아녀자와 노인을 위한 소박한 단편소설
사이노가와라 지장화찬 : 부처와 경전, 교의 등을 일본어로 칭송한 찬가인 화찬 중 하나이다.
혈분경 : '대일본속장경(大日本續藏經)'에 '불설대장정경혈분경(佛說大藏正經血盆經)'으로 수록되어 있는 작은 경전

● 불교의 8대 지옥에 딸린 16소지옥

등활지옥의 부속 소지옥

- **시니처**(屎泥處) : 새와 사슴을 죽인 자가 떨어지는 지옥. 펄펄 끓는 끈적한 구리와 분뇨가 섞여서 늪처럼 고여 있는 지옥으로 죽은 자는 이 안에서 대변을 먹고 괴로워한다. 대변의 맛은 매우 쓰며, 대변 안에는 매우 단단한 부리를 가진 벌레가 있어서 죽은 자들에게 달려들어 살을 뜯어 먹는다.

- **도륜처**(刀輪處) : 칼을 사용해서 살생을 한 자가 가게 되는 지옥. 높이 10유순의 철벽으로 둘러싸여있는 지옥으로 맹렬하게 불이 타오르고, 뜨거운 철이 비처럼 내린다. 또한 나무에서 칼이 자라는 숲이 있어서 죄인이 이곳에 들어가면 양날의 칼이 비처럼 쏟아져서 죄인의 몸을 자른다.

- **옹숙처**(瓮熟處) : 동물을 살생하고, 고기를 먹은 자들이 떨어지는 지옥. 옥졸이 죄인을 철로 된 항아리에 넣고 부글부글 끓인다.

- **다고처**(多苦處) : 사람을 밧줄로 묶거나, 지팡이로 때리거나, 낭떠러지 절벽에서 떨어뜨리거나, 아이를 공포에 떨게 하거나, 사람들을 고문해서 고통을 준 자들이 떨어지는 지옥. 천억 종류의 극심한 고통과 아픔이 있는 지옥으로 생전에 범한 악행에 부응하는 형태로 괴롭힘을 당한다.

- **암명처**(闇冥處) : 양과 거북이를 죽인 자들이 떨어지는 지옥. 암흑 속에서 어둠의 불로 죄인을 불태우는 지옥으로 격렬한 바람이 불고, 이 뜨거운 바람이 칼처럼 죄인의 몸을 갈기갈기 찢는다.

- **불희처**(不喜處) : 생전에 나각을 불어서 새와 짐승을 살해한 자들이 떨어지는 지옥. 밤낮으로 화염이 타오르는 장소로 화염 속에 뜨거운 불꽃의 부리를 가진 새, 개, 여우가 항상 기분 나쁘게 으르렁거리며 죄인의 뼈와 살을 뜯어

먹고, 단단한 부리를 가진 새가 뼈의 골수를 먹는다.

- **극고처**(極苦處) : 생전에 멋대로 살생을 저지른 자들이 떨어지는 낭떠러지 절벽 아래에 있는 지옥으로 죄인들을 언제나 빨갛게 단 쇠로 태우고 있다.

※ 〈정법념처경(正法念處經)〉에는 이 밖에도 중병처(衆病處), 양철처(兩鐵處), 악장처(惡杖處), 흑색서랑처(黑色鼠狼處), 이이회전처(異異回轉處), 고핍처(苦逼處), 발두마빈처(鉢頭麻饗處), 피지처(陂池處), 공중수고처(空中受苦處)의 이름이 있지만 내용은 기록되어 있지 않다.

중합지옥(衆合地獄) 부속 소지옥

- **대량수고뇌처**(大量受苦惱處) : 음란한 성행위를 탐닉하거나 엿보거나 한 자가 떨어지는 지옥. 옥졸들이 쇠꼬챙이로 죄인의 몸을 다양한 각도에서 관통시키며 괴롭힌다.

- **할고처**(割剖處) : 여성의 입을 사용해서 음란한 행위를 한 자가 떨어지는 지옥. 옥졸들이 죄인의 입에 못을 박아서 머리부터 통과시켜서 못이 밖으로 나오면 갑자기 뽑아내고, 이번에는 입에서 귀로 못을 통과시켜서 다시 빼내는 행위를 반복하면서 괴롭힌다. 또한 녹인 구리를 입에 부어 내장을 전부 태운다.

- **맥맥단처**(脈脈斷處) : 살인, 도둑질, 사행을 즐겨온 자들이 떨어지는 지옥. 둥근 관을 통해서 죄인의 입속에 녹인 구리를 가득 채운 뒤 그 상태로 죄인에게 크게 소리를 지르게 해서 괴롭힌다.

- **악견처**(惡見處) : 타인의 아이를 빼앗고, 부정한 성행위를 한 자들이 떨어지는 지옥. 지옥에 죄인과 그 아이가 함께 있으며 옥졸은 죄인이 보는 앞에서 아이의 성기에 못을 박아, 죄인들에게 정신적 고통을 준다. 거기에 죄인의 항문에 뜨거운 구리를 부어서 내장까지 태워

서 육체적 고통도 준다.

- **단처**(團處) : 소나 말을 상대로 성행위를 한 자가 떨어지는 지옥. 지옥에는 소와 말이 있고 죄인들은 생전과 마찬가지로 성행위를 하려고 하나 소나 말의 몸속에는 불길이 가득해서 성행위를 하면 그 불길이 성기를 통해서 죄인의 몸속으로도 들어간다. 결국 죄인의 몸을 태워서 고통스럽게 한다.

- **다고뇌처**(多苦惱處) : 남자 동성애자들이 떨어지는 지옥. 지옥에는 죄인이 생전에 사랑했던 남자가 있으며, 그 남자는 불길에 사로잡혀 있다. 죄인이 남자를 안으면 죄인의 몸도 타 버린다. 그러나 죄인은 또다시 살아나서 똑같은 고통을 반복해서 겪는다.

- **인고처**(忍苦處) : 전쟁터에서 타인의 부인과 정을 통해 부인을 가로채거나, 남에게 넘긴 자가 떨어지는 지옥. 옥졸들이 죄인을 나무에 거꾸로 매달아 아래에서 불을 태워서 죽이는 것을 반복한다. 죄인이 숨을 쉬면 폐까지 타 버린다.

- **주주처**(朱誅處) : 양과 당나귀를 상대로 성행위를 하고, 부처를 존경하지 않은 인간이 떨어지는 지옥. 지옥에는 철개미들이 가득해서 죄인의 살을 먹고, 몸속 깊은 곳까지 파고들어서 뼈와 골수까지 먹어버리며 죄인을 괴롭힌다.

- **하하해처**(何何奚處) : 자매를 상대로 성행위를 한 자가 떨어지는 지옥. 이곳에 있는 죄인이 내는 고통의 목소리는 5,000유순이나 떨어진 거리까지 울려 퍼져서 이곳에 떨어져야 할 죄인은 아직 지옥에 도달하지도 않은 중유 사이에서 그 소리를 듣는다. 그러나 선악이 뒤바뀐 죄인에게는 고통에 찬 목소리가 기쁨의 소리로 들려서 그 지옥에 꼭 가고 싶다고 바란다. 그들의 희망대로 지옥에 도착하면 불타오르는 불길이 죄인을 괴롭히고, 철로 된 까마귀가 수없이 죄인에게 날아들어서 살, 뼈, 내장까지 도려내며 고통을 준다.

- **누화출처**(淚火出處) : 금기를 저지른 비구니와 성행위를 한 자가 떨어지는 지옥. 옥졸들이 죄인의 눈을 독나무 가시로 찌르고 철가위로 항문을 찢은 뒤 녹인 납을 붓는다. 주변은 불길로 가득하고, 죄인은 불의 눈물을 흘리며, 자신이 흘린 불에 의해 타고 만다.

- **일절근멸처**(一切根滅處) : 여성의 항문을 사용해서 성행위를 한 자가 떨어지는 지옥. 옥졸이 죄인의 입을 쇠 작살로 벌려 뜨거운 구리를 흘려 넣고, 귀에 납을 흘려 넣는다. 철개미가 죄인의 눈을 먹고, 하늘에서는 칼이 비처럼 떨어져서 죄인을 갈기갈기 찢어놓는다.

- **무피안수고처**(無彼岸受苦處) : 아내 이외의 여성과 성행위를 한 자가 떨어지는 지옥. 불 고문, 칼 고문, 열기가 있는 재로 고문, 병고에 의한 고문 등 끊임없이 많은 고통을 겪으며 괴로워한다.

- **발두마처**(鉢頭摩處) : 승려이면서 승려가 되기 전 교제했던 여성을 잊지 못해 꿈속에서 관계를 갖고, 사람들에게 음욕의 공덕을 말한 자가 떨어지는 지옥. 발두마처의 주변은 홍련화(紅蓮華)의 빨간색을 하고 있다. 옥졸들은 죄인을 병 속에 넣어 끓이거나 쇠 절굿공이로 내려친다. 죄인이 괴로운 나머지 근처를 둘러보면, 연못 안에 연꽃이 보이는데 죄인들은 그곳으로 가면 구원받을 수 있다고 믿고 달리기 시작한다. 그러나 지면에는 철로 된 갈고리가 깔려 있어서 죄인의 발을 갈기갈기 찢는다. 게다가 간신히 연꽃이 있는 곳에 도착하면 주변을 지키고 서 있던 옥졸이 칼이나 도끼로 무참히 죄인을 내려친다.

- **대발두마처**(大鉢頭摩處) : 출가한 승려라고 속이고, 계율을 따르지 않았던 자가 떨어지는 지옥. 넓이 500유순, 길이 100유순의 뜨거운 납이 흐르는 강이 있으며, 죄인은 그 속에 떨어져서 갈기갈기 찢어진 후 뼈는 돌로, 육체는 진흙이 돼서 뜨겁게 데워진 채로 괴로워한다. 게다가 몸은 물고기로 변해서 새에게 쪼아 먹힌다.

죄인을 얼음에 가두는 빙산지옥(국립중앙박물관 소장)

울부짖는데 그 소리는 하늘에 닿을 정도로 울려 퍼지고, 이것을 들은 옥졸들은 이제까지보다 더욱 격분해서 죄인을 괴롭힌다.

- **보성처(普聲處)** : 스스로 음주를 즐길 뿐더러, 수계(受戒, 불교에서 재가(在家)한 신도나 출가(出家)한 수행승의 구별 없이 석가의 가르침을 받는 자가 지켜야 할 계율에 대한 서약)를 한 지 얼마 안 된 사람에게 술을 먹인 사람이 떨어지는 지옥. 옥졸들은 죄인들을 철 절굿공이로 때리면서 괴롭히고, 죄인의 절규는 지옥뿐 아니라 철주산 세계 전부에 울려 퍼진다.

- **발화류처(髮火流處)** : 오계(五戒,불교에 입문한 재가 신도가 지켜야 할 5가지 계율)를 지키고 있는 사람에게 술을 권하고 계율을 어기게 한 사람이 떨어지는 지옥. 뜨거운 철로 된 개가 죄인의 다리를 물어뜯고, 철로 된 부리를 가진 독수리가 두개골에 구멍을 뚫어 뇌 골수를 마시고, 여우들이 내장을 먹어치운다.

- **화말충처(火末蟲處)** : 물을 섞은 술을 팔아 큰 벌이를 한 사람들이 떨어지는 지옥. 지·수·화·풍의 4원소에서 일어나는 사백 사병(四百四病, 404가지 병이라는 뜻으로, 인간이 걸리는 모든 질병을 이르는 말)이 모두 존재하는데, 이 병은 단지 병 하나만으로 지상의 인간을 사멸시키는 위력을 갖고 있으며 죄인을 괴롭게 한다. 또한 죄인의 신체에서는 무수한 양의 벌레가 솟아나서 살과 뼈와 골수까지도 뜯어 먹어 죄인들은 괴로워서 뒹군다.

- **열철화저처(熱鐵火杵處)** : 새나 짐승에게 술을 주고, 취하게 한 후에 잡아 죽인 사람이 떨어지는 지옥. 옥졸이 철로 된 절굿공이를 휘두르며 도망가는 죄인을 내려쳐서 모래처럼 잘게 부숴버린다. 죄인들이 본래의 몸으로 돌아오면 이번에는 날카로운 칼로 몸을 조금씩 잘라내서 토막 낸다.

- **우염화석처(雨炎火石處)** : 여행자에게 술을 먹여서 취하게 하고 재산을 빼앗은 사람, 코끼리에게 술을 먹여서 날뛰게 해 많은 사람들을 죽인 사람 등이 떨어지는 지옥. 지옥에는 뜨

- **화분처(火盆處)** : 출가한 승려도 아니면서 출가한 승려라고 사칭을 하고, 여성에게 관심을 갖거나 신변의 생활용품에 집착하고 올바른 법을 행하지 않은 자가 떨어지는 지옥. 죄인들 자신이 불꽃의 나무처럼 타올라서 울부짖을 때마다 입과 귀와 눈을 통해 불길이 몸속으로 들어가 전신을 태운다.

- **철말화처(鐵末火處)** : 출가한 승려도 아니면서 출가한 승려라고 사칭하고, 여성의 춤이나 웃음소리, 장식품에 마음을 빼앗겨서 음란한 상상을 한 자가 떨어지는 지옥. 500유순 높이의 뜨거운 철벽에 둘러싸인 소지옥으로 활활 타는 철이 비처럼 쏟아져 내려서 죄인을 불태우며 괴롭힌다.

규환지옥(叫喚地獄) 부속 소지옥

- **대후처(大吼處)** : 심신을 맑게 하는 재계(齋戒,부정한 일을 멀리하고 심신을 깨끗이 함)를 행하고 있는 사람에게 술을 준 사람이 떨어지는 지옥. 사람에게 술을 먹인 것처럼 녹은 납을 억지로 먹이며 괴롭게 한다. 그때에 죄인은 큰 소리로

거운 불꽃을 일으키는 돌이 비처럼 쏟아져서 죄인들을 죽인다. 또한 고열의 녹은 구리와 납과 피가 섞인 강으로 죄인들을 밀어 넣어서 불태운다. 그 다음에는 전신에서 불을 뿜으며 타오르는 거대한 코끼리가 죄인을 짓밟는다.

- **살살처**(殺殺處) : 정숙한 부인에게 술을 먹여서 취하게 한 뒤 관계를 가진 사람이 떨어지는 지옥. 옥졸들이 뜨거운 철 갈고리로 죄인의 남근을 뽑아낸다. 뽑힐 때마다 다시 생겨나고 반복해서 뽑히면서 괴로워한다. 고통에서 도망치면 주변에서 기다리고 있던 무수한 까마귀, 독수리, 솔개 등이 죄인을 덮쳐서 먹어치운다.

- **철림광야처**(鐵林曠野處) : 술에 독약을 섞어서 사람에게 준 사람이 떨어지는 지옥. 지옥에는 불타오르는 철 바퀴가 있으며, 옥졸은 거기에 죄인을 묶어서 바퀴를 회전시키고, 활을 쏴서 죄인을 갈기갈기 찢는다.

- **보암처**(普闇處) : 술을 파는 일을 하면서, 사람의 무지를 이용해서 술을 비싸게 판 사람이 떨어지는 지옥. 칠흑 같은 어둠 속에서 옥졸은 죄인이 누구이건 내려치며 괴롭히고 불 속에서 죄인의 몸을 두 동강 낸다.

- **염마라차광야처**(閻魔羅遮曠野處) : 환자나 임산부에게 술을 주고, 그들의 재산이나 음식물을 빼앗은 사람이 떨어지는 지옥. 죄인은 다리부터 머리 순서로 불에 타며, 마지막으로 머리까지 타면 옥졸은 철검으로 죄인의 몸을 다리부터 잘라간다.

- **검림처**(劍林處) : 황야를 여행하는 사람을 속여 만취하게 만들어서 소지품이나 생명을 빼앗은 사람이 떨어지는 지옥. 활활 타는 돌이 비처럼 내려서 죄인을 태우고, 몸을 갈기갈기 찢는다. 펄펄 끓는 피의 강(뜨거운 구리와 납이 섞여 흐름) 죄인을 끓이고, 옥졸은 칼과 도리깨를 들고 죄인을 내리친다.

- **대검림처**(大劍林處) : 마을에서 떨어진 황야 속의 길가에서 술을 판 사람이 떨어지는 지옥. 높이 1유순의 검나무숲이 있다. 나무줄기는 불타오르고, 가지에는 칼로 된 잎이 무수하게 자라있다. 광대한 숲 주변에는 옥졸들이 있어서 칼을 휘두르며 죄인들을 대검숲 속으로 밀어 넣는다. 그러면 검 숲의 가지에서 칼이 떨어져서 죄인들의 몸을 잘게 자른다. 죄인들이 밖으로 도망가려고 하면 옥졸들은 칼과 도리깨를 휘둘러서 놓치지 않는다.

- **파초연림처**(芭蕉烟林處) : 정숙한 부인에게 은밀하게 술을 먹여 장난을 치려고 한 사람이 떨어지는 지옥. 소지옥 안은 연기가 가득해서 앞이 보이지 않고, 바닥은 뜨거운 철판이 깔려있어서 죄인들을 구워서 괴롭힌다.

- **연화림처**(煙火林處) : 악인에게 술을 먹여서 미워하는 상대에게 복수를 하게 한 사람이 떨어지는 지옥. 열풍이 죄인을 공중으로 날아올리면 죄인들이 공중에서 서로 부딪쳐서 모래처럼 부서져 버린다.

- **화운무처**(火雲霧處) : 타인에게 술을 먹여서 취하게 한 후 비웃음거리로 만든 사람들이 떨어지는 지옥. 불길이 지면에서부터 100m의 높이까지 치솟아 옥졸이 죄인을 그 불 속에 밀어 넣으면 죄인의 몸은 열풍에 휘말려 격렬하게 회전하고 밧줄처럼 뒤틀려서 소멸하고 만다.

- **분별고처**(分別苦處) : 고용주에게 술을 먹여서 부추긴 후 동물을 살생하게 만든 사람이 떨어지는 지옥. 옥졸은 죄인들에게 다양한 고통을 준 후에 설교를 해서 반성하게 만든다. 그리고 더욱 다양한 고뇌를 준다.

대규환지옥(大叫喚地獄) 부속 소지옥

- **후후처**(吼吼處) : 자신을 믿는 옛 친구에게 거짓말을 한 자가 떨어지는 지옥. 옥졸이 죄인의 턱에 구멍을 뚫어서 혀를 꺼내, 독이 묻은 진흙을 바르면 짓무른 곳에 독충이 몰려들어서 먹어치운다.

- **수고무유수량처**(受苦無有數量處) : 사람의 부하가

되서 그 인물에게 거짓말로 아부한 사람이 떨어지는 지옥. 옥졸에게 맞은 죄인이 다쳐서 상처가 생기면 그 상처에 풀을 심고, 풀이 뿌리를 내려 성장했을 때 그것을 뽑으면서 괴롭게 한다.

- **수견고뇌불가인내처**(受堅苦惱不可忍耐處) : 왕이나 귀족의 부하 중에 자신의 몸을 보호하기 위해 거짓말한 사람이나 그 지위를 이용해 거짓말한 사람이 떨어지는 지옥. 죄인들의 몸속에 뱀이 생겨서 돌아다니며 살을 먹고 내장을 물어뜯어서 괴롭게 한다.

- **수의압처**(隨意壓處) : 타인의 논밭을 강탈하기 위해서 거짓말을 한 사람이 떨어지는 지옥. 쇠를 갈아서 칼을 만들 때처럼 옥졸이 죄인의 몸을 불로 태우고, 풀무로 화력을 강하게 해서 철판 위에 두고 쇠망치로 내려쳐서 늘리고, 뜨거운 물에 담가서 굳게 만들고 또 불에 굽는 작업을 계속해서 반복한다.

- **일절암처**(一切闇處) : 부녀자를 범한 죄로 재판장에 서서 거짓말을 하고 시치미를 떼서 오히려 상대 부녀자를 범죄자로 만든 자가 떨어지는 지옥. 죄인의 머리를 찢어서 혀를 꺼낸 뒤 뜨거운 철칼로 찢고, 혀가 새로 생기면 또 같은 일을 반복한다.

- **인암연처**(人闇連處) : 충분히 재산이 있는데도 재산이 없다고 거짓말을 해서 가질 자격이 없는 것을 손에 넣은 자가 떨어지는 지옥. 옥졸이 죄인의 몸을 잘게 찢고, 소생하면 몸이 아직 부드러울 때 또 찢는다. 그리고 뼈 속에 벌레가 생겨서 안쪽부터 먹어치운다.

- **여비충타처**(如飛蟲墮處) : 사람들에게 얻은 물건을 고액으로 판매하고, 벌이가 없었다고 거짓말을 해서 자기 혼자 큰 벌이를 한 자가 떨어지는 지옥. 옥졸이 죄인을 도끼로 갈기갈기 찢어서, 저울로 잰 뒤 모여든 개들에게 먹인다.

- **사활등처**(死活等處) : 출가한 승려도 아닌데 출가한 자의 모습을 하고 사람을 속이고 강도를 저지른 자가 떨어지는 지옥. 옥졸에게 괴롭힘

을 당하는 죄인들의 눈에 파란 연꽃의 숲이 보이면 죄인들은 구원을 바라고 달려가지만, 그곳에는 불길이 타오르고 있으며 눈과 양 손발이 묶인 죄인들은 저항하지도 못하고 불타 죽는다.

- **이이전처**(異異轉處) : 뛰어난 음양사(陰部卿師, 점쟁이)로 점을 잘 쳐서 사람들의 신용을 얻고 있음에도 불구하고, 거짓말로 점을 쳐서 국토나 훌륭한 인물을 잃는 원인을 만든 자가 떨어지는 지옥. 눈앞에 부모, 처자, 친구 등이 나타나서 구해달라고 달려가면 뜨겁게 타오르는 강에 떨어진다. 다시 살아나서 강에서 나오면, 다시 똑 같은 환상이 나타나서 달려가지만 이번에는 철로 된 갈고리에 몸이 찢겨진다. 또한 회전하는 톱이 상하에서 죄인의 신체를 잘게 자른다.

- **당희망처**(唐希望處) : 병으로 괴로워하거나 생활이 어려운 사람이 도움을 요청하는데 말로만 도와주겠다고 거짓말을 하고 실제로는 아무것도 하지 않은 자가 떨어지는 지옥. 눈앞에 매우 맛있어 보이는 요리가 준비되고, 굶주림에 괴로워하는 죄인들은 기뻐서 달려가지만 지면에서 철로 된 갈고리가 생겨나서 죄인을 괴롭히고 게다가 요리로 보였던 것은 뜨거운 불길의 철과 분뇨 등으로 죄인은 그 속에 떨어져서 괴로워한다. 또한 밤이슬을 피할 집을 빌려준다고 하고 빌려 주지 않았던 자는 깊이 50유순의 병 속에서 뜨거운 철즙에 거꾸로 담가지는 등 거짓말에 상응한 벌을 받는다.

- **쌍핍뇌처**(雙逼惱處) : 마을의 회합 등에서 거짓말을 한 자가 떨어지는 지옥. 불길의 송곳니를 가진 사자가 있으며, 죄인을 입속에서 몇 번이나 씹어서 괴롭힌다.

- **질상압처**(迭相壓處) : 친형제, 친척 등이 싸우고 있을 때, 자신과 친한 사람이 득을 보도록 거짓말한 자가 떨어지는 지옥. 죄인에게 속은 자들이 죄인의 살을 가위로 잘라내고, 잘라내서는 입에 넣고 씹어서 죄인을 괴롭게 한다.

- **금강취오처**(金剛嘴烏處) : 병으로 괴로워하는 사

람에게 약을 준다고 하고 주지 않은 자가 떨
어지는 지옥. 단단한 부리의 까마귀가 죄인의
살을 뜯어 먹고, 다 먹으면 죄인은 부활하고,
또다시 처음부터 까마귀에게 뜯어 먹힌다.

- **화만처**(火鬘處) : 경사스러운 일이 한창일 때 법
을 범하고 시치미를 뗀 자가 떨어지는 지옥.
옥졸이 철판과 철판 사이에 죄인을 끼우고, 반
복해 비벼서 피와 살을 진흙처럼 만든다.

- **수봉고처**(受鋒苦處) : 자비를 베푼다고 하고 베
풀지 않은 자가 떨어지는 지옥. 옥졸이 뜨거
운 쇠꼬챙이로 혀와 입을 꿰뚫어서 거짓말은
물론 울부짖지도 못하게 한다.

- **수무변고처**(受無邊苦處) : 해적과 결탁해서 배를
타고 있는 상인들의 재산을 빼앗은 선장이
떨어지는 지옥. 뜨거운 철 젓가락으로 혀를
뽑는다. 아무리 뽑아도 혀는 다시 생기고, 그
때마다 뽑힌다. 눈을 뽑거나 칼로 살을 자르
기도 한다.

- **혈수식처**(血髓食處) : 왕이나 영주의 지위에서
세금을 받으면서도 아직 부족하다고 거짓말
을 해서 보다 많은 세금을 걷으려는 자가 떨
어지는 지옥. 옥졸이 죄인의 다리를 흑줄로
묶어서 나무에 거꾸로 매달아 단단한 부리를
가진 까마귀가 죄인의 다리를 먹게 하고, 죄
인은 다리에서 흘러 떨어진 자신의 피를 계
속해서 마신다.

- **십일염처**(十一炎處) : 왕이나 영주, 연장자처럼
사람에게 신뢰를 받는 지위에 있으면서 정에
의해 불공평한 판단을 내린 자가 떨어지는
지옥. 10의 방향에서 10의 불길이 불기 시작
해서 죄인을 불태우고, 죄인의 몸속에서 11번
째의 불길이 생기면 입에서 뿜어져 나와 혀
를 태운다.

- **대소처**(大燒處) : '살생을 하면 천국에서 환생
할 수 있다'는 그릇된 견해를 말한 자가 떨

어지는 지옥. 여러 가지 불 이외에 마음속
에 후회라는 불길이 불타올라서 죄인을 불
태운다.

- **분도리가처**(分荼梨迦處) : '굶어 죽으면 천국에
갈 수 있다'라고 말한 자가 떨어지는 지옥.
몸속에서 불길이 불기 시작해서 괴로워하고
있는 죄인에게 누군가가 여기에 분도이가(分荼
梨迦)의 연못이 있어서 물을 마시고 쉴 수 있
다고 말을 건다. 그 소리를 따라서 연못에 뛰
어들면 그 속에는 불길이 가득해서 죄인을
더욱 괴롭게 한다.

- **용선처**(龍旋處) : '욕구, 분노, 어리석음을 끊으
면 열반에 들어갈 수 있다는 가르침은 거짓
말이다'라고 말한 자가 떨어지는 지옥. 몸속
에 독을 가진 수많은 용이 죄인 주위를 거칠
게 회전하고 죄인은 독에 괴로워하면서 마찰
에 의해 너덜너덜해진다.

- **적동미니어선처**(赤銅彌尼魚旋處) : '이 세상에 존
재하는 모든 것은 대자재천(大自在天, 대천세계(大千
世界)를 자유롭게 다스리는 파괴의 신 시바가 불교에 수용되어 얻
은 이름)이 만든 것이며 윤회전생 같은 건 없
다'고 말한 자가 떨어지는 지옥. 펄펄 끓는
구리의 바다에는 철의 물고기가 살고 있으며,
이 물고기가 바다에 빠진 죄인의 상반신을
씹어 먹어서 괴롭게 한다. 하반신은 구리의
바다에서 불에 탄다. 바다에는 해충들이 있어
서 죄인을 물어뜯는다.

- **철곽처**(鐵廓處) : 살인을 범하더라도 만약 살해
당한 사람이 환생해서 하늘에서 다시 태어난
다면 살인은 나쁘지 않다고 말한 자가 떨어
지는 지옥. '평등수고무력무구(平等受苦無力無救)'
'화상열비(火常熱沸)' '거업수생(鋸葉水生)' '극리도만
(極利刀鬘)' '극열비수(極熱沸水)' '다요악사(多饒惡蛇)'
라는 여섯 개의 거대한 솥이 있어서 죄인을
끓인다.

- **혈하표처**(血河漂處) : 몇 번이고 계율을 어기면
서 '고행하면 모든 죄는 용서되니까 괜찮아'
라며 자신의 몸을 해치는 고행을 행한 자가
떨어지는 지옥. 피의 강 속에 환충(丸蟲)이라는

뜨거운 열 벌레가 잔뜩 있어 죄인의 몸에 붙어서 몸을 태우며 괴롭힌다.

- **요골수충처(饒骨髓蟲處)** : 지금보다 좋은 세계가 아닌, 인간계로 환생하기를 바라면서 계율을 어기고 소의 대변에 불을 붙여서 스스로의 몸을 태운 자가 떨어지는 지옥. 죄인들은 철로 된 쇠망치에 맞아서 밀랍처럼 흐물흐물해지고 전생에서의 죄 때문에 벌레가 된 후 지옥에 떨어진 자들과 섞여 고기의 산이 돼서 불 태워진다.

- **일절인숙처(一切人熟處)** : 사교를 믿고 천계로 환생하기 위해서 산이나 풀숲 등에 방화를 한 자가 떨어지는 지옥. 눈앞에서 가족이나 애인, 친구 등 소중한 사람들이 불에 타는 것을 보여줘서 죄인에게 정신적인 고통을 준다. 이런 종류의 고문은 육체적인 고문보다도 훨씬 괴로운 것이라고 여긴다.

- **무종몰입처(無終沒入處)** : 동물이나 인간을 태워 죽인 것은 불을 기쁘게 한 것이기 때문에 행복을 얻을 수 있다고 믿고 그렇게 행한 자가 떨어지는 지옥. 옥졸은 불타오르는 거대한 산에 오른 죄인의 손, 발, 머리, 허리, 눈, 뇌 등 신체의 각 부분을 태우고 죄인은 각 부분마다 큰 고통을 받는다.

- **대발특마처(大鉢特摩處)** : 승려들에게 식사를 제공하는 대재(大齋) 기간 중에 살인을 하면 바람이 이뤄진다고 생각하고 실행한 자가 떨어지는 지옥. 꽃잎 안에 수많은 가시를 가진 꽃이 있고 죄인은 그 속에 떨어져서 몸속 모든 부분을 찔리고 상처 속에서 불길이 붙기 시작한다.

- **악험안처(惡險岸處)** : 익사한 자는 나라연천(那羅延天)으로 환생해서 영원히 그 세계에서 살아갈 수 있다고 말한 자가 떨어지는 지옥. 여기저기에 큰 산이 있고 옥졸들이 그 산을 넘으면 고통 받는 일이 없어진다고 해서 죄인들은 그 말에 속아서 달려가지만 산 저편에 솟아있던 낭떠러지로 모두 떨어져서 지면에서 솟아나온 바위의 칼에 박히고 몸은 불탄다.

- **금강골처(金剛骨處)** : 이 세상의 모든 것은 인연과는 관계없이 생기거나 사라지므로, 불법(佛法)을 믿는 것은 어리석다고 말한 자가 떨어지는 지옥. 옥졸이 날카로운 칼로 죄인을 뼈만 남기고 깎아내면, 뼈는 그들의 죄 때문에 금강처럼 단단해진다. 그러면 죄인에게 속은 자들이 나타나서 뼈를 들고, 뼈끼리 맞부딪쳐서 죄인을 고통스럽게 한다.

- **흑철승표인해수고처(黑鐵繩標刀解受苦處)** : 인간 행동의 선이나 악은 모두 인연에 의해서 정해져 있어서 바꿀 수 없기 때문에 이것저것 노력해 봐도 무의미하다고 말한 자가 떨어지는 지옥. 옥졸이 철로 된 밧줄로 죄인을 묶어, 다리부터 머리를 향해 날카로운 칼로 잘게 찢어간다.

- **나가충주악화수고처(那迦蟲柱惡火受苦處)** : 우주에는 이승도 저승도 존재하지 않는다고 말한 자가 떨어지는 지옥. 죄인의 머리에서부터 큰 못을 관통시켜서 대지에 세우면 죄인의 몸속에 벌레가 솟기 시작해서 혈관 속을 헤엄치면서 피를 빨아먹고, 살까지 먹어치운다.

- **암화풍처(闇火風處)** : 모든 법칙에는 무상한 것과 일정보편(一定普遍)한 것도 있다고 말한 자가 떨어지는 지옥. 험한 악풍이 불어서 죄인을 공중으로 날리고, 죄인들은 바람 속에서 풍차처럼 빙글빙글 회전한다. 때때로 강한 바람이 불면 죄인의 몸은 모래처럼 산산이 부서진다. 그러나 부서질 때마다 원래 모습으로 돌아와서 언제까지고 같은 고통이 계속된다.

- **금강취봉처(金剛嘴蜂處)** : 인간의 세계는 인연에 의해서 생겨났기 때문에, 모든 것은 인연에 의해서 결정된다고 말한 자가 떨어지는 지옥. 옥졸이 작은 가위를 사용해서 죄인의 살을 조금씩 잘라내면서 고통을 주고 그 살을 죄인의 입속에 넣어서 자기 자신을 먹게 한다.

저울과 거울로 죄인들의 영혼을 재판하는 변성대왕(국립
중앙박물관 소장)

대초열지옥(大焦熱地獄) 부속 소지옥

- **일절방초열처(一切方焦熱處)** : 불교에 재가한 여성 신자를 범한 자가 떨어지는 지옥. 모든 장소, 하늘에 이르기까지 불길로 가득 차서 죄인들은 항상 불 태워지고 있다. 또한 옥졸이 죄인을 두루마리처럼 다리부터 말아서 모든 피가 머리로 쏠렸을 때 그 머리에 커다란 못을 박는다.

- **대신악후가외지처(大身惡吼可畏之處)** : 출가는 했지만 아직 승려는 되지 못한 여성을 범한 자가 떨어지는 지옥. 옥졸이 작은 족집게와 가위를 사용해서 죄인의 몸에 있는 털을 하나씩 살과 함께 뽑으면서 괴롭힌다.

- **화계처(火髻處)** : 불법을 올바르게 몸에 익히고 올바르게 살아가는 여성을 범한 자가 떨어지는 지옥. 몸이 활처럼 가늘고 길고, 날카로운 이를 가진 벌레가 잔뜩 있다. 옥졸은 죄인을 묶고 그 벌레를 죄인의 항문을 통해 체내로 집어넣고, 벌레는 내장을 먹으면서 위로 올라가서 뇌를 먹어치운 후에 머리를 먹어서 깨뜨리고 밖으로 나온다.

- **우루만두수처(雨縷蔓抖擻處)** : 국가가 위기적 상황에 빠져 있을 때 그 기회를 이용해 계율을 지키고 있는 비구니를 범한 자가 떨어지는 지옥. 무수한 칼이 여기저기에서 솟아 나와 회전하고 있어 죄인이 몸을 움직이면 바로 몸이 칼에 베인다. 죄인은 이 장소에서 죽고 다시 살아난다.

- **타타타제처(咤咤咤嚌處)** : 수계(受戒 석가의 가르침을 받는 자가 지켜야 할 계율에 대한 서약)를 한 행실이 맑고 깨끗한 여성을 범한 자가 떨어지는 지옥. 죄인을 격렬한 바람에 날려서 뿔뿔이 흩어지게 한다. 혹은 금강의 쥐가 죄인을 찢어 먹어서 양귀비씨처럼 잘게 만들어 버린다.

- **우사화처(雨沙火處)** : 불교에 입문한 지 얼마 안 된 비구니를 범한 자가 떨어지는 지옥. 500유순의 커다란 불길 속에 작열하는 금강의 모래로 된 거대한 개미지옥이 있어서 죄인들은 고열의 모래 속에 빠져서 불탄다. 게다가 모래에는 날카롭게 솟은 작은 돌이 무수하게 감춰져 있어서 전신을 날카롭게 찌른다.

- **내열비처(內熱沸處)** : 삼보(三寶, 불교도)가 존경(尊敬)하고 공양(供養)하여야 할 불(佛)과 법(法)과 승(僧)으로 귀의해서 오계를 받은 여성에게 불법에 어긋난 일을 행한 자가 떨어지는 지옥. 다섯 개의 화산이 있고, 지옥은 불길에 휩싸여 있는데 한 화산만은 나무가 우거져 있고 연못이 있다. 죄인들은 그것을 보고 서둘러서 화산으로 가지만 도착해보면 화산에는 거친 바람이 불고 내부는 펄펄 끓고있어 죄인들을 불태운다.

- **보수일절자생고뇌처(普受一切資生苦惱處)** : 승려이면서 계를 받은 여성을 속여서 재물을 주고 관계를 가진 자가 떨어지는 지옥. 불의 칼이 피부를 벗기고 살이 벗겨진 죄인을 불로 태운다. 옥졸이 죄인의 몸에 걸쭉하게 녹은 철을 부어서 고통스럽게 한다.

- **비다라니처**(鞞多羅尼處) : 관계를 갖는 것을 싫어하는 여성과 억지로 관계를 가진 자가 떨어지는 지옥. 암흑 속에서 고열의 철 지팡이가 비처럼 내려 죄인에게 차례차례로 꽂힌다.

- **무간암처**(無間闇處) : 선을 지배한 인물을 여성으로 유혹해서 타락시킨 자가 떨어지는 지옥. 날카로운 주둥이를 가진 벌레가 죄인의 뼈를 들쑤셔서 골수까지 먹어치운다.

- **고계처**(苦髻處) : 자신과 관계하지 않으면 왕에게 중상모략을 해서 벌을 받게 한다고 협박해서 훌륭한 승려를 유혹해 타락시킨 여성이 떨어지는 지옥. 옥졸이 죄인을 잡고, 철로 된 사포로 살을 문질러서 떨어뜨린다.

- **발괴오처**(髮愧烏處) : 술에 취해서 자매를 범한 자가 떨어지는 지옥. 작열하는 화로 속에 죄인을 넣고, 옥졸이 풀무로 화력을 강하게 만든다. 또한 죄인을 북 속에 넣고 격렬하게 북을 쳐서 괴롭힌다.

- **비고후처**(悲苦吼處) : 특별한 의식이 한창 진행되고 있음에도 불구하고 자매와 관계를 가진 자가 떨어지는 지옥. 언뜻 보면 평화로워 보이는 숲이 있고 죄인들은 모두 거기로 피하지만, 실은 그곳에는 천 개의 머리를 가진 용이 있어서 끊임없이 죄인을 씹어댄다. 용의 입안에서 죄인은 죽지만 다시 같은 장소에서 태어나서 계속해서 씹히기를 반복한다.

- **대비처**(大悲處) : 경전을 배우고 있는 선인의 아내나 딸 등을 속여 범한 자가 떨어지는 지옥. 빽빽하게 칼이 서 있는 사포와 같은 바닥이 있고, 옥졸이 죄인을 잡으면 형태가 없어질 때까지 바닥에 문질러 죽여버린다.

- **무비암처**(無非闇處) : 자기 자식의 아내를 범한 자가 떨어지는 지옥. 펄펄 끓는 솥 안에서 수많은 죄인들을 끓이고, 옥졸이 절굿공이로 빻아서 한 덩어리의 경단으로 만든다.

- **목전처**(木轉處) : 생명을 구해 준 은인의 아내를 범한 자가 떨어지는 지옥. 죄인은 펄펄 끓는 강 속에서 머리를 아래로 하고 끓어져서 거대한 물고기에게 잡아 먹힌다.

- **오구처**(烏口處) : 아라한(소승불교의 최고 지도자)을 죽인 자가 떨어지는 지옥. 옥졸이 죄인의 입을 찢어서 절대 닫히지 않게 한 후에 걸쭉하게 끓고 있는 분뇨가 흐르는 강으로 떨어뜨린다. 펄펄 끓는 분뇨가 죄인의 머리에서 목을 태우면서 내장으로 들어가 모든 것을 전부 태워버린다.

- **일절향지처**(一切向地處) : 특히 고귀한 비구니나 아라한을 강간한 자가 떨어지는 지옥으로 죄인의 머리를 위아래로 빙글빙글 돌리면서 불로 태우고 또 잿물 속에서 끓인다.

- **무피안상수고뇌처**(無彼岸常受苦惱處) : 자신의 모친을 범한 자가 떨어지는 지옥으로 옥졸이 철 갈고리를 사용해서 죄인의 영혼을 꺼내서 날카로운 가시로 찌른다. 그리고 죄인의 배꼽에 못을 박아서 입속으로 고열의 철을 흘려 붓는다.

- **야간후처**(野干吼處) : 뛰어난 지식인, 깨달음의 경지에 이른 사람, 아라한 등을 비난한 자가 떨어지는 지옥으로 철의 입을 가진 불을 뿜는 여우가 죄인들에게 모여들어서 손, 발, 폐, 혀, 코 등 죄인의 모든 부분을 차례차례로 뜯어 먹는다.

- **철야간식처**(鐵野干食處) : 불상, 승려의 거처 등 승려의 물건을 태운 죄인이 떨어지는 지옥으로 죄인들의 몸에서는 불이 붙고, 하늘에서는 철로 된 기와가 폭우처럼 쏟아져서 죄인의 몸을 가루처럼 만든다. 또한 불의 이를 가진 여우를 닮은 동물이 나타나서 죄인을 먹는다.

- **흑두처**(黑肚處) : 부처의 물건을 먹거나 자신의 것으로 한 자가 떨어지는 지옥으로 죄인들은 갈증과 굶주림에 괴로워하고, 결국 자신의 살을 뜯어 먹는다. 게다가 검은 배를 가진 뱀이 죄인을 발등부터 먹어나간다. 게다가 뜯어 먹은 부분의 살은 몇 번이고 새로 생겨서 고통은 끝나지 않는다.

• **신양처**(身洋處) : 부처에게 바치는 재물을 훔친 자가 떨어지는 지옥. 타오르는 두 개의 거대한 철의 나무 사이에 지옥이 있다. 거친 바람 때문에 철의 나무가 흔들려 서로 스칠 때마다 나무 사이에 살고 있는 죄인들을 가루로 만든다. 나뭇가지에는 금강의 부리를 가진 새가 가루가 된 죄인을 먹는다.

• **몽견외처**(夢見畏處) : 승려들의 음식을 빼앗아서 굶게 만든 자가 떨어지는 지옥으로 죄인들을 철로 된 상자 안에 앉혀서 절굿공이로 빻아서 고깃 덩어리로 만든다.

• **신양수고처**(身洋受苦處) : 독지가가 출가한 자나 환자에게 보시한 재물을 승려를 가장해 강탈한 자가 떨어지는 지옥으로 높이 100유순의 불타는 철 나무가 있고 그 아래에 있는 지옥에서 이 세상에 존재하는 모든 병이 죄인을 괴롭힌다.

• **우산취처**(雨山聚處) : 벽지불(闢支佛, 보살보다 가치가 낮은 불)의 음식을 빼앗아 자신이 먹은 자가 떨어지는 지옥으로 거대한 철산이 상공에서 떨어져서 죄인을 깔아뭉갠다. 깔아뭉개진 죄인은 다시 살아나서 똑같은 일을 반복해서 당한다. 옥졸들은 죄인의 몸을 갈기갈기 찢고, 고열의 액체를 상처에 붓는다. 또한 인간계에 있는 모든 병이 존재해서 죄인들을 괴롭힌다.

• **염파파도처**(閻婆哪度處) : 논밭의 물이나 음료수를 공급하는 강 등을 부셔서 사람들을 목말라 죽게 만든 자들이 떨어지는 지옥으로 코끼리처럼 거대하고 부리에서 불을 뿜는 염파(閻婆)라는 새가 죄인들을 입에 물고 상공에서 떨어뜨려 가루로 만들어버린다. 또한 지면에는 날카로운 칼이 무수히 솟아 있어서 죄인의 발을 찢고 불길의 이빨을 가진 개가 죄인을 문다.

• **성만처**(炭燹處) : 수행으로 굶주려 있는 승려에게 음식을 빼앗은 자가 떨어지는 지옥. 지옥에는 두 개의 모퉁이에 큰 괴로움의 장소가 있다. 한쪽에서는 죄인이 가마 속에서 회전하면서 부글부글 끓고 있고, 또 한편에서는 강

한 바람이 수많은 칼을 날려서 죄인을 갈기갈기 찢는다. 그리고 죄인은 가마에 던져져서 녹인 구리로 끓여진다.

• **고뇌급처**(苦惱急處) : 불교의 설법을 전하기 위한 책이나 그림 등을 비뚤어지게 하거나 파손시키거나 장난하거나 한 자가 떨어지는 지옥. 옥졸이 죄인의 양 눈에 녹인 구리를 흘려 넣어서 눈을 뜨거운 모래로 문드러지게 하고, 신체의 다른 부분도 마찬가지로 문드러지게 한다.

• **취기복처**(臭氣覆處) : 승려들의 논밭, 그 외의 그들의 물건을 태운 자가 떨어지는 지옥으로 무수히 많은 바늘이 솟은 불타는 그물이 죄인을 잡고, 몸속을 꿰뚫면서 불에 태운다.

• **철섭처**(鐵鏶處) : 먹을 것이 부족한 궁핍한 시대에 승려들을 돌본다고 하고 아무것도 하지 않아서 굶게 만든 자가 떨어지는 지옥. 죄인들은 수많은 불길에 둘러싸여서 기갈의 괴로움을 받게 된다.

• **십일염처**(十一焰處) : 불상, 불탑, 사찰 등을 파괴하거나 태우거나 한 자가 떨어지는 지옥으로 옥졸들이 철봉을 가지고 죄인을 뒤쫓는다. 죄인들은 뱀에 물리거나 불길에 타면서 계속 도망친다.

재판이 끝난 죄인들이 축생, 아귀, 인간 등으로 다시 태어나는 장면을 묘사한 그림이다.(국립중앙박물관 소장)

Summary

열반(니르바나)은 특정 장소가 아니다?

불교에서는 해탈하는 것, 즉 윤회전생의 굴레를 벗어나 깨달음의 경지에 이르는 것을 '열반에 든다'고 표현한다. 그래서 별 생각 없이 '열반'이 천국과 지옥처럼 어딘가에 존재하는 장소라는 인상을 가지기 쉽다. 하지만 열반은 장소가 아니다.

열반은 고대 인도어(산스크리트어)의 '니르바나'의 음을 따온 한자다. 니르바나에는 '불어서 꺼진 상태'라는 의미가 있으며, 애초에는 죽음을 의미하는 단어였다. 불교에서도 처음에는 열반이 석가의 죽음 자체를 나타내는 단어였으나 '불어서 꺼진 상태'를 '생명의 불이 꺼진 상태'라고 연결하여 죽음을 의미하는 것 외에, '정신적인 고뇌가 꺼진 상태'라는 의미로 연결하여 깨달음의 경지를 표현했다. 그래서 불교에서는 후에 석가가 깨달음의 경지에 이른 것도 '열반에 든다'고 표현하게 되었다. 이런 연유로 열반은 깨달음의 경지에 이른 마음의 상태를 나타내는 단어가 된 것이다.

때문에 불교가 최고의 이상으로 여기는 열반은 수미산세계(육도세계) 속 어딘가에 있는 것도, 수미산세계 바깥에 있는 것도 아니다. 그저 완전히 '득도'의 마음 상태를 이루는 것이다.

그러나 열반의 이중적인 의미 때문에 애매한 경우가 생겼다. 석가는 35세에 깨달음을 얻고, 80세에 죽었다. 만약 열반이 깨달음과 동시에 죽음을 의미하는 것이라면 석가는 두 번이나 열반에 든 것이 된다. 그래서 불교에서는 석가가 살아있는 동안의 열반과 사후의 열반을 구별하기 위해, 전자를 유여열반(有余涅槃), 후자를 무여열반(無余涅槃)이라고 부르게 되었다. 여(余)는 신체를 의미하는 것으로 '유여', 신체가 있는 동안의 열반과 '무여', 신체가 없는 상태의 열반을 구분하기 시작한 것이다. 불교도들은 무여열반에 드는 것이야말로 육도윤회의 세계를 벗어날 수 있는 완전한 해탈이라고 생각했다.

대승불교에서는 무주처열반(無住處涅槃)을 가장 이상적인 열반이라고 주장했다. 깨달음에 눈을 뜨는 것은 당연히 육도세계의 고뇌를 끊는 것이다. 그러나 육도세계의 고뇌를 끊고 깨달음의 세계에 들었다고 해서 안주해서는 안 된다. 삶과 죽음의 경계를 넘어, 깨달음의 세계에 들고 안 들고에 관계없이 불자라면 언제나 자비의 마음을 가지고 자유롭고 활달하게 행동하여 중생을 불도로 인도해야 하기 때문이다.

이런 의미에서도 열반은 크리스트교도가 목표로 하는 영원의 천국과는 전혀 다른 이상이라고 말해도 좋을 것이다.

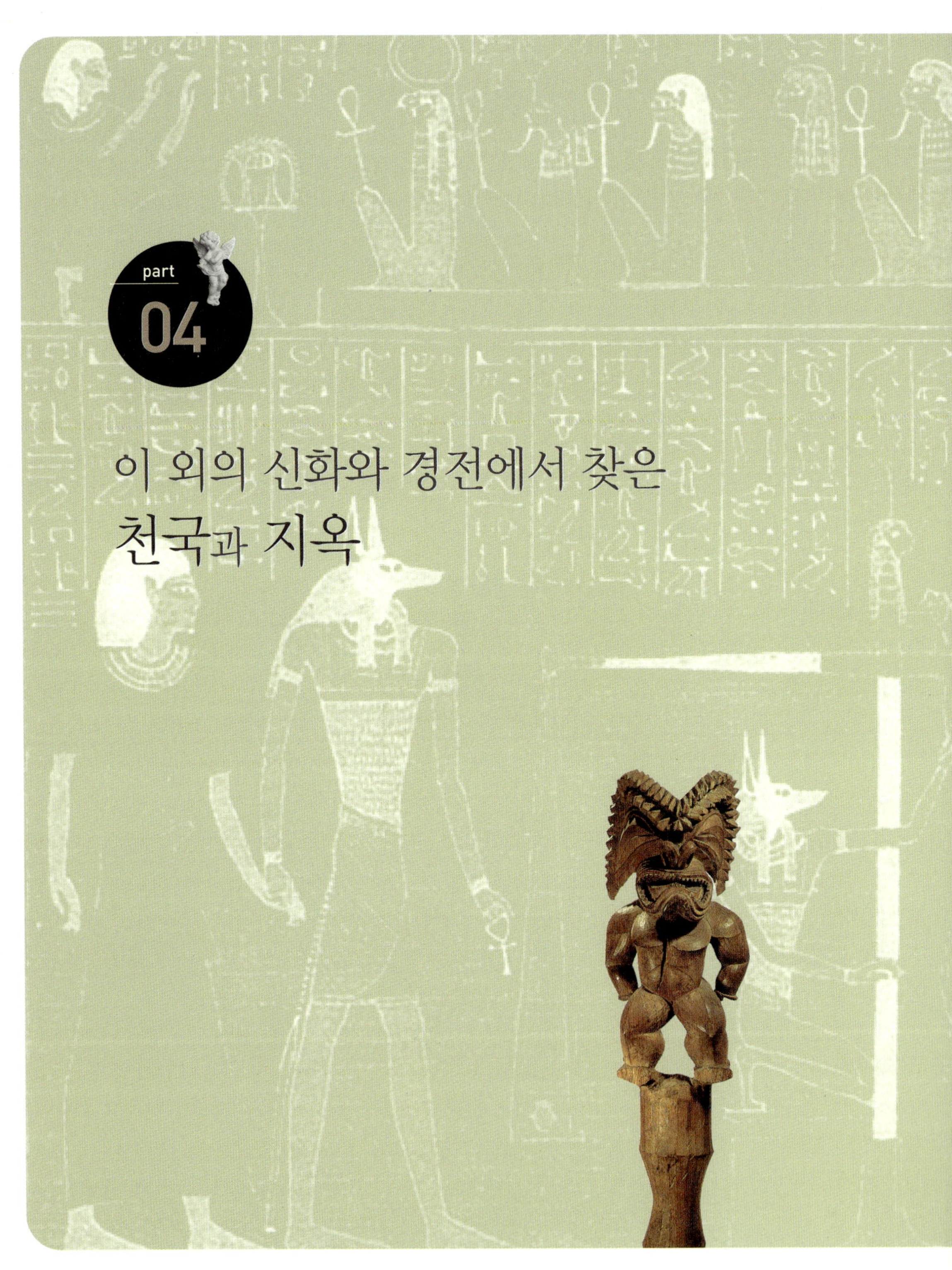

이 외의 신화와 경전에서 찾은
천국과 지옥

The Gnostic Heaven and Hell

080. 그노시스파와 천국과 지옥

철저하게 반우주적인 사상을 가지고 있는 그노시스파들은 인간의 육체나 우주 자체를 영혼을 가두고 있는 감옥이자 지옥으로 간주했다.

이 세상이야말로 지옥이라고 생각하는 반우주적 사상

크리스트교의 이단으로 취급당하기도 했던 그노시스파는 1~3세기경 동지중해 지역에서 발생, 로마를 비롯한 고대 서아시아 일대로 전파되면서 당시에는 초기 크리스트교를 위협할 정도로 많은 사람들의 호응이 있었다.

그노시스파들은 철저하게 반우주적인 사상을 가지고 있었으며 실제로 우주야말로 지옥이라고 생각했다. 본래 우주(Cosmos, 코스모스)는 고대 그리스에서 발생한 관념으로 최고의 종교적 존엄을 상징했다. 즉, 우주는 질서, 조화, 이성, 지성을 전부 다 가진 완전한 존재이다. 그러나 그노시스파는 그렇게 생각하지 않았다.

그노시스파가 말하는 창조론은 이렇다. 진정한 지고신(至高神)에게서 아이온이라는 신들이 생겨났는데 그들 중 한 사람이 어떤 연유로 타락했다. 그리고 이 타락한 자가 데미우르고스(창조주)가 되어 세계를 창조했다는 것이

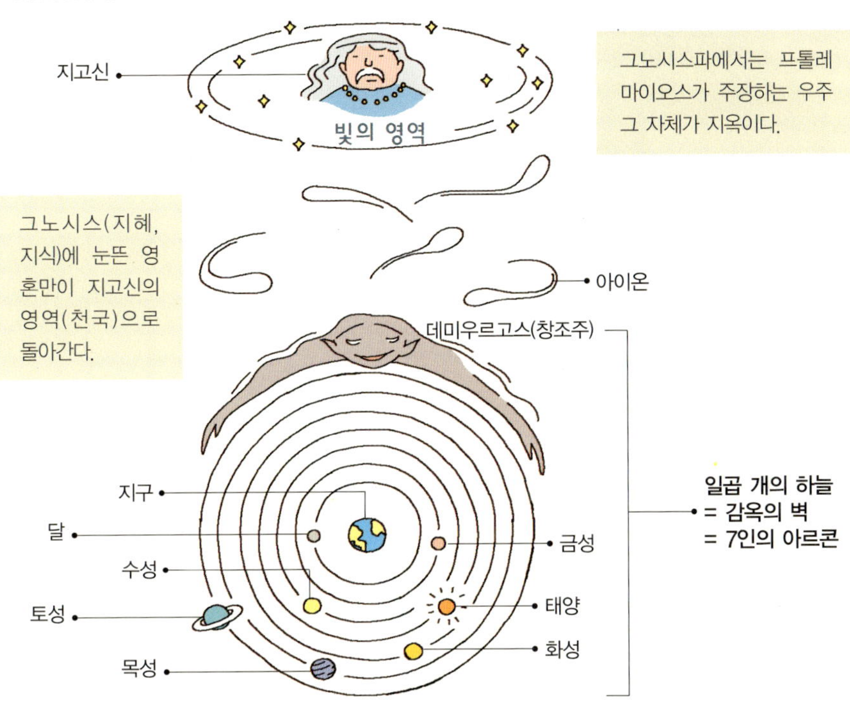

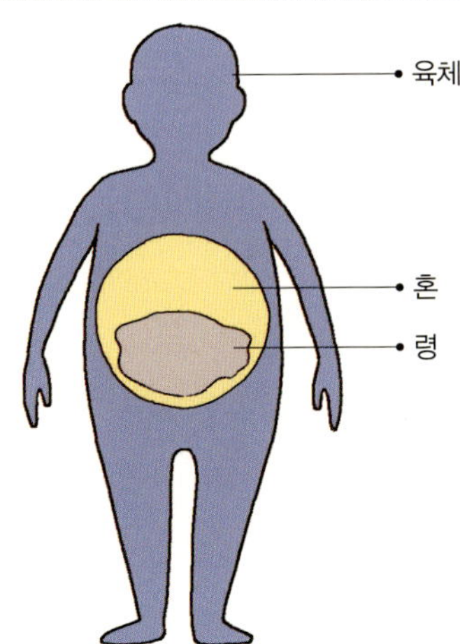

그노시스파에서는 인체도 또한 감옥 지옥이며, 령은 육체와 영혼의 감옥 지옥에 갇혀있다고 생각했다.

우주 너머에 있는 천국

그노시스파는 지혜와 인식이 육체와 혼, 우주를 벗어날 수 있게 하는 궁극의 힘이라 믿었다.

그들의 창조론이다. 그런 까닭에 우주에 존재하는 모든 것은 사악하며, 인간의 육체와 영혼도 열외는 아니라는 것이다. 그들은 인간의 영혼만이 지고신과 연결되어 있는 존재라고 여겼다. 그래서 영혼이 우주라는 거대한 지옥, 인간의 육체와 혼이라는 감옥에 갇혀있다고 생각했다.

여기에서 사후세계를 말할 때 공통적으로 등장하는 일곱 개의 하늘은 감옥의 벽과 같은 것으로 여겼고 이를 7인의 아르콘(지배자)이라고 해석했다. 아르콘은 크리스트교에선 천사와 같은 존재이지만 그노시스파에서는 증오해야 할 존재였다. 그노시스파에서는 아르콘이 인간의 영혼이 감옥을 벗어나는 것을 방해하기 위해 존재한다고 생각했기 때문이다.

그런 까닭에 그노시스파에서는 물질적 세계에 갇힌 영혼을 구제해야 한다고 주장했으며, 그러기 위해서는 신이 계시한 궁극의 '지혜와 인식(Gnosis, 그노시스)'이 필요하다고 역설했다. 만약 다행히도 령이 지혜와 인식을 얻어 잠에서 깨어나면 그 령은 육체와 영혼이라는 감옥에서 해방되어 우주로 올라갈 수 있고, 지고신이 있는 영역으로 복귀하여 구제를 받을 수 있었다. 그리고 그 장소가 바로 그노시스파에서 말하는 천국이었다.

그노시스파 : '그노시스'는 신의 계시적인 지식, 깨달음을 가리키는 것으로 영적인 인간은 이 그노시스를 통해 물질계를 벗어난 자유로운 존재가 된다고 주장했다. 영지주의로도 해석되는 그노시스주의는 1세기 무렵부터 고대 로마 제국과 고트족, 사산조페르시아, 지중해, 시리아와 이집트 등의 중동으로 전파되어 3세기까지 활발하게 전개되었다.

데미우르고스(창조주) : 신이 아닌데 자신을 신이라고 오해했던 가짜 신이다. 구약성서에서 천지를 창조한 크리스트교의 신 역시 그노시스주의에서는 데미우르고스이며, 가짜 신이다.

081. '피스티스 소피아' 문서에 나타난 지옥

> 그노시스파에서 파생한 어떤 일파는 천계를 둘러싼 용의 뱃속에 지옥이 있다고 생각했다. 이 지옥은 죄인들의 영혼을 가두는 장소였다.

하늘을 둘러싼 용의 배에 있는 감옥

그노시스파 중에서도 3세기경 시리아에 존재했던 소수 일파에는 특별한 죄를 범한 인간의 영혼이 사후에 가게 되는 지옥이 있었다. 이 지옥은 그들 사이에서 구체적으로 존재했는데 실제로 '피스티스 소피아'라는 문서에 이 지옥에 대한 설명이 담겨 있다.

'피스티스 소피아' 문서에 의하면 하늘 바깥쪽에는 하늘을 둘러싸고 있는 용이 있다고 한다. 이 거대한 용은 자신의 꼬리를 입에 물고 몸을 동그랗게 말아 하늘을 감싸고 있는데, 그 뱃속에는 무서운 고통이 넘쳐나는 열두 개의 토뢰(土牢, 땅을 파서 만든 감옥)가 있는 지옥 '게헤나'가 있다.

열두 개의 토뢰에는 각각의 지배자가 있다. 첫 번째 토뢰의 지배자는 엔크토닌으로 악어의 얼굴을 하고 있으며 입으로 자신의 꼬리를 물고 있다. 두 번째 토뢰의 지배자는 카라칼이라고 하며, 고양이의 얼굴을 하고 있다. 이외

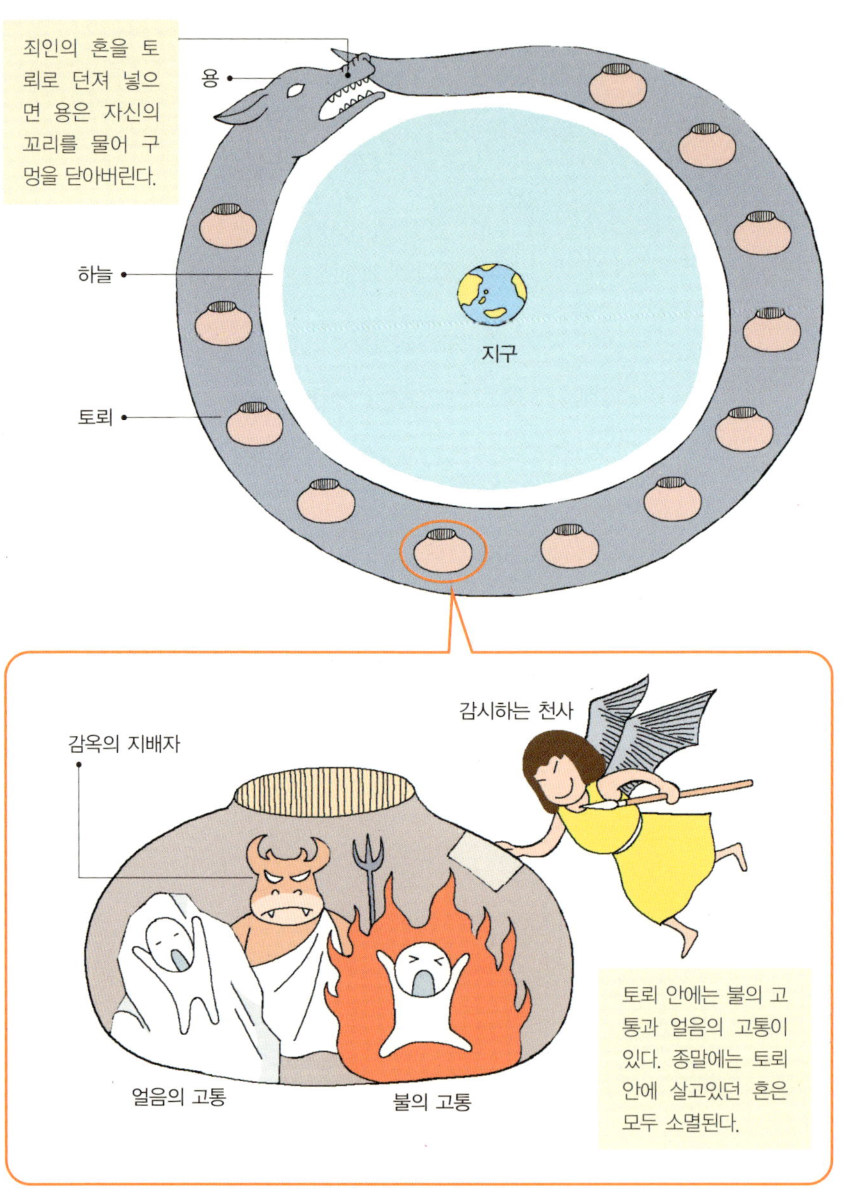
죄인의 혼을 토뢰로 던져 넣으면 용은 자신의 꼬리를 물어 구멍을 닫아버린다.
용
하늘
토뢰
지구
감옥의 지배자
감시하는 천사
얼음의 고통
불의 고통
토뢰 안에는 불의 고통과 얼음의 고통이 있다. 종말에는 토뢰 안에 살고있던 혼은 모두 소멸된다.

에 개의 얼굴을 한 안카록, 뱀의 얼굴을 한 아크로칼, 황소의 얼굴을 한 마르코울, 돼지의 얼굴을 한 람카몰, 곰의 얼굴을 한 로우칼, 독수리의 얼굴을 한 라라오크, 바지리스크의 얼굴을 가진 아르케오크, 일곱 개의 용머리를 가진 하르마로크, 일곱 개의 고양이 얼굴을 가진 로칼, 일곱 개의 개머리를 가진 크레마올이 토뢰를 지배하고 있다. 이 중 하르마로크, 로칼, 크레마올은 상당수 존재하며 이 열두 명의 지배자들은 한 시간마다 이름을 바꾸고, 얼굴도 바꿔버린다.

　죄인들의 영혼은 용꼬리의 구멍을 통해 토뢰 안으로 떨어지게 된다. 용은 죄인들을 꼬리의 구멍으로 빠뜨릴 때에만 입으로 물고 있던 꼬리를 잠시 놓고, 죄인이 들어간 후에는 다시 꼬리를 물어 죄인을 가둬버린다. 지옥에서 죄인들이 받아야 할 주요 고통은 기본적으로는 불로 인한 고문이지만, 그 불은 이 세상 불의 아홉 배에 해당하는 고통을 준다. 그 외에 얼음, 싸락눈, 우박 등에 갇히는 고통도 있다. 또한 각각의 토뢰에는 더 높은 차원을 향한 문이 열려 있는데, 그곳에서 천사가 죄인들을 지켜보고 있다.

우로보로스
커다란 뱀이나 용이 자신의 꼬리를 물어 원형을 이루는 모습으로 나타나는 우로보로스는 윤회나 영원을 상징한다. 그 노시스파와 '피스티스 소피아'에서는 뱀 또는 용의 형상을 예수의 부활과 관련지어 공경의 대상으로 삼았다. 이후 뱀을 사탄으로 여기는 가톨릭의 탄압을 받게 된다.

피스티스 소피아(Pistis Sophia) : 피스티스는 신앙을 의미하며, 소피아는 지혜의 여신을 말한다. 이 경전은 발렌티누스에 의해 쓰여졌다고 한다.

082. 이슬람교에서 말하는 명계

이슬람교가 말하는 사후세계에는 사후의 심판이 존재하지 않는다. 다만 사후의 영혼들은 지하세계에 있는 바르자흐라는 명계에서 세계가 끝난 후 열리는 최후의 심판을 기다린다고 믿었다.

사후의 혼은 바르자흐에 머문다

이슬람교도들은 다른 민족과 종교에서 갖고 있는 사후세계와 달리 사후에 가게 되는 천국과 지옥이 없었으며 사후의 심판도 존재하지 않았다. 그들은 죽은 인간의 혼이 육체에서 떨어져나간 후에 최후 심판의 날이 도래할 때까지 바르자흐라는 중간 명계에 머무른다고 믿었다. 이 바르자흐는 '지중계(地中界)' 혹은 '무덤'을 말한다.

인간이 죽어서 바르자흐에 들어서면 그날 밤에 두 명의 천사 문카르와 나키르가 나타나 죽은 자의 신앙을 확인한다. 천사들이 확인한 결과에 따라 사자의 처지는 크게 달라지게 된다. 사자가 바르자흐에 있는 머무는 것은 사실 지옥도 천국도 아닌 중간 명계에 속한 것이지만, 그때 이미 최후의 날에 자신이 어느 곳으로 갈 것인지에 대한 전조를 받는다. 즉, 사자들은 자신의 신앙이 무엇이냐에 따라 이미 중간 명계의 단계에서 예비 차원의 천국과 지옥

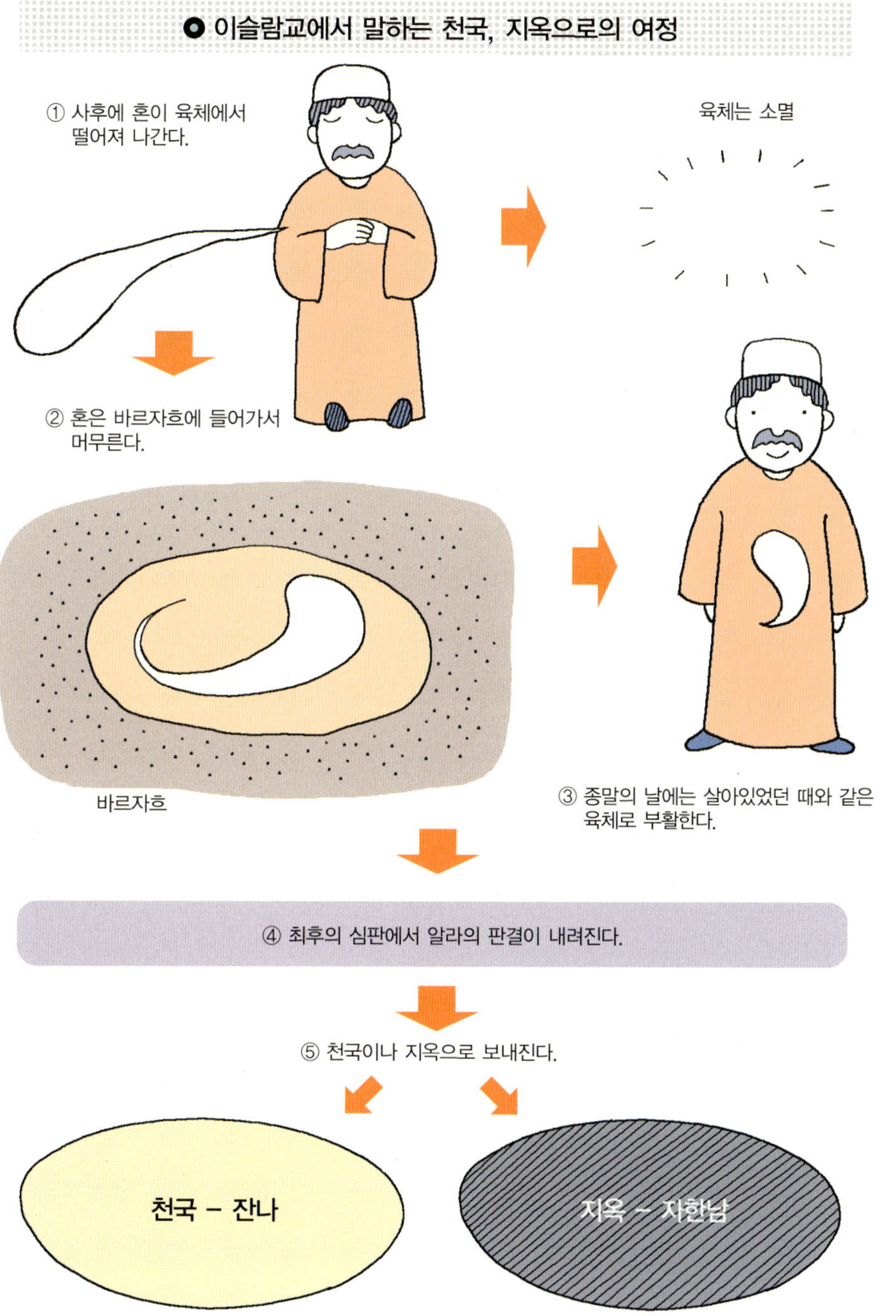

① 사후에 혼이 육체에서 떨어져 나간다.
육체는 소멸
② 혼은 바르자흐에 들어가서 머무른다.
바르자흐
③ 종말의 날에는 살아있었던 때와 같은 육체로 부활한다.
④ 최후의 심판에서 알라의 판결이 내려진다.
⑤ 천국이나 지옥으로 보내진다.
천국 – 잔나
지옥 – 자한남

을 간접적으로 경험하게 된다.

바르자흐에서 최후의 날을 기다리는 사자들은 현세에 있을 때와는 다른, 새로운 눈을 뜬다고 한다. 이슬람교에서는 현세에 살아있는 동안을 오히려 잠자는 상태로 여기며, 죽은 후에야 비로소 눈을 뜨게 되는 것이라고 생각하기 때문이다. 결국 바르자흐에서 경험하는 일은 현세의 시각에서 보면 모두가 공상적이고 비현실적이지만, 사자들이 느끼는 감각은 생전보다 더 현실적이고 직접적이라고 할 수 있다.

최후의 날이 오면 사자들은 살아생전의 모습으로 부활하여 신의 심판을 거쳐 천국 잔나 혹은 지옥 자한남으로 보내진다. 그래서 사후의 혼이 언제 죽었느냐에 따라 바르자흐에서 보내는 기간이 달라지기도 한다.

수백 년이나 바르자흐에 머무는 자도 있으며, 단 몇 년만 머무는, 혹은 더 짧은 시간만을 머무는 자도 있다. 그러나 최후 심판의 날에 부활한 사자들이 뒤돌아보면, 바르자흐에 머문 기간이 아무리 길더라도, 매우 짧게 느끼게 된다. 어느 정도로 짧게 느끼는지는 그가 선인인지, 악인인지에 따라 달라진다. 선인의 경우에는 바르자흐에서 보내는 기간이 더 길게 느껴지는데, 악인의 경우는 수백 년이 10일 정도로 느껴지거나, 극단적인 경우는 한 시간 정도라고 느끼는 경우도 있다.

기도하는 무하마드

아라비아 반도의 메카에서 출생한 무하마드(Muhammmad, 570년~632년)는 이슬람교의 창시자이다. 종교운동의 지도자로 정치인, 군대 지도자로 활약한 무하마드는 이슬람교의 이슬람 생활 규범을 만들고, 이슬람 공동체를 세웠다.

이슬람교 : 610년에 무하마드에 의해 창시된 종교로 알라를 유일신으로 여기고, 코란을 성전으로 삼는다.

083. 이슬람교의 지옥 자한남

이슬람교의 지옥 자한남은 겁화(劫火, 인간세계를 태워 재로 만들어버리는 큰 불)가 타오르는 깊은 구멍이다. 그 바닥에는 작쿰나무가 자라는데 이 나무에서 열리는 열매는 악마의 머리처럼 생겼다.

최후의 심판 후에 가게 되는 영원의 지옥

이슬람교도들은 죄인들이 최후의 심판 후에 자한남이라는 지옥으로 던져져서 영원히 고통 받는다고 믿었다.

자한남은 겁화(劫火)가 타오르는 깊은 구멍, 혹은 나락이다. 이 구멍 위에는 올바른 길이라는 다리가 걸려있는데, 종말의 날에 부활한 사자들은 유일신 앞에서 생전의 선행과 악행의 정도를 저울에 잰 후에 이 다리를 건너게 된다. 선행을 쌓은 자가 건너려고 하면 빛이 환하게 주변을 감싸며 눈 깜짝할 사이에 다리를 건널 수 있지만 악인이 건너려고 하면 주변이 캄캄해지며 자한남의 나락으로 떨어져버린다.

자한남에 떨어진 죄인들의 몸은 역청(천연에서 나는 탄화수소 화합물의 광물) 투성이며 그들의 머리 위는 검은 연기로 가득 차 있다. 죄인들은 계속해서 얼굴이 구워지거나, 몸이 타거나, 부글부글 끓어오르는 뜨거운 물을 뒤집어쓰는

고문을 받는다. 또한 자한남의 땅에는 악마의 머리처럼 생긴 열매가 열리는 작쿰나무가 있는데, 죄인들은 모두 그 나무의 열매를 배가 터지도록 먹게끔 강요당한다. 또 견디기 어려울 정도로 뜨거운 물을 마시도록 강요당하기도 한다.

코란에 자한남의 구조에 대해 자세히 기록되어 있지는 않지만 후대에 이르러서는 이 자한남에 일곱 개의 층이 있다는 생각이 일반화되었다.

가장 높은 층은 이슬람교도 죄인을 위한 자한남(불지옥)이며, 다음은 크리스트교도가 떨어지는 라다(타오르는 불), 3층은 유대교도를 위한 후타마(잘게 부순 불), 4층은 사비아교도를 위한 사이르(불타오르는 불), 5층은 조로아스터교도를 위한 사카르(업화), 6층은 다신교도를 위한 자힘(아궁이), 7층은 위선자를 위한 하오비아트(나락)이다.

이슬람교의 경전 코란(꾸란)
610년부터 632년 무하마드가 죽음을 맞이할 때까지 받은 알라의 계시를 집대성한 경전. 이슬람교도들은 일생동안 코란을 읽고 암송하며 알라의 가르침에 따른 종교적인 삶을 유지한다.

그러나 자한남에서 받는 고통의 정도는 생전에 지은 죄의 무게를 정확하게 반영한 것일 뿐 그 이상의 고통도, 그 이하의 고통도 아니라는 기록이 코란에 적혀있다.

사비아교 : 별과 달을 숭배한 고대 지역 종교

084. 이슬람교의 천국, 잔나

이슬람교도들이 믿는 천국 잔나는 항상 먹을 것이 넘쳐나는 풍요롭고 완전한 낙원이다. 게다가 모든 남성은 처녀를 부인으로 얻는 혜택을 누릴 수 있다.

남성 중심의 현세적 쾌락이 넘치는 천국

이슬람교도들은 최후의 심판을 받은 선인들은 잔나(낙원)라는 영원의 천국에서 행복하게 살 수 있다고 믿었다. 코란에 의하면 잔나는 완전한 낙원으로 특히 먹을 것이 풍부하여 궁핍함이 없는 곳이다. 그것에는 절대 썩지 않는 물, 맛이 변하지 않는 우유, 맛있는 술, 달콤한 꿀 등이 흐르는 여러강이 있고, 다양한 종류의 과일이 풍성하게 열리는 나무들이 있다.

기록에 의하면 낙원에서 누리는 생활도 매우 호화롭다. 금실로 장식된 침대에 누워서 젊은 시녀들이 따라주는 술을 마시는데 이 술은 아무리 마셔도 몸에 해롭지 않으며 머리도 아프지 않은 술이다. 또한 닭고기도 마음대로 먹을 수 있다. 또 모든 남성은 처녀를 부인으로 얻을 수 있는 혜택도 주어진다. 이렇게 보면 잔나는 완벽하게 남성 중심적인 천국이다.

천국은 분명 선인들만이 갈 수 있는 곳이지만 자비로운 알라는 생전에 선행

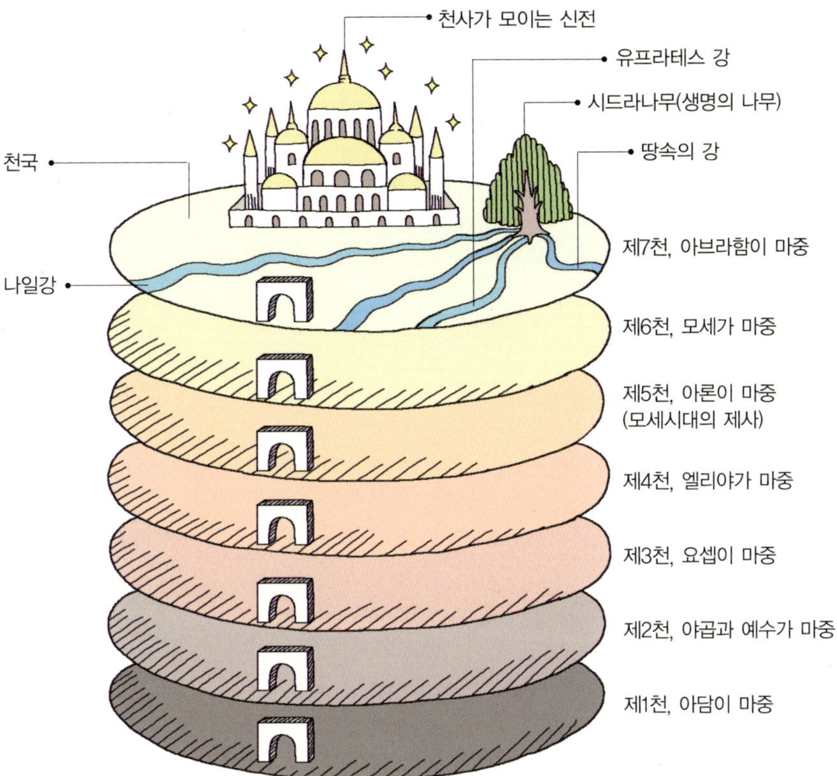

영원의 천국, 잔나의 특징

- 남성 중심의 천국
- 절대로 썩지 않는 강, 상하지 않는 우유의 강, 맛있는 술의 강, 달콤한 꿀의 강 등이 흐른다.
- 많은 종류의 과일이 풍성하게 열린다.
- 닭고기를 마음대로 먹을 수 있다.
- 금실로 장식된 침대에 누워서 젊은 시녀들이 따르는 술을 마신다.
- 처녀를 부인으로 맞을 수 있다.

우마이야 모스크(Umayyad Mosque)의 파사드 벽화
시리아의 다마스쿠스에 있는 도시 유적으로 움매야드 왕조의 대 모스크이다. 경전 문구와 넝쿨 식물로만 장식하는 어느 모스크와는 달리 전원 풍경을 담은 모자이크화로 장식되어 있다. 이 모자이크는 이슬람에서 믿는 천국을 묘사한 것이라고 한다.

에 힘쓴 자라면 가령 그에게 사사로운 죄가 있다 해도 눈감아 준다. 게다가 알라는 그 사람이 한 행동 중 가장 선한 부분을 주목해서 보고, 그 선행의 몇 배에 해당하는 상을 주기도 한다. 잔나에는 일주일에 한 번 신이 강림하기 때문에 잔나에 머무는 선인들은 신을 직접 볼 수 있는 최고의 은혜를 받을 수 있다.

코란에 의하면 천계는 7층 구조로 되어 있는데, 종말에는 이 천계가 모두 무너지고 잔나가 출현한다고 한다. 그러나 잔나는 그때 처음으로 만들어지는 것이 아니라 어딘가에 이미 존재하고 있는 것으로 추측된다. '미라주(승천)'라는 이슬람 전설에는 예언자 무하마드가 대천사 지브리르(가브리엘)의 인도로 여행을 하고, 지옥과 천국까지 견학했다는 이야기가 있다. 미라주에 의하면 무하마드는 제1천의 문에서는 아담의 환영을 받고, 그곳에서부터 하늘을 조금씩 오를 때마다 야곱과 예수, 요셉, 엘리야, 아론, 모세, 아브라함을 만나 그들의 환영을 받았다. 그리고 제7천의 끝에서 시드라나무(생명의 나무)를 보고, 또 천사가 모여 있는 신전을 봤다고 한다. 그곳이 바로 영원의 천국이다.

이렇듯 이슬람교에서 말하는 영원한 천국은 미리 준비된 것이며 종말의 날에 우리 앞에 새로이 출현하는 것이다.

코란 : 이슬람교 창시자 무하마드에게 내려진 신의 계시를 사후에 한 권의 책으로 정리한 이슬람교의 성전
알라 : 이슬람교의 유일신이다. '알라'는 아라비아어로 신의 호칭 중 하나다. 이슬람교는 구약성서의 족장 아브라함의 종교를 이어받았기 때문에 알라는 유대교, 크리스트교의 신과 동일하다.

085. 이슬람교의 최후의 심판

이슬람교는 사후의 심판이 없고, 최후의 심판만이 있다. 최후의 심판 날에는 심판을 받는 당사자의 신체 일부까지 증언자가 된다.

인간의 좋은 점에 주목하는 알라의 심판

유대교와 크리스트교에서는 인간이 죽으면 바로 사후의 심판을 받고 천국이나 지옥으로 가게 되고, 영혼은 천국과 지옥에서 종말의 날을 기다렸다가 최후의 심판을 받는다. 그러나 코란에서는 인간이 받는 심판은 최후의 심판뿐이라고 말한다.

코란에 의하면 종말의 날에는 천사가 두 번 나팔을 분다고 한다. 그 날에 살아있던 자들은 첫 번째 나팔소리가 울릴 때 모두 기절하여 정신을 잃고, 두 번째 나팔 소리가 울리면 정신을 잃었던 자도, 죽었던 자도 살아있던 때와 같은 모습으로 부활하여 심판을 받게 된다.

종말이 오면 하늘과 땅이 무너진 세계에 알라신이 내려온다. 알라신과 함께 많은 천사들도 내려온다. 그러면 부활한 자들은 알라신과 천사가 있는 곳으로 모여들어 한 사람 한 사람 최후의 심판을 받게 된다. 이때, 모든 사람들

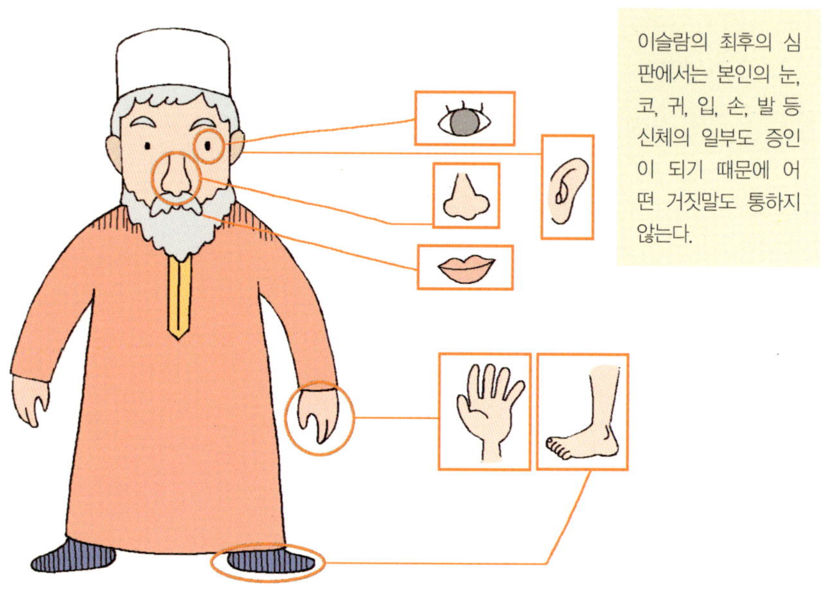

에게는 두 명의 천사가 따라붙는다. 한 명은 인간을 다그치는 역할을 하고, 또 한 명은 인간의 혼을 기록하는 역할을 한다.

기록을 담당하는 천사는 모든 인간에게 할당되어 있으며, 이 천사는 인간이 살면서 행한 모든 행동을 장부에 기록한다. 천사들의 안내를 받아 알라 앞에 선 인간은 장부에 기록된 모든 선행과 악행을 통해 심판을 받는다. 심판 중에 인간이 한 말들 또한 곁에 있는 천사에 의해 기록된다.

흥미로운 것은 알라신에게 심판을 받을 때 증인이 되는 자는 천사와 인간과 요괴만이 아니라, 심판을 받는 인간의 혀와 손, 다리, 귀, 눈, 피부 등 당사자의 신체 일부까지 중요한 증인이 된다는 점이다. 때문에 심판을 받는 자는 자신의 손발이 갑자기 자신에게 불리한 것을 증언하기 시작해서 당황하기도 한다. 이렇게 해서 다양한 기준으로 공정한 재판이 진행된다.

　다만, 알라는 자비로운 신이기 때문에 생전에 조금이라도 좋은 일을 한 적이 있으면 그가 행한 행위 중에서 가장 선한 행동으로 삼아 인생 전부를 판단하고, 나쁜 짓은 악행의 총량으로 계산하여 그의 악한 정도를 판단한다. 이렇게 보면 이슬람교에서 말하는 지옥에 떨어지는 사자는 아주 고약한 악인들뿐이라고 볼 수 있다.

천사 가브리엘
이슬람교에서의 천사는 알라의 명령을 집행하고, 인간 생활을 관장하는 역할을 한다. 가브리엘은 모든 천사를 관리하고, 무하마드 같은 예언자들에게 알라의 계시를 전달한다. 또 인간들의 행적을 기록해, 알라로 하여금 최후의 심판 날에 인간의 천국행과 지옥행을 결정하게 한다.

086. 마야신화 속의 명계, 시발바

고대 멕시코의 마야인들은 시발바라는 이름의 명계를 믿었다. 이 명계는 서쪽의 지하에 위치해 있고, 사후의 혼을 괴롭히는 다양한 형벌관이 있다.

형벌관이 있는 공포의 지하세계

고대 마야인들은 대다수의 인간들이 죽은 후에 깊은 동굴과 호수 깊숙한 곳에 있는 무서운 시발바라는 명계로 간다고 믿었다. 고대 마야족의 후손인 키체족의 신화 '포폴 부'에 의하면 시발바에 가기 위해서는 위험한 길을 통과해야 한다고 한다. 길을 가는 도중에는 쿠시반 계곡 사이를 흐르는 강과 가시가 돋아있는 히카로나무 사이를 흐르는 강이 있다. 하나는 고름의 강이며 또 하나는 피의 강이다. 강 앞에는 네 개의 길이 엇갈려 있는 십자도로가 있는데 이 네 개의 길은 빨간 길, 검은 길, 하얀 길, 노란 길이며 이 중 검은 길을 택하면 시발바로 가게 된다. 마야신화에서는 적색은 동쪽, 흑색은 서쪽, 백색은 북쪽, 황색은 남쪽을 의미한다.

시발바에는 명계의 주인(악마)이 집회를 갖는 집회소와 이들이 노는 구희장(球戲場) 외에 여러 개의 형벌관이 있다. 빛이 들지 않는 '어둠의 관', 들어선

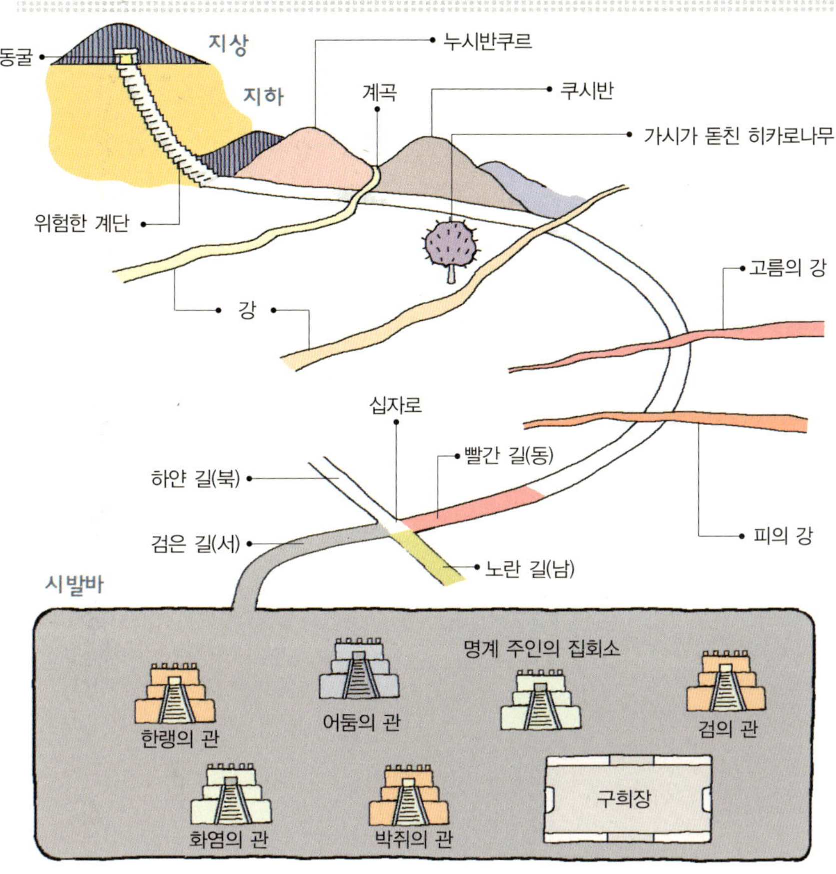

◉ 시발바의 악마와 역할

시발바의 악마	역할
훈 카메/부쿱 카메	시발바의 왕
시키리팟/쿠추마킥	출혈을 일으켜 죽게 한다.
아할푸/아할가나	다리가 부어서 고름이 흐르고, 얼굴이 노랗게 되는 유가나르병을 일으킨다.
차미아박/차미아홀룸	인간을 마르고 쇠약하게 해서 죽게 한다.
아할메스/아할토콥	사고를 당해 죽게 한다.
킥식/파탄	피를 토하게 해서 인간을 급사시킨다.

자를 잘게 자르는 '검의 관', 우박으로 가득한 '한랭의 관', 화염으로 가득한 '화염의 관', 흡혈신 마소츠(죽음의 박쥐)가 숨어서 기다리고 있는 '박쥐의 관' 등이 시발바의 형벌관이다.

이 시발바는 훈 카메와 부쿱 카메왕이 다스리며 이들의 아래에 여러 명의 부하가 있어 이 둘을 돕는다. 이 부하들의 역할은 각각 다른데 시키리팟과 쿠추마킥은 인간에게 갑작스런 출혈을 일으켜 죽게 하고, 아할푸와 아할가나는 다리를 붓게 하여 고름을 흘리게 하고, 얼굴이 노랗게 변하는 유가나르병을 일으키기까지 한다. 차비아박과 차미아홀롬이라는 부하는 인간을 쇠약하게 만들어 말려 죽이는 임무를 담당하고, 아할메스와 아할토콥은 사고를 일으켜 죄인을 죽게 한다. 킥식(싯타)과 파탄은 피를 토하게 해서 인간을 급사시키기도 한다.

팔랑케 유적의 십자가 신전 내부
팔랑케 유적지에서 발견된 신전 내부의 조각. 조각 중심에 십자가 그림이 있어서 신전 이름을 십자가 신전이라 부르게 된다. 마야문명에서 십자가는 생명의 나무를 상징하는 것으로, 사후의 갈림길 또한 이런 의미에서 연장되었을 것이다.

'포폴 부' 신화에는 후에 영웅 신 후나푸와 이시발랑케가 명계의 왕들을 퇴치했다는 이야기가 나온다. 영웅 신의 활약 이후에는 죄인, 악인, 외로워하는 자, 불행한 자, 악덕에 몸을 맡기고 있는 자들만이 죽은 후에 시발바로 오게 됐다는 기록이 전해진다.

고대 마야인 : 중미 고대 문명을 일으킨 부족으로, 300년~900년경에 전성기를 맞이한 후에 쇠퇴했다.
키체족 : 마야계의 민족으로 현재 과테말라 최대의 선주민족이다.
포폴 부 : '공동체의 서', '전 주민의 서'라는 의미가 있다.

087. 아즈텍신화의 명계, 믹틀란

> 명계 믹틀란으로 들어가기 위해서, 아즈텍의 사자들은 9층이나 되는 지하세계를 넘어야 하는 시련을 겪어야 한다.

4년이나 걸리는 믹틀란의 여행

고대 멕시코의 아즈텍신화에서는 사후의 영혼은 대지 아래 깊숙한 곳에 있는 믹틀란으로 가게 된다고 전한다. 아즈텍인들이 믿은 믹틀란은 어둡고 차가운 명계이며 이 명계는 총 9층으로 구성되어 있는데 이를 죽음의 9층이라는 의미로 치크나우믹틀란이라고도 불렀다.

사자들이 사는 명계 믹틀란은 지하 중에서도 가장 아래층에 있으며, 믹틀란이라는 단어는 '북방'을 의미한다.

믹틀란에는 이 명계를 지배하는 왕 믹틀란테쿠틀리과 왕비 킥틀란치우아틀이 있다. 믹틀란을 지키는 사나운 파수견도 있다. 신화에 의하면 왕은 무시무시하게 생겼으며 동굴 입구처럼 거대한 입을 가지고 있어서 그 거대한 입으로 떨어진 사자의 혼을 다 먹어치운다. 어떤 문헌에는 믹틀란테쿠틀리가 거미와 올빼미로 둘러싸인 왕좌에 앉아있는 모습도 묘사되어 있다.

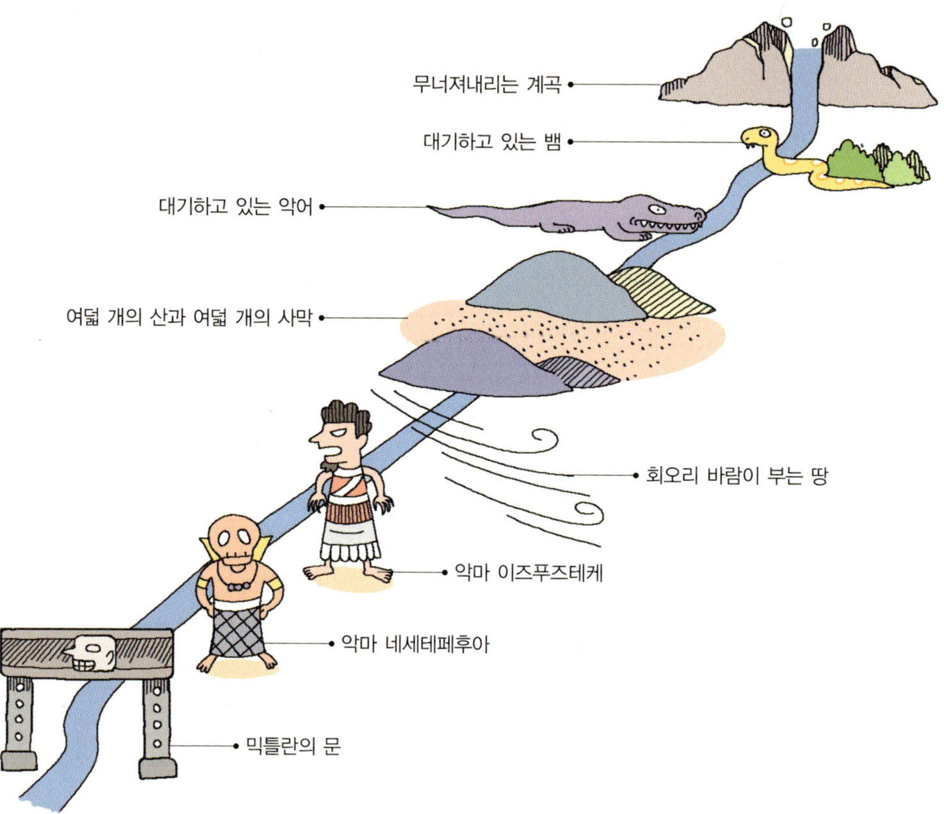

사자들이 믹틀란으로 가기 위해 떠나는 여행 과정은 대략 다음과 같다. 사자의 혼은 시신의 입을 통해 밖으로 빠져나온 후 테스카틀리포카 신 앞으로 인도되며, 그에게 시험을 받은 후 명계를 향한 여행을 시작한다.

사자는 여행 도중에 여러 가지 시련을 맞닥뜨리게 되는데 첫 번째 시련은 높은 산봉우리가 마주보고 있는 계곡에서 시작된다. 그곳에 들어서면 갑자기 절벽이 무너지면서 사자를 덮친다. 고생 끝에 계곡을 통과하면 뱀과 악어가 사자를 기다리고 있어, 사자는 맹수들과 싸워서 이겨야 다음 여행지로 나아갈 수 있다. 그러고 나면 여덟 개의 사막과 여덟 개의 산이 사자를 저지한다. 그것들을 다시 무사히 넘으면 무서운 회오리 바람이 불어오는 곳에 닭의 손톱을 가진 악마 이즈푸즈테케가 기다리고 있으

아즈텍 형식의 문헌
멕시코 지역의 삽화본 중 하나로 스페인 침략 후에 제작되었을 것으로 추정되는 문헌으로, 아즈텍 형식으로 쓰여졌다. 아즈텍의 주요 신과 특성(종교), 역법을 알아내는데 주요한 단서가 되고 있다.

며, 마지막에는 네세테페후아라는 악마와 싸워 이겨야만 한다.

이렇게 해서 사자는 4년에 걸친 여행을 끝내고 명부의 문에 도착하게 된다. 사자는 그곳에서 믹틀란테쿠틀리 왕의 허락을 받아 믹틀란에서 살 수 있게 된다.

사자들이 이런 고난의 여행을 무사히 마치는 것은 매우 어려운 일이기 때문에, 사자는 부장품으로 함께 묻힌 창 다발을 챙겨, 자신과 함께 화장된 개와 함께 여행을 떠난다고 한다.

아즈텍인 : 북방에서 멕시코 중앙부로 들어와, 14세기~16세기에 걸쳐서 아즈텍 문명을 이룩한 사람들. 1519년 스페인인이 유카탄반도에 상륙해서 1521년에 아즈텍 문명을 멸망시켰다.
테스카틀리포카 신 : 밤의 암흑을 지배하는 아즈텍신화의 신으로 케찰코아틀에 대적할 만한 힘을 가지고 있다.

088. 아즈텍신화 속의 천국

아즈텍의 신화에는 틀랄로칸, 트리란 트라파란, 트나치우히칸 등 몇 개의 천국이 등장한다.

천계와는 별개로 존재하는 천국

고대 아즈텍족의 신화에는 몇몇 조건을 만족시킨 사자들이 그들만을 위해 준비된 천국으로 갈 수 있다는 내용이 담겨 있다.

대중적으로 잘 알려져 있는 아즈텍의 3단계 천국은 틀랄로칸(틀랄로크의 국가), 트리란 트라파란(흑과 적의 나라), 트나치우히칸(태양의 집)이다.

틀랄로칸은 비의 신 틀랄로크가 지배하는 나라로 '물과 안개의 나라' 라고도 하며, 모든 자연환경의 은혜를 받은 낙원이다. 이곳은 익사자, 번개에 맞은 자, 특정 질병으로 죽은 자가 가게 되며, 사자들은 이 낙원에서 4년간 그저 놀면서 편안하게 생활하는 것만으로 다시 환생할 수 있다고 한다. 트리란 트라파란은 틀랄로칸의 위에 있거나, 훨씬 멀리 있는 천국으로 케찰코아틀의 가르침을 실천한 자가 간다고 믿는 또 하나의 천국이다. 트나치우히칸은 그보다 더 먼 곳이나 혹은 최상층의 천국으로 정신적으로 가장 성숙한 자들이 간다고 믿었다.

이 외에 전사한 병사들과 출산하다 죽은 자들을 위해 서쪽 끝에 신카르코(옥수수의 집)라는 천국이 있었다고 한다.

아즈텍신화에서 말하는 천국은 천계와는 다른 장소다. 아즈텍신화에서는 천국과 함께 천계에 대한 언급이 별도로 나타나 있다. 신화 속에 존재하

아즈텍신들의 도시(위)
달과 태양을 상징하는 거대한 피라미드 유적이 있는 테오티우아칸의 스페인 도시. 인간의 피를 신에게 바치는 제단 용도로 세워졌을 것으로 추측하는 이 유적지에는 '달의 피라미드', '태양의 피라미드' 외 몇 개의 신전이 있다.

케찰코아틀 사원의 장식 조각(아래)
테오티우아칸에 있는 케찰코아틀 사원은 뱀의 머리 모양을 한 조각과 마스크 조각상으로 장식되어 있다.

는 천계는 13층으로 구성되어 있는 세계다. 아래부터 순서대로 달과 구름의 나라, 은하, 태양과 전사의 나라, 새와 금성의 나라, 불과 뱀(유성)의 나라, 먼지와 공기의 나라, 밤과 낮의 나라, 축복받은 나라로 이어지며, 가장 윗부분인 2층은 만물의 창조자인 오메테오틀이 지배하는 나라라고 한다.

산 높은 곳에 있는 동굴 입구가 천국으로 들어가는 문이라고 믿는 신앙도 있었는데, 아즈텍신화에는 그것에 대한 기록이 분명하지 않아 천국이 어디에 있었는지 확실치 않은 것이 많다.

케찰코아틀 : 아즈텍신화 중 가장 숭배되었던 농경의 뱀신으로, 창조신이기도 하다.
오메테오틀 : 아즈텍신화의 우주 창조자로, 케찰코아틀의 아버지라고 여겨지는 경우도 있다.

마야의 마법사의 피라미드
유카탄반도 북부에 있는 마야 고전기 후기의 도시 욱스말 유적지. 비의 신 차크(Chac)와 뱀,
격자무늬로 화려하게 장식된 마법사의 피라미드가 하늘을 향해 우뚝 서 있다.

089. 도교에서 말하는 천국과 지옥

> 도교의 사후세계는 중국 고대의 영산(靈山)과 불교에서 말하는 지옥, 불로불사의 선인이 사는 이상향에 이르기까지 실로 다양하다.

선인이 사는 천국

중국의 전통 종교인 도교는 중국 고대의 다양한 신앙을 기반으로 하여, 불로불사의 선인이 되는 것을 목표로 삼는 신선사상을 중심으로 2세기경에 성립되었다.

도교에는 상당히 원시적인 애니미즘 민속신앙에서, 노자로 시작되는 도가사상과 역, 음양, 오행이라는 것까지 포함되어 있어서 명계관 역시 다양한 영향을 받았다.

중국에서는 산동성에 있는 태산을 천신이 내려오고, 사자의 영혼이 모이는 영산이라 믿고 숭배했다. 그리고 전한시대가 되자 오행설이 널리 퍼지면서 무엇이든 다섯 개로 만드는 것이 유행했다. 이 영향으로 동쪽의 태산을 필두로 해서, 서쪽의 화산, 남쪽의 형산, 북쪽의 항산, 중앙의 숭산을 성스러운 오악(五岳)으로 여겼으며, 이곳에 사후의 영혼이 모이게 된다고 믿었다.

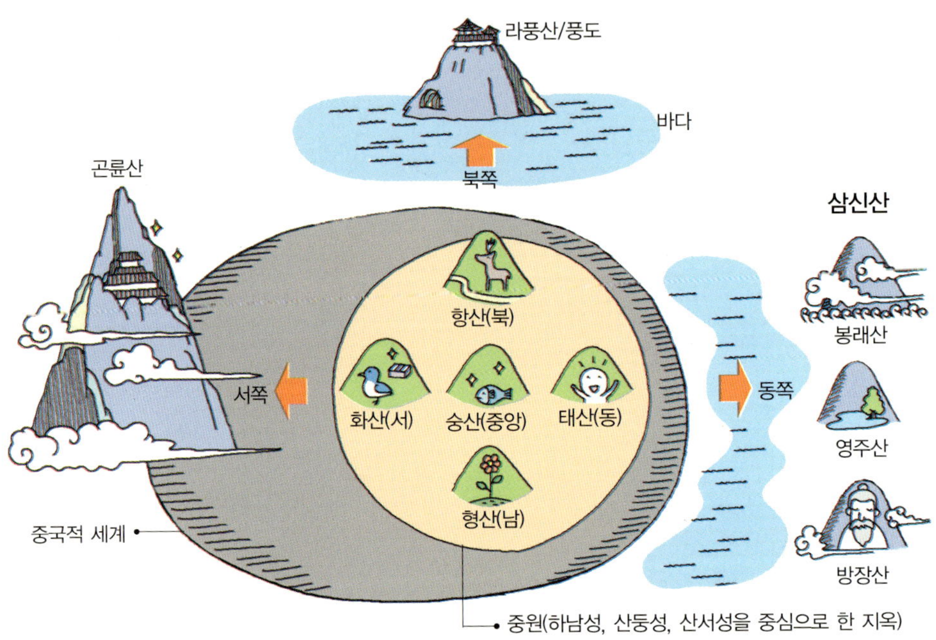

◉ 오악과 삼신산

오악	태산	오악의 필두인 영산으로 인간의 생사를 지배하고 있다.
	화산	영산으로 조류와 금속을 지배한다.
	숭산	영산으로 어류와 별을 다스린다.
	항산	영산으로 육상 동물과 강을 다스린다.
	형산	영산으로 식물과 토지를 지배한다.
삼신산	봉래산	주위에는 성난 파도가 소용돌이쳐서 하늘을 나는 선인들만이 갈 수 있다.
	방장산	승천을 원하지 않는 선인이 머무르는 섬이다.
	영주산	신지(神芝), 선초(仙草) 등이 자랄 뿐 아니라, 마시면 장수하는 샘물이 솟고 있다.
	곤륜산	하늘로 통한다고 믿었던 신화 속의 산으로 선경이 있다.
	라풍산/풍도	북방 해상에 있는 명계로, 태산에 필적하는 지옥이다.

이 영산들은 원래 단순히 사자의 영혼이 모이는 장소였을 뿐 천국과 지옥이 이곳에 존재한다는 신앙은 없었다. 그러나 도교가 성립됐을 즈음에는 이미 중국에서 불교가 유입되기 시작했기 때문에 불교 지옥설의 영향 아래 이들 영산 아래에도 지옥이 있다고 믿게 되었다. 영산 중에서도 태산지옥이 가장 큰 지지를 모았다. 또한 중국 북방의 바다 먼 곳에 라풍산(羅豊山) 혹은 풍도(豊都)라는 지옥이 있다는 설도 생겨났다.

그렇다면 도교의 천국은 어떤 모습이었을까? 불로불사의 선인이 되는 것을 이상으로 삼았던 도교의 천국은 천국을 사후세계라는 관념보다는 불로불사의 선인이 사는 이상향＝선경(仙境)의 세계로 보는 이미지가 강했다. 선경 중에는 전국시대에 특히 유명했던 봉래산(蓬萊山), 방장산(方丈山), 영주산(瀛洲山)의 삼신산이 있으며, 중국 동방의 발해(渤海)에 떠있는 섬도 있었다. 또한 먼 서쪽에 있는 곤륜산(崑崙山)도 원래는 신의 산이었으나, 머지않아 선인이 사는 선경이라고 여기게 되었다.

신선무늬청동거울
넘실대는 물, 노니는 용, 그 위로 높은 뻗은 나무와 구름, 그리고 구름 위에 세 명의 신선이 서 있다. 도교에서 그리는 선경의 모습을 새긴 이 신선무늬청동거울은 고려의 유물로 추정한다.(국립중앙박물관소장)

도교 : 중국인에게 가장 친근한 전통 종교지만, 1949년에 성립된 중화인민공화국은 교단의 자유로운 활동을 금지했기 때문에 현재는 쇠퇴했다. 그러나 대만, 홍콩, 말레이시아, 싱가포르 등에서는 아직도 신앙 활동이 활발히 이어지고 있다.

090. 도교의 지옥, 태산지옥

중국에서 고대부터 영산으로 손꼽는 명소는 불교에서 넘어온 지옥사상의 영향을 받아 사자의 영혼이 모이는 최대 규모의 장소로 여겨졌다.

중국에서 영혼의 총본산(總本山)은 태산

중국인들은 오래전부터 산둥성의 태산이 죽은 자의 영혼이 모이는 장소라고 믿었으며, 이곳에 인간의 수명을 기록한 원부(록명부, 祿命簿)가 있다는 신앙을 가지고 있었다. 그리고 3세기경이 되자 중국에 전파된 불교의 지옥사상이 더해져서 태산에 지옥도 딸려있다는 믿음이 새로이 생기게 되었다. 도교는 이를 더욱더 발전시켰고 그 결과 태산은 중국에서 사자의 영혼이 모이는 최대의 집합지가 되었다. 그리고 이 태산지옥에 대한 신앙은 중국 북부의 황하유역으로 빠르게 퍼져나갔다.

이렇게 되자, 태산이 가진 명부의 기능도 복잡해졌다. 사람들은 그곳에 훌륭한 관청조직이 있다고 믿었으며, 태산의 산신이었던 태산부군을 명부의 장관이라고 여겼다. 그리고 태산주부, 태산록사, 태산오박 등의 관료가 그의 밑에서 일하고 있다고 생각했다.

태산의 발전

태산 → 사령이 모이는 장소

↓ 불교의 지옥사상에서 영향을 받는다.

지옥이 소속된다.

↓ 도교가 더욱 더 발전한다.

중국 최대 사령(死靈)의 집합지

태산지옥의 조직

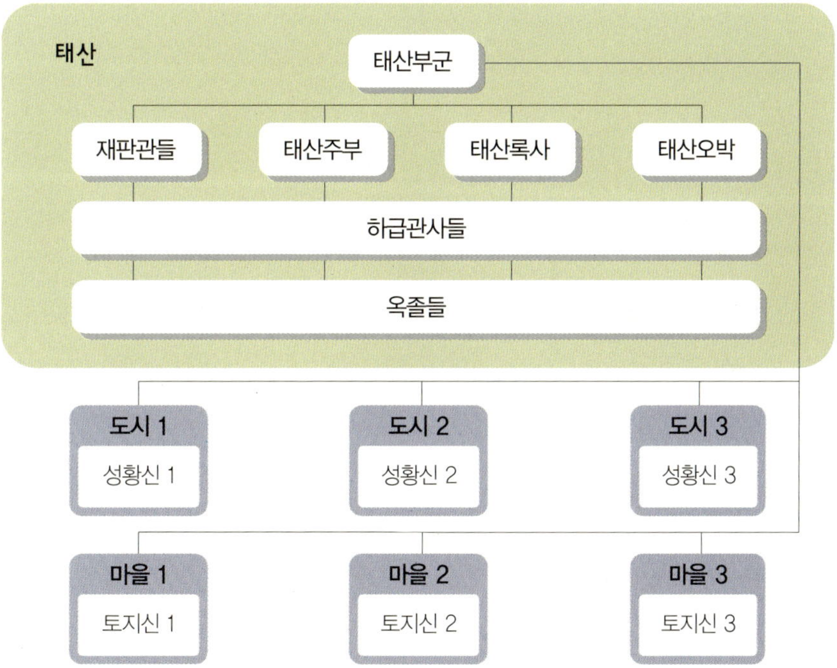

각 지역에 성황신, 토지신이 있어서 그 지방의 사후 영혼을 담당하는데, 이 지방의 신들도 태산의 관료조직에 속해 있다.

태산의 산신을 모신
송천황전

태안시에 위치한 대묘
는 태산의 신을 봉하
고 제사를 하는 대규
모의 종묘. 대묘의 주
건물인 천황전은 내부
중앙에 태산의 신을
나타낸 상이 있다. 진
시황 이래 중국의 역
대 황제들은 이곳에서
천지를 받드는 봉선의
식을 치렀다.

또 중국인들은 태산에 오래전부터 인간의 수명을 기록한 록명부가 있다고
믿었는데 이 록명부에 기초하여 인간들의 생사(수명)를 관리하는 일이 태산부
군의 주 임무였다. 그는 수명이 다한 인간에게 사자를 파견하여 그의 영혼을
태산으로 데려오게 했다.

이런 태산지옥의 관청조직은 지방 신들에게도 영향을 주었다. 원래 중국
인들은 어떤 마을이나 거리에든 성황(城隍)신과 토지신이 있어서, 이 지방 신
들이 마을 사람들의 생사를 지배한다고 믿었으나 후에 태산이 명계의 정점
이 되자 성황신과 토지신이 하던 일도 태산지옥의 관료들이 수행한다고 생
각하게 되었다. 즉, 사람이 죽으면 사자의 영혼은 우선 그 토지의 성황신이
나 토지신을 섬기는 사당으로 가서 그곳에서 재판을 받은 후, 태산이나 풍도
등의 명계로 가게 된다고 믿은 것이다.

중국의 지옥은 기본적으로 불교의 지옥에서 많은 영향을 받았기 때문에
내용 자체가 불교와 비슷한 것이 많다. 그러나 관료조직에 관한 내용은 어떤
나라의 명계에도 뒤지지 않을 만큼 구체적으로 발달했다.

091. 도교에서 말하는 명계 라풍산

> 중국 남부의 장강 하류지역에 사는 사람들은 사후의 영혼이 먼 북방 해상에 있는 라풍산으로 간다고 믿었다.

중국 남부지역에서 믿었던 도교의 명부

같은 도교라도 중국 남부의 장강 하류지역에서 번성했던 도교에서는 인간이 죽으면 그 영혼이 라풍산에 있는 명부로 간다고 믿었다. 이 명부의 도시를 라풍, 혹은 풍도라고 불렀다.

도홍경(陶弘景 452년~536년)이 쓴 〈진고(眞誥)〉에 의하면 라풍산은 중국의 먼 북방 해상에 있으며, 높이 2,600(1리=0.393km)리에 주변의 넓이만 3만 리라고 한다. 산기슭에 1만 5천 리나 되는 거대한 동굴이 있고, 산 위와 동굴 안에 육천 귀신을 위한 궁실이 여섯 개씩 있다. 산 위에 있는 것을 외궁, 동굴 안에 있는 것을 내궁이라고 하였으며 이 거대한 궁전의 대지는 100리에 달한다.

이 6궁은 인간이 죽은 후에 오는 곳이며 산 위와 동굴 안에 있는 명부의 6궁 제도는 동일하다. 제1궁은 주절음천궁(紂絕陰天宮)이라고 하며, 대부분의 인

◉ 라풍산에 있는 육궁의 기능

	궁의 명칭	기능
제1궁	주절음천궁(紂絕陰天宮)	인간은 죽으면 우선 이곳으로 와서 처분을 받는다.
제2궁	태살량사종천궁(泰煞諒事宗天宮)	급사한 자가 방문한다.
제3궁	명신내범무성천궁(明晨耐犯武城天宮)	현인과 성인은 우선 처음으로 여기로 온다.
제4궁	염소죄기천궁(恬昭罪氣天宮)	길흉화복, 속명죄해를 처리한다.
제5궁	종령칠비천궁(宗靈七非天宮)	생전에 신앙이 깊지 않고 세간의 일에 열중했던 자가 온다.
제6궁	감사련완루천궁(敢司連宛屢天宮)	도를 배웠음에도 불구하고 계율을 파한 자가 온다.

간이 죽으면 가장 먼저 이곳으로 와서 처분을 받는다. 두 번째 궁전은 태살량사종천궁(泰煞諒事宗天宮)으로 급사한 자가 찾아온다. 세 번째 궁전은 명신내범무성천궁(明晨耐犯武城天宮)으로 현인과 성인은 사후에 우선 이곳으로 온다. 그러나 급사한 자나 현인, 성인도 세 번째 궁전을 방문한 후에는 반드시 첫 번째 궁을 다시 방문한다. 네 번째 궁전은 염소죄기천궁으로 길흉화복과 살아가면서 지은 죄와 해(續命罪害, 속명죄해)를 처리한다. 다섯 번째 궁전 종령칠비천궁(宗靈七非天宮), 여섯 번째 궁전 감사련완루천궁(敢司連宛屢天宮)은 〈진고〉에 기록되어 있지 않지만, 현세에서 신앙이 깊지 않았고 세상일에만 열중했던 자가 다섯 번째 궁전으로 가고, 도를 배웠으나 계율을 어긴 자가 여섯 번째 궁전으로 간다는 이야기가 전해진다.

도교에서는 흔히 명부를 다스리는 자를 풍도대제(豊都大帝)라 하는데, 〈진고〉에서는 첫 번째 궁전에 살고 있는 북제군(北帝君)이 여섯 천궁을 총괄한다고 쓰여 있다. 또한 네 번째 궁전을 귀관북두군(鬼官北斗君)이 통치한다고 기록하고 있다.

라풍산에는 죄인이 떨어지는 지옥도 소속되어 있는데 이 지옥에는 풍도 24옥, 풍도 36옥, 구유지옥(九幽地獄)이라는 이름의 지옥이 있다는 설이 있다. 라풍산은 원래 중국 북쪽에 있다고 전해지는 전설 속의 산이었으나, 거기에 있던 라풍이라는 명부의 왕도가 훗날 사천성의 풍도라는 현실세계에 있다고 전해지면서, 풍도라고도 불리게 되었다. 현실세계의 풍도에는 평도산(平都山)이라는 산이 있는데 이후 이곳이 라풍산을 대신하게 되었다.

진고 : 도교의 기본적인 신학을 확립한 도호경이 5세기말에 편찬한 책이다.

092. 피지의 사후세계, 불루

피지반도에 사는 사람들은 사후에 부인이 따라죽지 않아 독신인 자와 결혼을 하지 못해 독신인 자들은 명계 불루에 갈 수 없다고 믿었다.

현세와 다를 바 없는 생활이 계속되는 명계 불루

멜라네시아 동쪽의 피지반도 사람들은 죽은 후에 불루라는 명계로 간다고 믿었다. 불루가 사후세계이긴 하지만 그곳에서의 생활은 현세와 그다지 다르지 않다고 한다. 사후의 영혼은 그곳에서 생전의 가족과 함께 살아가며, 작물을 키우거나, 적과 싸우는 생활을 한다. 위치 또한 그렇게 멀지 않은 곳에 있다고 믿었던 것 같다.

그러나 이곳에서 행복하게 살기 위해서는 어떤 조건을 충족해야 한다. 예를 들면 귀에 구멍을 뚫지 않은 자는 평생 등에 무거운 짐을 짊어지고 모두의 웃음거리가 된다. 문신을 하지 않은 여성은 다른 여성에게 따돌림을 당하고, 전쟁에서 적을 죽인 적이 없는 남자는 긴 봉으로 오물을 휘저으며 살아야만 한다.

구전에 따르면 사자의 혼은 일련의 과정을 겪은 후에야 불루에 당도한다

명계 불루로 가는 여행길
신성한 판다누스 보니넨시스나무
검은 돌의 언덕
명계 입구
섬
부인이 따라 죽은 사자는 검은 돌 언덕에서 부인을 기다렸다가 함께 명계로 간다. 그러나 부인이 따라 죽지 않았거나, 독신인 자는 이곳에서 더 나아가지 못한다.
영계의 마을
삼도천(이승의 마지막을 맞이하는 강)
나이 톰보톰보
카누
사람을 먹는 여자 거인 난가난가
명계 불루
현실의 마을

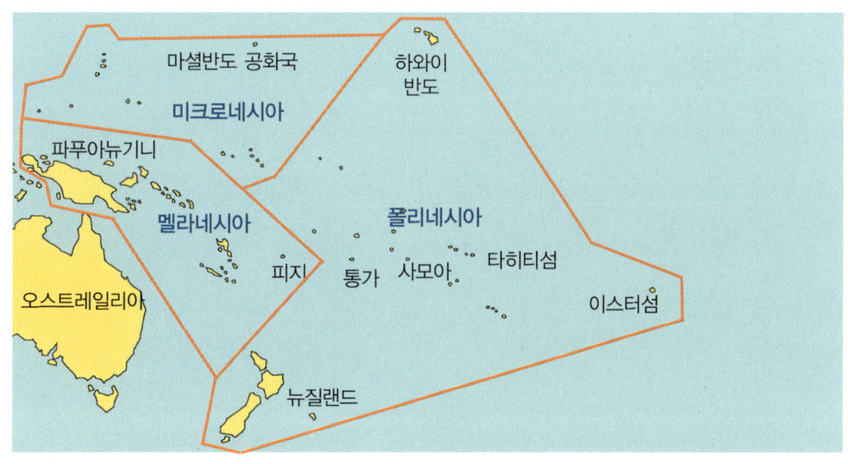
오세아니아 지역의 지도
마셜반도 공화국
하와이 반도
미크로네시아
파푸아뉴기니
멜라네시아
폴리네시아
피지
통가
사모아
타히티섬
이스터섬
오스트레일리아
뉴질랜드

영혼이 깃든 판다누스나무
오스트레일리아 원주민들에게는 아이의 이나 태반을 판다누스나무 아래에 묻으면 그 나무가 아이의 수호신이 되어준다는 믿음이 있다.

고 한다. 우선 사자의 혼은 섬에 있는 명계의 입구를 통해 나이 톰보톰보라는 장소로 향한다. 도중에 검은 돌이 쌓여있는 언덕까지 오면, 사자는 자신의 시신에 공물로 올렸던 고래 이빨을 신성한 판다누스 보니넨시스 (Pandanus Boninensis)나무에 던진다. 만약 이 고래 이빨이 나무에 맞으면 사자의 부인이 따라죽은 것이기 때문에 사자는 여기에서 부인의 혼이 오는 것을 기다린다. 그리고 부인이 도착하면 함께 나이 톰보톰보로 간다. 그들은 그곳에서 함께 카누로 갈아타고 명계 불루로 가면 된다. 가는 도중에 현실의 마을과 영계의 마을을 지나게 되나, 더 이상 사자의 앞길을 방해하는 것은 아무것도 없다.

그러나 고래 이빨이 신성한 판다누스 보니넨시스나무에 맞지 않았을 경우에는 부인이 따라죽지 않았다는 것을 의미하기 때문에 사자는 영원히 이곳에 머물며 자신을 따라오지 않은 부인을 저주해야 한다. 사자가 부인이 없는 독신일 경우는 더욱더 비참하다. 사자는 사람을 잡아먹는 여자 거인 난가난가에게 쫓기다가 결국에는 붙잡힌다. 난가난가는 사자를 검은 돌로 짓이겨서 가루로 만들어버린다.

093. 마오리족의 명계, 포

> 뉴질랜드 마오리족의 신화에서는 지하의 명계를 포라고 불렀으며, 명계의 입구는 바다 먼 곳에 있는 죽음의 여신 히네누이테포의 성기라고 여겼다.

여신의 성기를 통해 명계로 들어가다

폴리네시아의 각 부족은 저마다 다른 사후세계를 믿었다. 그들이 믿는 사후세계는 서쪽의 섬, 천공, 바닷속, 지하 등으로 다양했다. 지역에 따라 명계를 프로투, 하와이키 등의 이름으로 불렀는데 명계가 지하에 있는 경우에는 포라고 부르는 경우가 많았다.

폴리네시아의 천지창조 신화에서는 포와 아호를 한 쌍으로 여겼다. 포는 어둠, 아호는 빛이기 때문에 이 두 가지가 결합하여 세계가 탄생했다는 것이다. 때문에 포는 기본적으로 대지를 상징하며, 그 아래에는 암흑의 지하세계가 있으며 폴리네시아 사람들은 바로 이 지하세계에 명계가 있다고 생각했다.

뉴질랜드 원주민 마오리족도 포라는 명계를 믿고 있었는데, 포가 사자의 영혼이 거주하는 장소가 된 데에는 나름의 이유가 있었다.

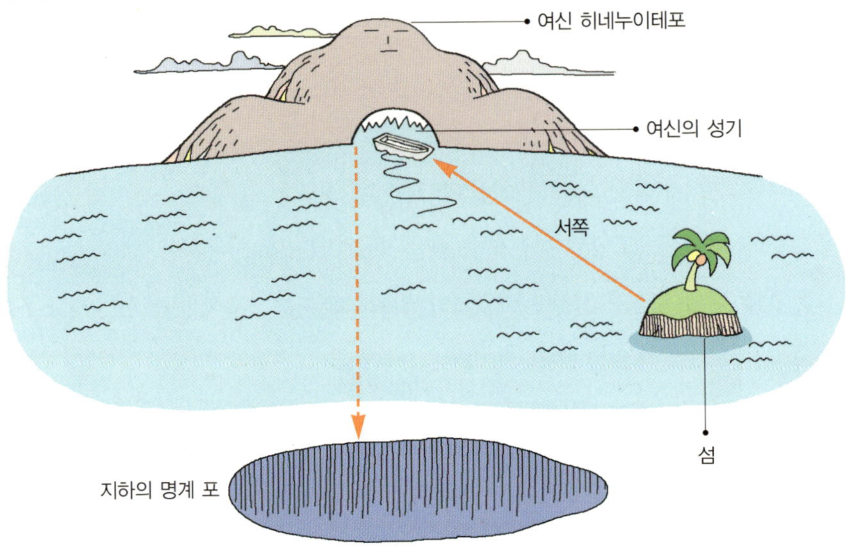

마오리족의 신화에서는 사자의 영혼이 서쪽의 바다 저편까지 여행을 하고, 여신 히네누이테포의 성기를 통해 명계 포로 내려간다고 생각했다.

신화에 의하면 천공의 아들 타네는 해변가의 붉은 흙으로 여성을 만들어서 부인으로 삼았다고 한다. 곧 이 둘 사이에서 '새벽의 여자' 히네 티타마가 태어났다. 그러자 타네는 이번에는 히네 티타마를 부인으로 삼았다. 히네 티타마는 처음에는 아버지의 이름을 몰랐으나, 어느 날 자신의 남편이 아버지라는 사실을 알게 되었다. 그녀는 수치스러움을 견디지 못하고 암흑의 지하 세계 포로 도망쳐서 '밤의 위대한 여신' 히네누이테포가 되었다. 그리고 그녀는 인간에게 죽음의 운명을 내리기 시작했다. 이때부터 인간은 죽을 수밖에 없는 운명이 된 것이다.

이렇게 인간에게 죽음이 시작된 후 사자의 혼은 하늘과 바다가 맞닿아 있는 서쪽 먼 곳까지 여행을 해야만 했다. 그곳에 히네누이테포가 양다리를 벌리고 사자를 기다리고 있으며, 사자의 혼은 그녀의 성기를 통해 명계 포로 들어간다.

　살아있는 인간은 수호령의 도움 없이는 명계로 들어갈 수 없다. 폴리네시아 신화에는 트릭스터 영웅 마우이가 인간을 불사로 만들기 위해 명계로 침입하는 이야기가 있다. 그는 빛나는 나비 유충으로 변신해서 히네누이테포의 음부로 들어갔다. 그러나 그것을 본 새가 크게 웃었고 그 웃음소리 때문에 여신은 모든 것을 알아챘다. 결국 마우이는 그 자리에서 히네누이테포에게 깨물려서 살해당하고 말았다고 한다. 명계의 입구인 여신의 음부에는 날카로운 이가 있었기 때문이다.

마우이
트릭스터(장난을 좋아하는 영웅)로, 태평양의 섬들과 인간을 창조한 신이기도 하다.

마오리족 : 뉴질랜드의 원주민으로 10세기 전후에 동 폴리네시아의 어딘가에서 뉴질랜드로 이주해왔다. 얼굴과 온몸에 문신으로 장식을 하는 풍습이 있다.

094. 하와이의 명계, 미루

하와이 사람들은 일반 사자의 영혼은 지하세계 포에 사는 여신 미루의 명계로 떨어진다고 믿었다. 이곳에 떨어진 영혼은 부뚜막을 태우고 있는 불에 타서 소멸된다고 믿었다.

영원의 죽음이 기다리고 있는 지하의 명계 미루

하와이에 사는 사람들도 폴리네시아 섬에 사는 사람들과 마찬가지로 사자의 영혼이 지하에 있는 명계 포로 향한다고 생각했다.

폴리네시아에서는 기본적으로 사자의 영혼이 명계로 갈 때 해당 섬의 특정 지역에서 출발한다고 믿었다. 출발 장소는 계곡이나 바다를 멀리 바라볼 수 있는 높은 절벽의 끝인 경우가 많으며 그곳에는 신성한 나무가 자란다고 한다. 하와이에서는 그 나무를 '판노키'라고 불렀다. 그리고 신성한 나무 옆에는 항상 아이들의 혼이 있어서 사자의 영혼에게 길을 안내해준다. 명계로 가는 출발점으로 믿었던 장소는 하와이섬의 와이피치 계곡, 오아후섬의 모아나르아, 마우이섬의 아카로아 등이 있다.

하와이의 명계 포에는 몇 개의 나라가 속해 있는데 그중 하나를 여신 미루가 지배하고 있다. 미루는 원래 대지의 여신이었으나 신을 거역해서 지하세

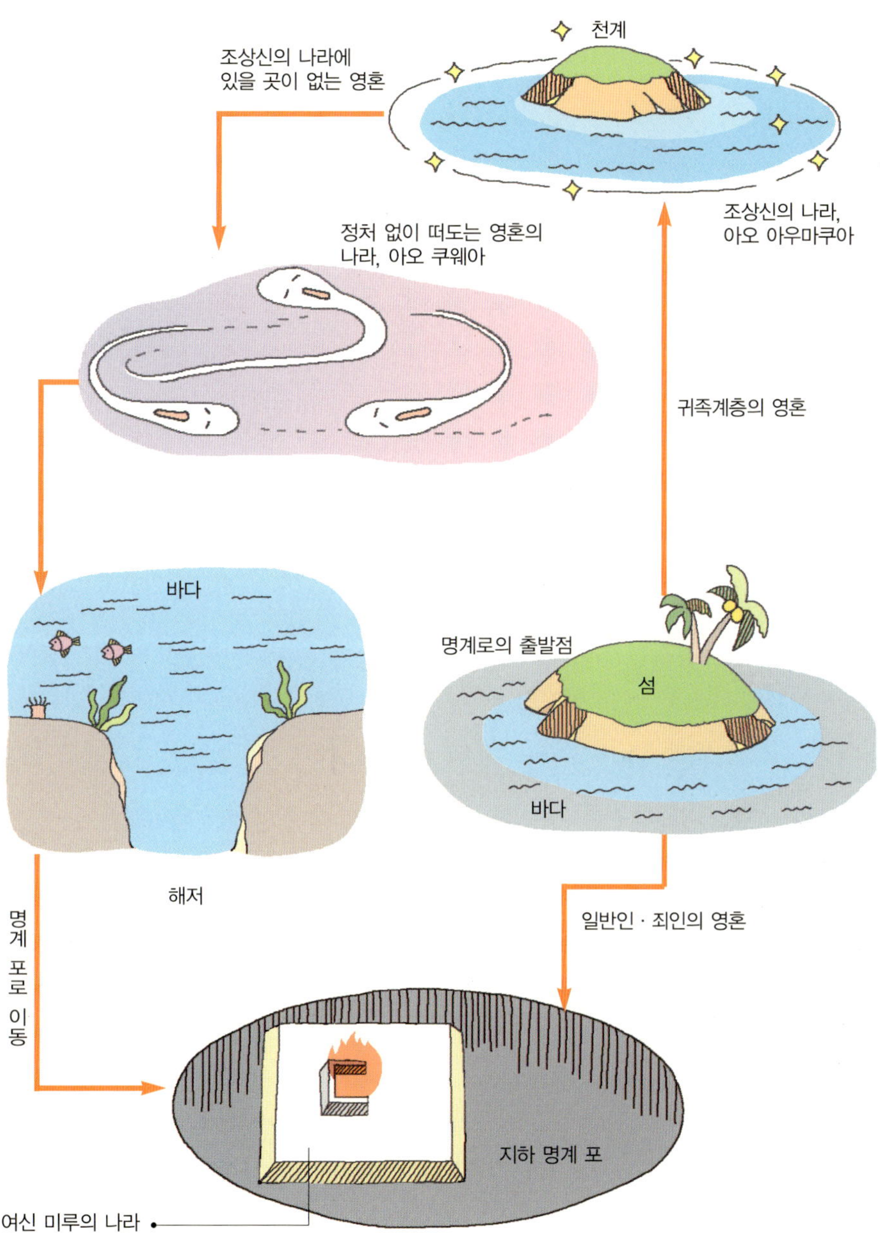
조상신의 나라에
있을 곳이 없는 영혼
천계
조상신의 나라,
아오 아우마쿠아
정처 없이 떠도는 영혼의
나라, 아오 쿠웨아
귀족계층의 영혼
바다
명계로의 출발점
섬
바다
해저
명계 포로 이동
일반인 · 죄인의 영혼
지하 명계 포
여신 미루의 나라

계 포로 떨어졌고 그곳에서 사자의 나라를 지배하게 되었다. 미루가 다스리는 명계는 일반인과 죄인을 위한 장소다. 이곳에서 여신 미루는 사자의 혼을 부뚜막에 던져서 불태운다. 그러나 지옥의 형벌처럼 계속해서 고문을 당하는 것이 아니라 사자의 혼이 불에 타서 소멸되는 것으로 끝이 난다. 윤회에 대한 관념이 없기 때문에 단순히 영원히 죽는 것이다.

사자의 혼 중에 소수의 귀족세층은 시하가 아닌, 천공의 명계로 간다. 그곳에서 사자의 혼은 조상신의 대열에 합류한다. 그들은 지상과 완전히 똑같은 환경에서 생전과 똑같은 생활을 한다. 이 나라는 아오 아우마쿠아(조상신)라고 불린다. 그러나 천공의 명계에서 행복하게 살 수 있는 영혼은 많지 않다. 사자의 조상신이 미리 명계에 있을 곳을 확보해놓았을 때만 안락한 생활이 가능하다. 그렇지 않은 영혼은 정처 없이 떠도는 영혼의 나라 아오 쿠웨아로 간다. 그곳에 도착한 영혼은 암벽에서 바다로 뛰어들어야 한다. 그리고 나서 해저에 있는 골짜기에서 멱을 감는다. 그때 운이 좋으면 사자의 영혼은 새로운 육체를 얻어 재생할 수 있지만, 그렇지 않으면 암흑의 세계로 떨어져버린다. 아마 그곳이 명계 포일 것이다. 포로 떨어진 사자의 영혼은 영원히 죽는다.

전쟁의 신, 쿠(ku)
사나운 표정을 하고 있는 모습으로 묘사되는 이 조각은 폴리네시아의 여러 부족 신화에 등장하는 신들 중의 하나로 전쟁의 신 쿠(ku), 또는 대지의 신 쿠로 불린다.

095. 시베리아의 퉁구스족이 믿는 명계

시베리아의 퉁구스족은 인간에게는 벤과 오미라는 두 종류의 혼이 있으며, 사후에 이 혼은 각각 다른 사후세계로 향한다고 믿었다.

3층 구조로 이루어진 명계

시베리아의 퉁구스(에벤키)족은 샤머니즘을 신봉하는 부족으로 세계는 인간이 사는 지상과 위쪽 세계, 아래쪽 세계의 3층 구조로 이루어져 있으며 이 세 개의 세계는 신화의 강으로 이어져 있다는 믿음을 갖고 있다.

퉁구스족은 인간에게 육체의 혼 벤과 씨족의 재생 능력을 보증하는 근원적 혼 오미가 있다고 믿었다. 인간이 죽은 후에 이 두 개의 영혼은 각각 다른 명계로 향한다. 벤이 가는 명계는 아래쪽 세계에 있는 씨족 사자들의 마을이요, 오미가 가는 곳은 위쪽 세계에 있는 오미의 거처 오미르크다.

벤은 시신이 있는 곳에서 샤먼의 안내를 받아 신화의 강을 내려간다. 이때 샤먼의 북은 배로 변하고, 벤은 뗏목으로 변해서 강을 건넌다. 강에는 급류가 소용돌이치며, 그 와중에 재앙을 불러오는 정령과 죽은 자의 혼까지 벤을 죽이려고 기다리고 있다. 벤이 만약 무사히 사자의 마을에 도착하지 못했을

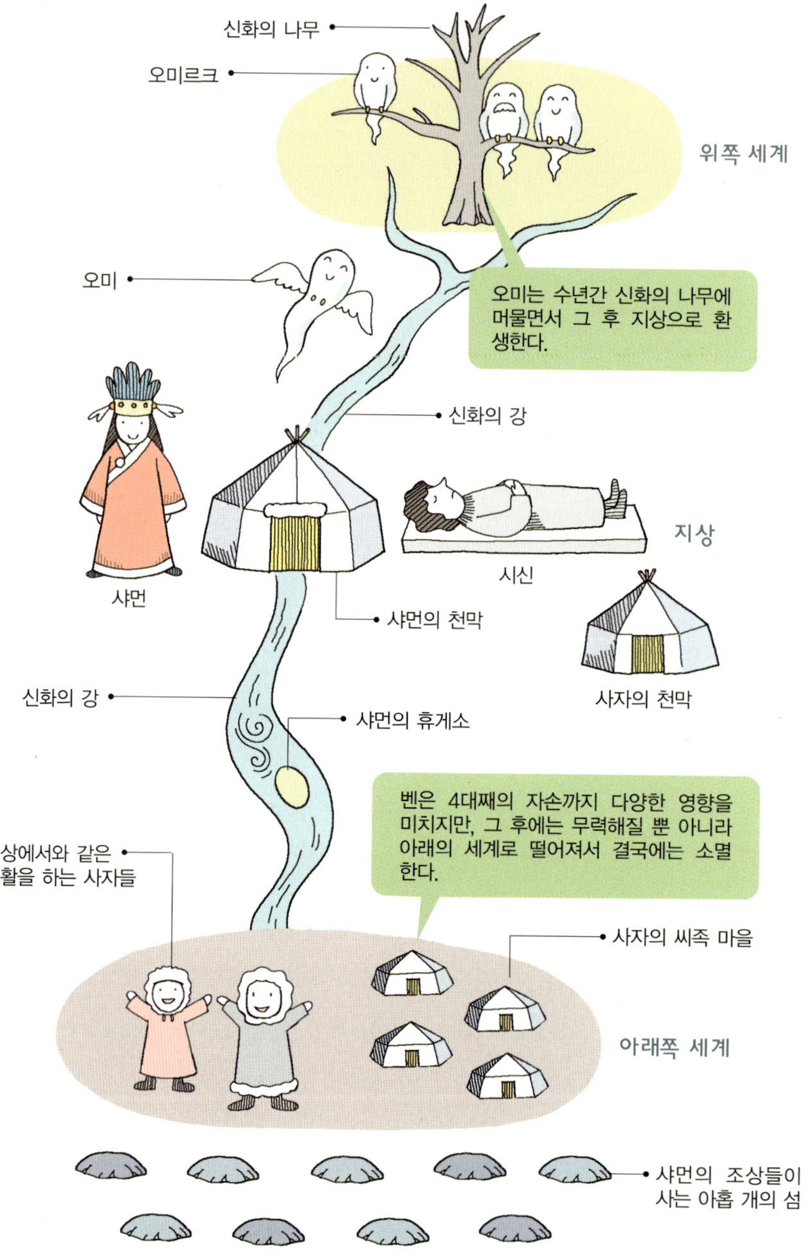
신화의 나무
오미르크
위쪽 세계
오미
오미는 수년간 신화의 나무에 머물면서 그 후 지상으로 환생한다.
신화의 강
샤먼
지상
시신
샤먼의 천막
사자의 천막
신화의 강
샤먼의 휴게소
벤은 4대째의 자손까지 다양한 영향을 미치지만, 그 후에는 무력해질 뿐 아니라 아래의 세계로 떨어져서 결국에는 소멸한다.
지상에서와 같은 생활을 하는 사자들
사자의 씨족 마을
아래쪽 세계
샤먼의 조상들이 사는 아홉 개의 섬

경우에 벤은 숲과 소택지(沼

澤地, 하천, 연못, 늪으로 둘러싸인

낮고 습한 땅)를 헤매는 위험한

정령이 된다. 반면 벤이 무

사히 사자의 마을에 도달한

경우에 벤은 그곳에서 지상

에서와 비슷한 생활을 하게

된다. 다만, 아래쪽 세계의

태양은 반이 얼어있기 때문

에 사자의 세계는 차갑고 어

자작나무
샤먼이 영계를 여행할 때 오르내리는 신성한 매개체인 자작나무는
시베리아신화 속에서는 인간의 어려움을 도와주는 숲의 신으로 등
장한다.

둡다. 벤은 이곳에서 자신의 4대째 자손에게까지 다양한 영향을 미칠 수 있
다. 그 이후에는 무력해지며, 더 아래쪽의 세계 에라구름이나 에라무락으로
떨어져서 이름 없는 조상의 일원이 되었다가 결국엔 소멸한다. 퉁구스족은
이 세상에 존재하는 혼의 총량은 일정하지만, 이렇게 소멸하는 혼이 있기 때
문에 부족의 인구가 줄어드는 비극이 일어나는 것이라고 믿었다.

한편, 오미는 사후에 새로운 형태로 변신한다. 변신한 오미는 신화의 강
원류에서 자신의 힘으로 하늘을 날아서 위쪽 세계 오미르크에 도착, 신화의
나무에서 날갯짓을 멈춘다. 이 나무에는 같은 씨족이 아닌 다른 씨족의 오미
도 머물러 있다. 그리고 오미는 몇 년 후에 다시 지상으로 내려가 연기가 솟
는 구멍을 통해 천막으로 들어간 후, 다시 여성의 배로 들어가서 환생한다.

퉁구스(에벤키)족 : 주로 러시아 국내의 시베리아 연방관구인 에벤키의 자치관구로 이주한 사람들로 사냥과 순록을 목
축하며 유목 생활을 했다.
샤머니즘 : 영혼과 같은 초자연적 존재와 교류하는 특수 능력을 가진 샤먼을 중심으로 한 종교 형태

096. 시베리아
오스탸크족의 명계

시베리아의 오스탸크족 사람들은 비명에 죽은 사자만이 사후에 천국으로 가고, 나머지 사지들은 지옥에 떨어진다고 믿었다.

죽는 방식에 의해 결정되는 천국과 지옥행

오래전부터 샤머니즘을 신봉해온 시베리아의 오스탸크족은 번개에 맞아 죽거나 맹수에게 물려 죽거나, 사냥 중에 사고로 죽은 자들은 사후에 천국으로 간다고 믿었다. 반대로 이불 위에서 죽거나, 병으로 죽은 자는 지옥에 떨어진다고 믿었다.

이로 보아, 오스탸크족은 삶의 방식보다 죽는 방식을 중요하게 여겼으며 특히 비명에 죽음을 맞이하는 것을 최고로 여겼음을 알 수 있다. 그래서 비명에 죽은 자들만이 천국으로 갈 수 있다고 믿었던 것이다.

오스탸크족은 인간이 사는 지상 외에 7층의 천국과 7층의 지옥이 있다고 믿었다. 그들은 하늘과 땅과 지하는 기둥으로 연결되어 있으며, 사자의 혼은 샤먼을 따라 기둥을 오르거나 내려가서 천국이나 지옥으로 간다고 생각했다. 하늘과 땅의 각 층에는 문지기가 있으며 샤먼은 그것을 넘어야만 하는

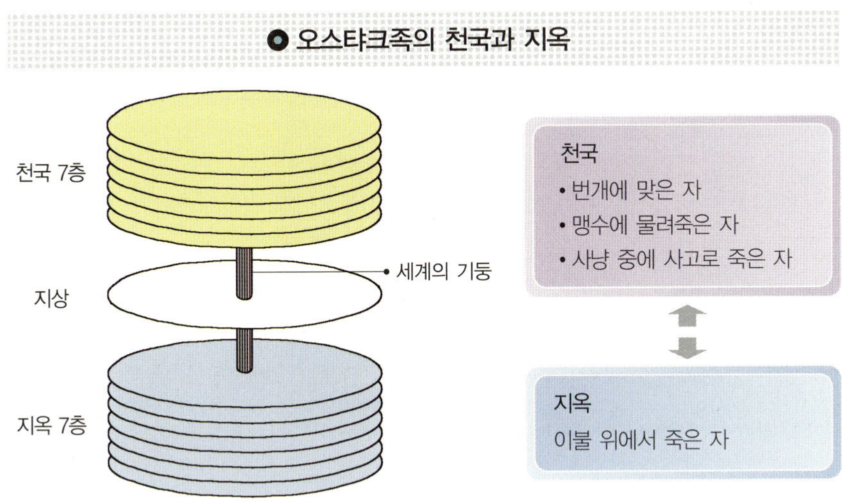

◉ 무엇이든 거꾸로인 명계

시베리아와 몽골의 샤머니즘 사회에서는 명계는 뭐든지 지상과 반대라고 생각했다.

여러 민족신화의 주무대로 등장하는 바이칼 호수

'무당들이 살고 있는 호수'란 뜻으로도 해석되는 바이칼 호수는 총 22개의 섬을 안고 있는 거대한 호수로 울창한 숲과 깨끗한 담수, 만년설로 덮힌 봉우리로 장관을 이룬다. 바이칼 호수에 접하고 있는 여러 민족들은 이곳에 신령이 깃든다고 믿어 나무와 바위 등을 신성시한다.

데, 샤먼이 통과해야 하는 길에는 다양한 장해물이 있었다.

당연히 천국은 즐겁고, 지옥은 괴로운 곳이지만 오스탸크족의 명계에는 다른 민족 혹은 다른 종교에서는 찾아 볼 수 없었던 그들만의 사후세계가 있다.

그것은 명계와 지상의 세계는 무엇이든지 반대라는 점이다. 이는 지하의 명계에만 해당되는 것일지도 모른다. 어쨌든 명계의 풍경은 마치 지상의 풍경을 수면에 비춘 것처럼 모든 것이 반대다. 지하세계의 인간은 다리를 위로 향한 채 살고, 산도 천막도 상하가 반대로 되어 있다. 뿐만 아니라 지상이 낮일 때 지하세계는 밤이다.

이런 특징은 시베리아와 몽골 주변의 샤머니즘 부족에게 넓게 퍼져 있으며 지상에 여름이 오면 지하에 겨울이 오고, 지상에서 짐승이 잡히지 않으면 지하세계에서는 많이 잡힌다고 생각한 부족도 있었다. 어쩌면 저 세상과 이 세상은 무엇이든 반대라고 생각하는 것이 상당히 보편적인 사상일지도 모른다.

오스탸크족 : 주로 러시아의 우랄산맥 동쪽을 흐르는 오비강 유역과 그 지류에 퍼져 사는 민족

097. 히라타 아츠타네가 말하는 유명계

고대 일본의 사후세계를 연구한 히라타 아츠타네(平田篤胤)는 사후의 영혼은 모두 유명계(幽冥界)로 가게 된다고 주장했으며, 유명계는 지상 곳곳에 있다고 했다.

지상의 도처에 있다고 여겼던 사후의 나라

에도시대의 국학자 히라타 아츠타네(平田篤胤 1776년~1843년)는 일본민족 고유의 정신을 확고히 하기 위해 명계의 연구를 시작했으며 독자적인 이론을 통해 유명론을 주장했다.

아츠타네는 우주는 하늘, 땅, 샘으로 성립되고, 하늘은 태양, 땅은 지구, 샘은 달을 의미한다고 했다. 그의 주장에 따르면 지금은 이들이 분리되어 있지만, 태초에는 하나로 결합되어 있었으며 가장 먼저 신의 나라인 하늘이, 이어서 요미노쿠니(황천의 나라)인 샘이 분리되었다고 한다. 그는 신화에 기록되어 있는 내용 중에서 이자나기와 대왕주의 신이 이즈모(현 나라현)에 있는 요모츠히라사카를 통해 요미노쿠니로 향한 것은 샘이 땅에서 분리되기 전의 일이라고 여겼다. 그러나 샘이 땅에서 분리된 후에는 살아있는 인간은 물론 사자의 영혼조차도 이 세상과 요미노쿠니를 왕래할 수 없게 되었다고 한다.

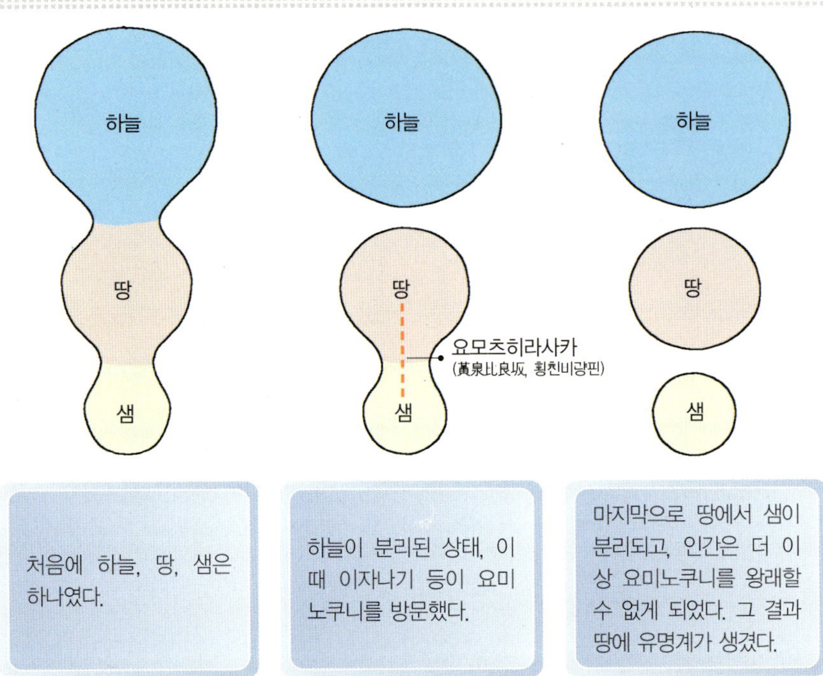

처음에 하늘, 땅, 샘은 하나였다.

하늘이 분리된 상태, 이 때 이자나기 등이 요미노쿠니를 방문했다.

마지막으로 땅에서 샘이 분리되고, 인간은 더 이상 요미노쿠니를 왕래할 수 없게 되었다. 그 결과 땅에 유명계가 생겼다.

아츠타네가 사자의 혼이 가게 되는 곳으로 새롭게 주장한 곳이 유명계다.

그의 의견에 의하면 기본적으로 사자의 혼은 자신의 무덤 옆에 머무르며, 명계는 인간이 사는 지상의 도처에 있다. 그리고 유명계에도 의식주가 존재하여, 그곳에서의 생활도 인간계와 같다고 주장했다.

그러나 영혼들은 인간들이 가지지 못한 색다른 능력을 가지고 있어서 인간세계에 신비로운 일을 일으킬 수 있었다. 인간세계에서는 유명계를 볼 수 없지만 유명계에서는 인간세계를 볼 수 있기 때문에 유명계에 사는 영혼들은 인간세계를 지켜보다가 마음이 쓰이는 자들을 발견하면 신령한 힘을 지닌 사신을 통해 도와주었다.

인간계에 출현하는 이런 신기한 존재들은 여러 경우가 알려져 있지만 특히 오래전부터 잘 알려진 존재로는 천구와 요괴 등이 있는데 이 존재도 유명계에 살고 있는 영혼들이다.

유명계를 지배하는 신은 대국주 신이라고 여겼는데 대국주는 불교의 염라대왕과 같이 모든 것을 꿰뚫어보는 능력을 가진 신이다. 그는 망자가 쌓은 현세에서의 공덕과 죄를 유명계에서 심판하며 영혼의 죄가 너무 큰 경우에는 더러운 타계로 잘 알려진 요미노쿠니로 보내기도 한다. 그러나 이것은 확실한 것은 아니라고 아츠타네는 말했다.

히라타 아츠타네 : 에도 후기의 국학자. 유명계에 관해서는 〈타마노미하시라(靈能眞柱)〉에서 자세하게 설명하고 있다.

098. 알랑 카르덱과 영계

유심론을 확립시킨 알랑 카르덱은 많은 영매를 통해 영계의 구조와 사자의 영혼이 사는 모습을 해명했다.

완성을 향해 나아가는 령의 생활

알랑 카르덱(1804년~1869년)은 사자의 영혼과 영매나 일반 사람들이 교신했던 많은 기록을 조사하여 심령주의(Spiritualism, 스피리티즘 혹은 스피리추얼리즘)의 기본이 되는 이론을 만들어낸 철학자다.

그의 이론에 의하면 혼은 신의 의지에 의해 생겨난 것으로 육체가 죽은 후에도 이 우주에 계속 살아있다. 그리고 우주를 떠도는 이 사후의 영혼들은 공동으로 생활한다고 한다. 영혼은 '불완전한 령', '선량한 령', '순수한 령' 세 가지로 분류되며, 좀 더 자세하게 나눌 수도 있는데, 상급 영혼의 세계와 하급 영혼의 세계를 구분하지는 않는다. 천국과 지옥의 구분도 존재하지 않는다.

다만 영혼들은 서열이 높을수록 동료애가 강하고, 자연의 성품을 많이 닮은 자가 함께 모여 생활한다고 한다. 또한 높은 수준의 영혼은 사명을 다한

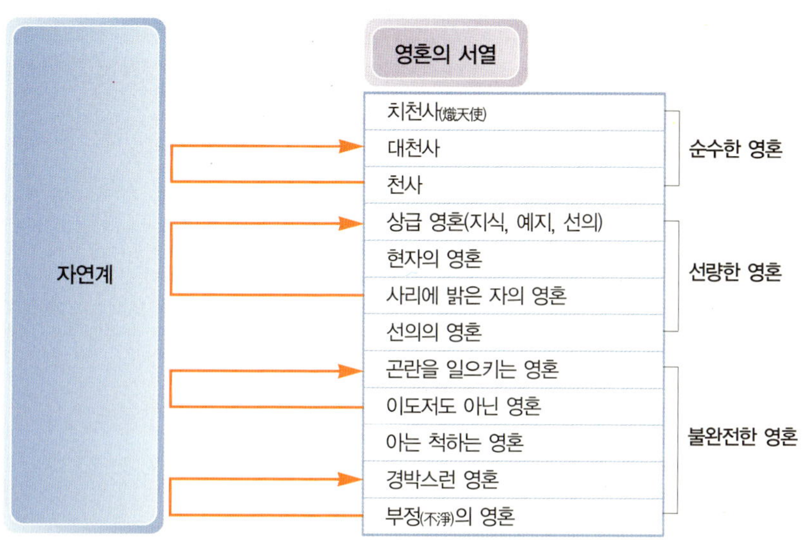

알랑 카르덱에 의하면 영혼들은 윤회전생을 반복하면서 영계와 지상에서의 경험을 쌓는다. 이러한 과정을 통해 영혼은 확실하게 진화하며 영계의 서열을 올릴 수 있다.

◉ 영계에서의 천국과 지옥

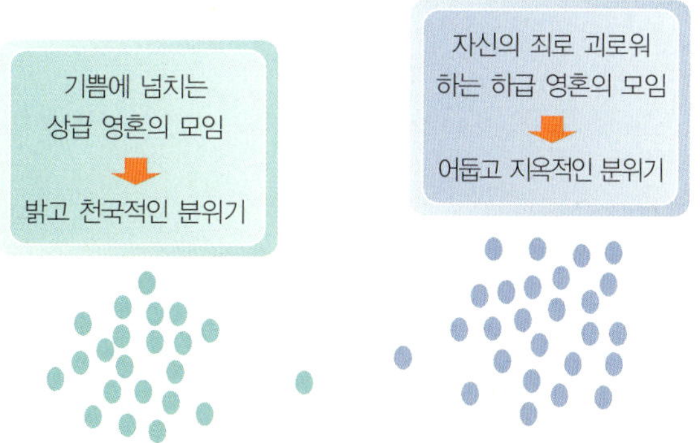

영계에는 천국과 지옥이라는 특정 장소는 없지만 닮은 영혼끼리 그룹을 만들기 때문에 천국적이거나 지옥적인 분위기가 저절로 만들어진다.

알랑 카르덱

본명 레옹 리바유(Leon Rivail). 프랑스에서 출생, 스위스에서 유학한 알랑 카르덱은 심령술이라는 새로운 학문을 개창한 이로 심령술을 종교가 아니라 실증주의적인 관점에서 증명하려고 노력했던 인물이다.

것에 대한 기쁨에 가득 차 있으며, 낮은 수준의 영혼은 자신들이 범한 죄 때문에 도덕적인 괴로움에 고통스러워한다. 때문에 높은 수준의 영혼들이 모이면 천국처럼 화목한 분위기가 형성되고, 낮은 수준의 영혼이 모이면 지옥처럼 어두운 분위기가 형성된다.

그러나 영혼들은 영원히 같은 수준에 머물지 않으며, 신이 되기 위한 과정을 겪는다. 보다 신에 가까운 완성을 향해 나아가며 영계에서의 서열을 높이기 위해 영혼들은 여기저기를 돌아다니고, 주어진 사명을 다하며, 시련을 이겨낸다.

영혼의 사명은 우주의 조화에 협력하는 것으로, 상급 영혼이 계획을 세우고 명령을 하면 그 명령에 따라 하급 영혼이 일을 한다. 사명을 받드는 일은 영계에서도 가능하며, 지상으로 환생한 상태에서도 가능하다.

영혼이 겪어야 하는 시련 중에서도 완성으로 나아가는 길에 가장 도움이 되는 것은 지상으로의 재생, 즉 윤회전생이다. 전생은 지구에서만 가능한 것이 아니며, 다른 별로 전생하는 경우도 있다. 그리고 전생할 때 사후의 영혼이 이제까지 배운 것이 수포로 돌아가는 일은 절대 없다. 영적 서열이 내려가는 일도 없으며 동물로 환생하는 일도 없다고 한다. 이렇게 영혼은 영계와 지상에서 경험을 쌓으면서 한층 완성에 가까워진다.

심령주의 : 인간의 영혼은 불사이며, 사후의 영혼과 교신할 수 있다고 믿는 교의이다. 1847년 뉴욕 하이즈빌에 살던 폭스 자매가 살해된 영혼과 교신한 사건을 계기로 유럽과 미국에 퍼졌다. 오래된 영혼 신앙과 구별하기 위해 근대 심령주의라고 부르는 경우도 있다. 심령주의와 유심론을 따로 구별하는 사람도 있다.

099. '마이어스 통신'에서 말하는 영계

영국심령연구협회의 설립자 중 한 사람인 프레데릭 마이어스는 죽은 후에 영매를 통해 사후세계의 모습을 상세하게 전달했다.

사후의 영혼이 전한 영계의 계층구조

심령주의에 관한 문헌 중에서도 사후세계의 모습을 상당히 자세하게 설명하고 있는 것으로 제럴딘 카민즈가 쓴 〈불멸의 길(1932년 발간)〉이 있다. 그 내용은 영국심령연구협회(SPR)의 설립자 중 한 명이기도 한 프레데릭 마이어스(1843~1901)가 자신이 죽은 후 약 20년간 자동서기를 하는 영매 마킨즈를 통해 보고한 사후세계의 상세한 모습이다.

〈불멸의 길〉에 의하면 인간의 혼이 여행하는 세계는 아래부터 순서대로 물질계, 명부, 환상계, 색채계, 화염계, 광명계, 피안(彼岸)의 7층 구조이다.

그중 물질계는 살아있는 인간이 살고 있는 현세이기 때문에 사후의 세계는 아니다. 다만 우주에 있는 무수한 별들의 세계와 비슷한 성질을 가진 경험세계가 있어, 윤회를 거듭한 결과 혼이 이곳으로 가는 경우도 있다.

이렇게 보면 사후세계는 명부에서 시작되지만 사실 최초의 명부는 사후의

● 마이어스 통신에서 말하는 혼의 여행

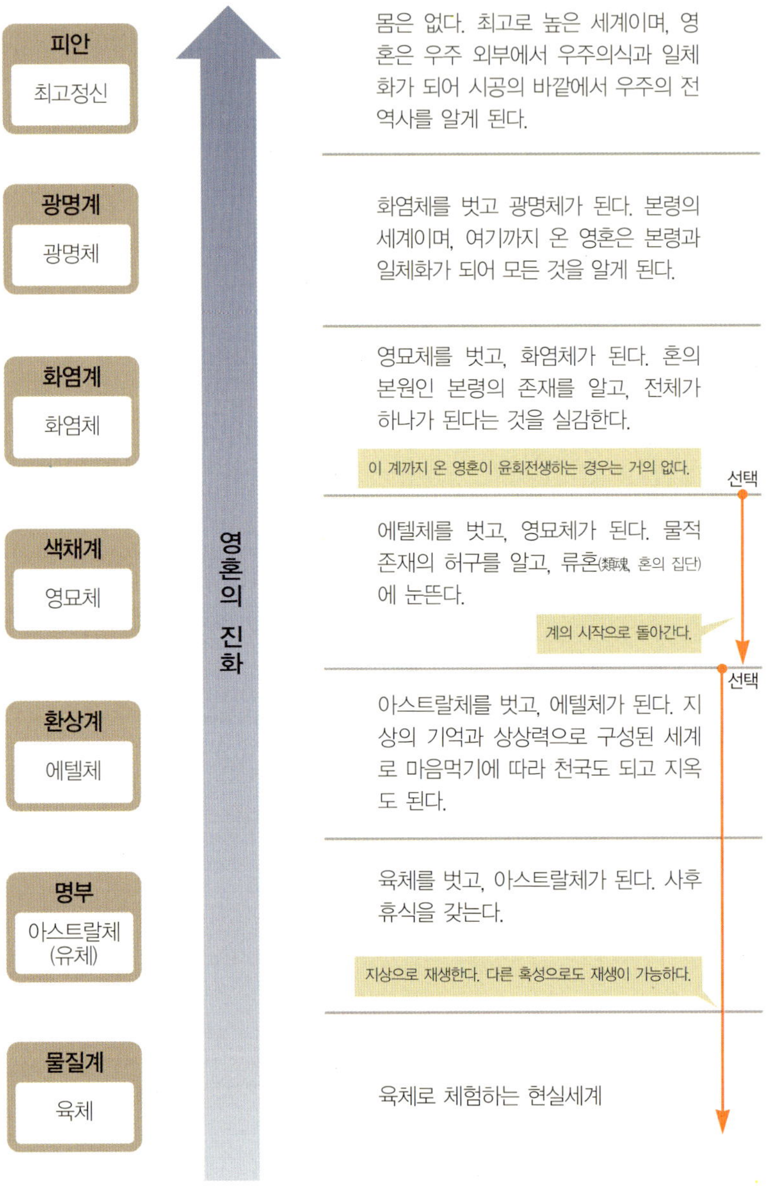

피안
최고정신

광명계
광명체

화염계
화염체

색채계
영묘체

환상계
에텔체

명부
아스트랄체
(유체)

물질계
육체

영혼의 진화

몸은 없다. 최고로 높은 세계이며, 영혼은 우주 외부에서 우주의식과 일체화가 되어 시공의 바깥에서 우주의 전 역사를 알게 된다.

화염체를 벗고 광명체가 된다. 본령의 세계이며, 여기까지 온 영혼은 본령과 일체화가 되어 모든 것을 알게 된다.

영묘체를 벗고, 화염체가 된다. 혼의 본원인 본령의 존재를 알고, 전체가 하나가 된다는 것을 실감한다.

이 계까지 온 영혼이 윤회전생하는 경우는 거의 없다.

선택

에텔체를 벗고, 영묘체가 된다. 물적 존재의 허구를 알고, 류혼(類魂, 혼의 집단)에 눈뜬다.

계의 시작으로 돌아간다.

선택

아스트랄체를 벗고, 에텔체가 된다. 지상의 기억과 상상력으로 구성된 세계로 마음먹기에 따라 천국도 되고 지옥도 된다.

육체를 벗고, 아스트랄체가 된다. 사후 휴식을 갖는다.

지상으로 재생한다. 다른 혹성으로도 재생이 가능하다.

육체로 체험하는 현실세계

혼이 휴식을 취하는 장소이기도 하다. 이곳에서 혼은 과거의 피로를 풀고 본격적인 사후세계로 진입하기 때문에 머무는 기간은 그렇게 길지 않다.

그 다음에 위치한 환상계는 본격적인 사후세계의 초입에 있는데, 아직 지상의 기억 때문에 제약을 받는 공간으로 제한된 상상력에 의해 형성되어 있다. 즉, 이 세계는 각자가 물질계에서 보냈던 생활과 관련이 깊은 환상의 세계로, 어떤 사람에게는 천국이고, 어떤 사람에게는 지옥이 되기도 한다. 여기에서 혼이 더 윗 단계에 있는 세계로 상승할 수 있을지는 혼의 진화에 달려있다.

프레데릭 마이어스
영국심령연구학회 창시자 중 한 사람인 프레데릭 마이어스는 텔레파시라는 용어를 처음 사용했다.

각 영계 사이에는 명계 내지는 중간세계가 있으며, 그곳에서 혼은 자신의 과거를 반성할 기회를 갖는다. 반성의 시간이 부족하면 같은 세계에서 다시 시간을 보낼 수도 있으며, 환생해서 지상의 삶을 다시 사는 것으로 수행을 할 수도 있다. 이렇게 해서 혼은 진화를 거듭하면서 각계로 상승하고, 최종적으로는 피안에 다다른다.

영국심령연구협회(SPR) : 1882년에 케임브리지 대학의 저명한 화학자에 의해 설립된 협회로, 텔레파시, 투시현상, 염력 등의 비일상적인 심령현상과 영매를 일으키는 현상 등을 과학적으로 규명하는 것이 목적이었다.
자동서기(自動書記) : 영매에게 영이 내려 영혼 자신의 의사를 받아쓰게 하는 것

100. 신지학에서 말하는 영계

신지학에 의하면 사후의 영혼은 무한히 진화한다고 한다. 영혼은 진화하기 위해 영원히 윤회전생을 반복한나.

환생을 반복하며 무한히 진화하는 혼

러시아의 신비사상가 헬레나 블라바츠키 부인(1831년~1891년)으로부터 시작된 신지학은 심령주의와 공명하는 부분을 가지고 있는 반면 반발하는 부분도 가지고 있다. 그것은 사후세계에 관해서도 마찬가지다.

신지학에 의하면 우주는 태초에 출현한 전능자가 유출한 어떤 물질로 인해 생겨났으며 일곱 개의 계를 가지고 있다고 한다. 이 계는 위에서부터 신의 세계, 모나도(單子, 단자)계, 영적계, 붓디계, 멘탈계, 아스트랄계, 물질계로 이루어진다는데 가장 위에 있는 신적계에 가까워질수록 정묘하고 물질적인 실체이며, 가장 아래에 있는 물질계에 가까워질수록 조잡하다. 아래로 갈수록 계와 계 사이는 경계가 약하며 자유롭게 서로를 침투한다. 또한 조잡한 계에서는 정묘한 계를 감지하지 못한다.

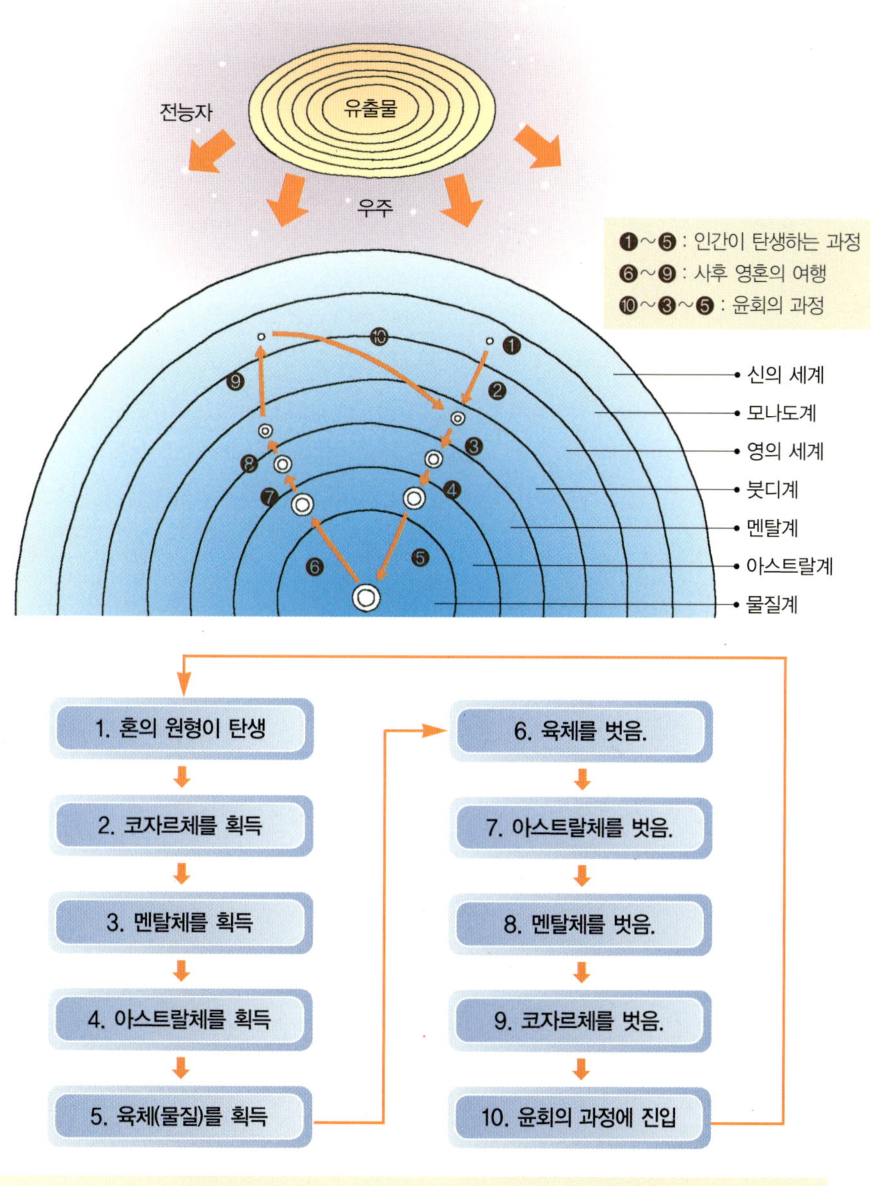

신지학에서는 이 과정을 반복함으로써 인간의 혼이 무한히 진화할 수 있다고 생각했다.

신지학에서는 인간의 혼을 우주 전체의 한 조각으로 여긴다. 이 영혼의 조각 원형은 모나도계에서 생겨나서, 최초의 3계를 통과하면서 코자르체(에텔체, 영체)와 물질(육체)을 얻고 지상에서 탄생하게 된다고 설명한다.

그러나 사후의 혼은 기본적으로 그 반대의 코스를 걷게 된다. 육체를 버린 혼은 아스트랄계에 들어가, 아스트랄체를 벗어던진다. 아스트랄체에는 지상의 욕망이 기록되어 있기 때문에 욕망이 강한 자는 이곳에서 장기간 머물러야 한다. 그렇지만 욕망을 완전히 지워버린 자는 멘탈계로 들어선다.

이곳은 지성과 순수한 애정의 세계로, 지상에서 이런 종류의 특성을 몸에 익힌 자는 장기간 높은 수준의 생명을 얻을 수 있다. 여기에서 충분히 진화한 혼은 멘탈체를 벗어던지고, 코자르체가 되어 더욱더 상위 세계로 들어간다.

상위 세계는 광채로 넘치는 순수한 세계로, 대부분의 혼은 아무것도 감지할 수 없게 된다. 그러고 나면 생명 본능과 같은 것이 기능해서 혼은 다시 지상으로 떨어진다. 새로운 인간으로 환생하는 것이다.

신지학에서는 이 과정이 무한히 반복된다고 여긴다. 심령주의에서는 최종 도달점으로 '혼의 완성'이 있는데, 신지학은 이와는 달리 혼이 무한히 진화를 거듭한다는 차이점을 가진다.

신지학

신지학은 신을 과학적으로 규명하는 것을 목적으로 학문적으로 출발하여 사상적 배경을 넓혀간 학문 분야이다. 1875년 뉴욕에서 신지학협회를 설립한 이후 과학적으로 설명되지 않는 신의 존재, 대자연의 법칙이나 인간의 잠재능력, 우주와 인간, 탄생과 죽음의 순환 등 철학적·종교적 지식을 과학적 지식과 비교 연구한다.

101. 루돌프 슈타이너와 영계

영적 세계에 대해 장대하고도 신비한 사상을 구축한 루돌프 슈타이너는 인간이 죽은 후에 영혼이 경험하는 여러 가지 일들에 대해 자세하게 설명하고 있다.

진화의 과정에서 이루어야 하는 영혼의 사명

인지학협회의 창설자 루돌프 슈타이너(1861년~1925년)는 한때 신지학협회에 속해 있었다. 때문에 그의 사상은 신지학을 기본으로 하지만 슈타이너만의 독특한 의견이 포함되어 있다.

슈타이너에 의하면 인간 존재의 3대 요소는 신체, 혼, 령이다. 그리고 인간을 장대한 우주 진화의 과정에 가담하기 위해 지상에서 탄생한 존재로 여긴다. 이러한 인간의 중심은 령이지만, 물질계에서 살기 위해서는 몸이 필요하고, 혼이 령과 몸의 중개자 역할을 한다는 것이 슈타이너의 주장이다.

인간이 죽으면 령은 몸에서 해방되어 가장 먼저 혼계로 들어선다. 아직 혼과는 이어져 있는 상태다. 혼계는 혼 안에 남아있는 지상의 물질적 욕망을 정화하기 위한 연옥과 같은 장소이다. 여기에서 혼이 욕망을 완전히 정화하고, 일종의 해탈을 이루면 령은 혼에서 해방되고, 영계에 들어갈 수 있게 된다.

령 인간의 중심
혼 령과 육체의 매개
육체 물질
령
혼 육체
현실
혼이 물질계에 도착하면 령의 의지는
실현될 수 없다.
령 혼
육체
현실
혼이 영적 수준에 오르면 령의 의지는
실현된다.

◉ 사후의 영계와 전생

제7영역
생명의 핵이 있는 영계
제6영역
우주 서열이 전개되는 영계
제5영역
진정한 자아가 있는 영계
제4영역
인간적 창조물의 영의 본래 모습을 보는 영계
제3영역
혼계의 영적인 본래 모습이 있는 영계
제2영역
모든 생명의 근원적 흐름이 있는 영계
제1영역
지상 물질의 영적인 본래 모습이 있는 영계
혼계
물질적인 혼의 욕망을 정화한다.
물질계, 현실
령
각계에서 혼은 성장한다. 총 제1
영역부터 제7영역까지를 거치는
데, 제7영역까지 오면 우주의 모
든 수수께끼를 풀 수 있게 된다.
령
혼계에서 혼이 해탈하면 령은 혼
에서 해방되어 영계로 들어간다.
령＝혼 사후, 령과 혼은 육체에서 해방
되어 혼계로 들어간다.
령＝혼＝육체
환생의 과정

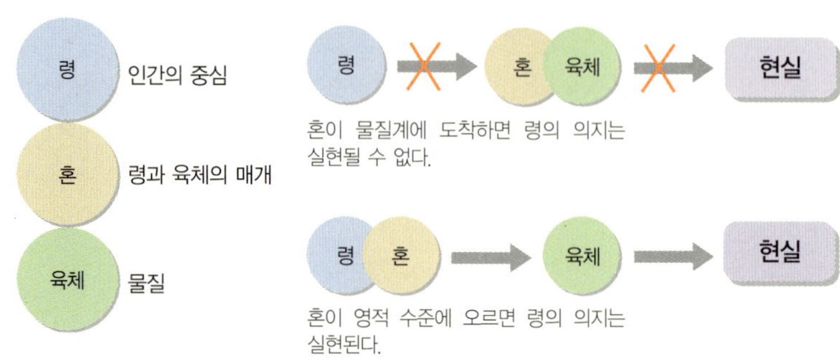

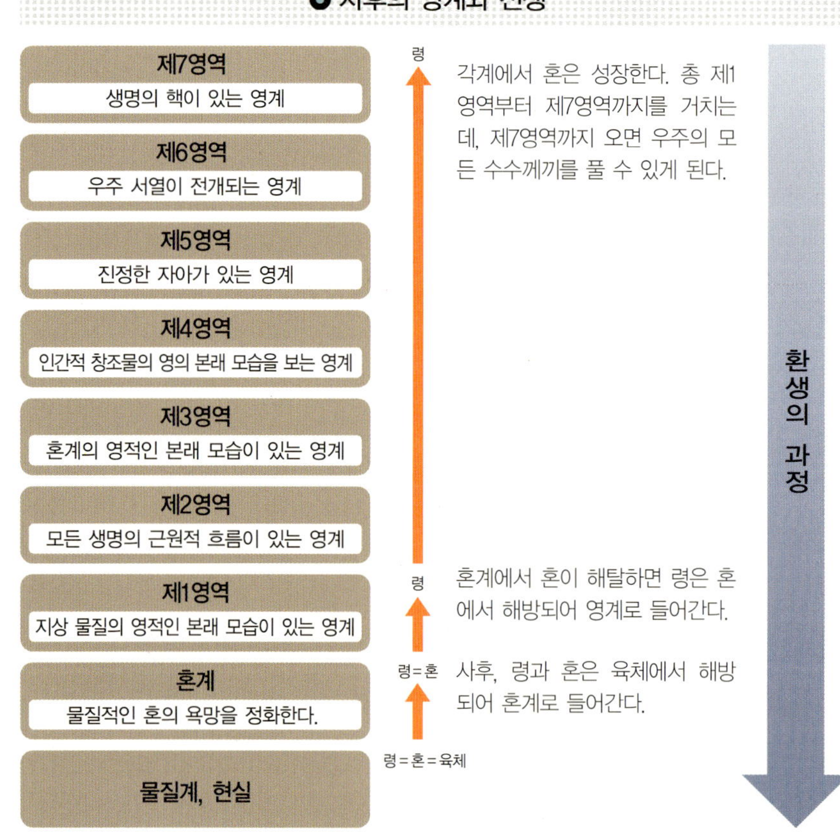

영계에는 일곱 개의 차원이 있다. 이 일곱 개의 차원을 지나면서 령은 성장하는데, 그 단계를 살펴보면 다음과 같다.

령이 제1영역에 들어서면 지상 물질의 영적인 본래 모습 안에서 지상의 체험을 영적으로 반복한다. 그리고 체험의 전부가 영적 체험이었다는 것을 배운다. 제2영역에 들어서면 모든 생명의 근원적인 흐름 안에서 생존의 포괄적인 의미를 배운다. 제3영역에 들어서면 혼계의 영적인 본래 모습을 찾아 혼의 본래적 기능을 배운다. 제4영역에 들어서면 인간이 창조한 예술, 과학, 국가와 같은 것의 본래 모습을 찾아내서, 인류 문화의 발전에 기여하는 본래의 능력을 키운다. 제5영역에 들어서면 본래 자아의 진짜 모습이 되어서, 다음 인생의 사명이 될 영계의 의도와 목표를 배운다.

제6과 제7의 영역은 이미 신의 세계이다. 제6의 영역은 우주의 서열이 전개되는 장소이며, 제7의 영역은 생명의 핵이 존재하는 장소다. 이곳까지 도달한 인간은 우주의 모든 수수께끼를 꿰뚫어볼 수 있다. 이렇게 사후의 령은 1000~1500년을 걸쳐서 영계에서 많은 것을 배우며 윤회전생한다. 영적인 사명에 눈을 뜬 어떤 단계에서 령은 다시 물질세계로 돌아가 다시 태어나는 것을 희망하기 때문에 다시 환생의 과정이 시작된다. 그러나 악령이나 그 외의 해로운 존재가 령의 진화를 방해해서 매우 불완전한 형태로 환생해버리는 경우도 많다.

Summary

무속신앙을 통해 살펴본 우리나라의 사후세계

불교나 도교 등의 종교가 유입되기 전, 우리나라 문화의 기반을 형성하고 있었던 것은 민속신앙 무교(巫敎)다. 사후세계보다 이생에 초점을 맞추는 현세 지향적인 특징을 가졌던 무교는 앞서 살펴본 동서양의 내세관과는 다른 독특한 내세관을 보인다.

무교에서는 생전의 삶의 공간을 이승, 죽은 뒤의 공간을 저승이라 부른다. 저승은 그저 누구나 죽으면 가는 곳이었으며 공간이 딱히 분리되어 있지 않았다. 이승과 저승을 왕래할 수도 있었으며 길모퉁이를 돌거나, 집 문턱을 넘거나, 대문을 나서면 저승이라고 생각할 정도로 저승에 대한 구체적인 이미지가 희박했다. 삶의 공간에 두 세계가 공존한다고 믿었던 것이다. 바리데기 신화에도 저승으로 가는 길과 저승 문 앞에서 겪는 고생만이 묘사되어 있으며 저승 자체에 대한 구체적인 모습은 나와 있지 않다.

저승에는 사람들의 수명을 기록한 명부를 관리하는 저승사자가 있다. 저승사자는 인간이 죽는 날을 확인해 이승으로 내려가 영혼을 육체로부터 강제로 분리해낸 다음 영혼을 저승으로 데리고 간다. 이때 저승사자가 가끔 실수를 저질러 엉뚱한 사람을 잡아오기도 하는데, 이런 경우 사자는 다시 이승으로 돌려보냈다.

무교에서 영혼은 이승에서 살던 모습 그대로 저승에서 삶을 영위하고, 이승 사람들과 관계를 지속적으로 유지한다는 내세관을 기본으로 한다. 저승에 도착한 영혼은 생전의 행적에 근거해 염라대왕의 판결을 받는다. 죄가 없고 공덕을 많이 쌓은 사람은 극락으로 보내 영생을 얻게 하거나 새나 나비 같은 신성한 동물로 환생하게 한다. 죄가 많은 사자는 곧장 지옥으로 보내지고, 악독한 죄를 저지른 경우에는 혐오스러운 동물로 다시 태어나게 했다. 그래서인지 무교에서는 지옥을 세분화하고, 그곳에서 사령이 받는 고통에 대한 자세한 설명이 없다. 극락도 마찬가지여서, '이어도' 같은 예외적인 경우가 있으나 '이어도' 또한 제주 여인들 사이에 믿었던 낙원이라는 것 이외에 상세한 정보는 전해지지 않았다.

그런데 특이할 점은 영혼의 극락행이 살아있는 자손들에 의해 결정되기도 한다는 것이다. 또한 영혼이 이승에 사는 사람들의 삶에 간섭을 해 복을 내리기도 하고 위해를 가하기도 한다고 믿었다. 그래서 장례의식과 제례의식이 화려하고, 복화수복을 기원하는 굿이 발달한 듯하다.

또 살아생전에 한을 품고 죽은 망자는 저승으로 가지 못하고 이승과 저승을 떠돌게 되는 데 이런 혼은 살았던 곳을 배회하며 잡귀가 되어 자손들에게 해를 끼치기도 한다. 그래서 자손들은 조상혼의 넋을 달래고 산 사람의 안녕을 빌어주는 사령제를 행했다. 이 의식은 무당이 주관했다. 무당은 신령을 섬기고 굿을 주관하며 저승의 령과 이승의 사람을 연결하는 중재자 역할을 했다.

상식으로 꼭 알아야 할

천국의 세계

초판 1쇄 발행   2011년 2월 10일
초판 2쇄 발행   2013년 6월 20일

저　자 | 구사노 다쿠미(草野巧)
옮　김 | 박은희
그　림 | 서영철

발 행 인 | 신재석
발 행 처 | (주)삼양미디어
등록번호 | 제 10-2285호
주　소 | 서울시 마포구 양화로 6길 9-28
전　화 | 02 335 3030
팩　스 | 02 335 2070
홈페이지 | **www.samyangℳ.com**

한국어출판권 ⓒ 삼양미디어, 2011

ISBN | **978-89-5897-207-5(13300)**

* 본 책은 2007년 (주)신기원사에서 간행된 〈도해 천국과 지옥〉을 한국어로 번역해 일러스트와 도판을 재구성한 것입니다.

* 本書は2007年に株式會社新紀元社より刊行された『圖解天國と地獄』を韓國語に飜譯し, イラスト·圖版類を再構成したものです。